古典文獻研究輯刊

八　編

潘美月・杜潔祥　主編

第 12 冊

陳振孫之生平及其著述研究（下）

何　廣　棪　著

國家圖書館出版品預行編目資料

陳振孫之生平及其著述研究（下）／何廣棪 著 — 增訂初版 —
台北縣永和市：花木蘭文化出版社，2009〔民98〕

目 2+230 面：19×26 公分
（古典文獻研究輯刊 八編：第12冊）

ISBN：978-986-6528-41-5（精裝）
1.（宋）陳振孫 2.傳記 3.個人著述目錄 4.目錄學
029.85   98000076

ISBN - 978-986-6528-41-5

9 789866 528415

古典文獻研究輯刊
八 編 第十二冊   ISBN：978-986-6528-41-5

陳振孫之生平及其著述研究（下）

作　　者　何廣棪
主　　編　潘美月　杜潔祥
總 編 輯　杜潔祥
企劃出版　北京大學文化資源研究中心
出　　版　花木蘭文化出版社
發 行 所　花木蘭文化出版社
發 行 人　高小娟
聯絡地址　台北縣永和市中正路五九五號七樓之三
　　　　　電話：02-2923-1455／傳眞：02-2923-1452
網　　址　http://www.huamulan.tw 信箱 sut81518@ms59.hinet.net
印　　刷　普羅文化出版廣告事業
增訂初版　2009 年 3 月
定　　價　八編 20 冊（精裝）新台幣 31,000 元

陳振孫之生平及其著述研究（下）

何廣棪　著

目

次

第五章　陳振孫之主要著作——《直齋書錄解題》

振孫爲南宋著名目錄學家，論其成就，固足與晁公武抗衡，所著〈直齋書錄解題〉一書，庶可超邁《郡齋讀書志》。余於第一章第一節中已有所闡發，茲不再贅。

振孫著作，除《解題》外，現存者尙有《白文公年譜》一卷及詩文若干篇；雖已散佚而仍可考知者，則有《易解》、《繫辭錄》、《書解》、《書傳》、《史鈔》、《吳興氏族志》、《吳興人物志》、《玄眞子漁歌碑傳集錄》、〈論徐元杰暴亡疏〉等。另《解題》中所記資料，亦有述及振孫編理書籍，廣義言之，亦可視爲振孫著述矣。故亦頗事梳理，以見振孫整治文獻之一斑；所惜振孫編理之書，已散落殆盡矣。而《解題》，乃振孫畢生最主要之著作，故首申論之。

第一節　《直齋書錄解題》之體例及其對目錄分類學之貢獻

周密《齊東野語》卷十二「〈書籍之厄〉」條云：

> 近年惟直齋陳氏書最多。蓋嘗仕於莆，傳錄夾漈鄭氏、方氏、林氏、吳氏舊書，至五萬一千一百八十餘卷，且倣《讀書志》作解題。極其精詳。

案：周氏此條所記《讀書志》，蓋指晁公武《郡齋讀書志》，是周氏認爲《書錄解題》之體例，乃一仿《讀書志》而作也。

晚清王先謙益吾先生校刊《郡齋讀書志》既竟，撰〈序〉曰：

自班《書》列〈藝文志〉，《隋》、《唐》、《宋史》代沿其例，家分類合，今古咸萃，千百載上之著述，賴以不泯。然世祿彌遠，作者日出而窮，經籍糾紛，難可探討。國朝修《明史》，志〈藝文〉，斷代爲書，亦其勢然也。故私家簿錄，合前代載籍而彙輯之，有以考證其存佚，補正史之闕遺，所繫甚重。且史志僅列書目，不若簿錄家闡明指要，並其人姓字里居、生平事蹟，展卷粲列，資學者博識尤多。自宋晁子止叔爲此學，陳氏振孫繼之，並爲後儒宗仰。

是王益吾亦以直齋繼軌晁氏，至〈序〉言「闡明指要」與「並其人姓字里居、生平事蹟，展卷粲列」諸事，雖指《讀書志》體例，亦直齋撰《解題》之體例也。茲不妨各舉一例，以見二書體例之一斑。

《郡齋讀書志》卷一〈易類〉「王弼《周易》十卷」條載：

> 右上、下〈經〉，魏尚書郎王弼輔嗣注：〈繫辭〉、〈說卦〉、〈雜卦〉、〈序卦〉，弼之門人韓康伯注。又載弼所作〈略例〉，通十卷。《易》自商瞿受於孔子，六傳至田何而大興，爲施讎、孟喜、梁丘賀。其後，焦贛、費直始顯，而傳受皆不明，由是分爲三家。漢末，田、焦之學微絕，而費氏獨存，其學無章句，惟以〈象〉、〈象〉、〈文言〉等十篇，解上、下〈經〉。凡以〈象〉、〈象〉、〈文言〉等參入卦中者，皆祖費氏。東京荀、劉、馬、鄭皆傳其學，王弼最後出，或用鄭說，則弼亦本費氏也。歐陽公見此，遂謂孔子《古經》已亡。按：劉向以中《古文易經》校施、孟、梁丘〈經〉，或脫去「无咎悔亡」，惟費氏〈經〉與《古文》同。然則《古經》何嘗亡哉！

《解題》卷一〈易類〉「《周易注》六卷、《略例》一卷、《繫辭注》三卷」條云：

> 魏尚書郎山陽王弼輔嗣注上、下〈經〉，撰〈略例〉。晉太常穎川韓康伯注〈繫辭〉、〈說〉、〈序〉、〈雜卦〉。自漢以來，言《易》者多溺於象占之學，至弼始一切掃去，暢以義理。於是天下後世宗之，餘家盡廢。然王弼好老氏，魏、晉談玄，自弼輩倡之。《易》有聖人之道四焉，去三存一，於道闕矣。況其所謂辭者，又雜以異端之說乎！范甯謂其罪深於桀紂，誠有以也。弼父業長緒，本王粲族兄凱之子，粲二子坐事誅，文帝以業嗣粲。弼死時，年二十餘。

觀上二例，就內容言之，《郡齋讀書志》與《解題》於闡明《周易注》一書之

指要，詳略去取雖各不相同；惟於叙說王輔嗣姓字里居與生平事蹟，則《解題》視晁《志》似猶稍勝。儘管若是，而二書體例仍屬一致也。是故，周密謂直齋「倣《讀書志》作解題」；而王益吾謂「晁子止剏爲此學，陳氏振孫繼之」；所論皆符事實。

然晁《志》與《解題》二書，體例中亦微有不同。舉例言之，如晁《志》全書分四部四十五類，每部各冠總序；而《解題》則分五十三類，既不標四部，亦無總序，惟若干類則冠小序。此二書體例略異之處也。

至二書之分類，晁《志》所分四十五類爲：

　　經部 —— 易、書、詩、禮、樂、春秋、孝經、論語、經解、小學，
　　　　　　凡十類。

　　史部 —— 正史、編年、實錄、雜史、僞史、史評、職官、儀注、
　　　　　　刑法、地理、傳記、譜牒、書目，凡十三類。

　　子部 —— 儒、道、法、名、墨、縱橫、雜、農、小說、天文、曆
　　　　　　算、五行、兵家、類書、雜藝術、醫書、神仙、釋書，
　　　　　　凡十八類。

　　集部 —— 楚辭、別集、總集、文說，凡四類。

《解題》則分五十三類，其類目爲：

　　易、書、詩、禮、樂、春秋、孝經、論語、經解、小學，凡十類。

　　正史、別史、編年、起居注、詔令、僞史、雜史、典故、職官、禮
　　注、時令、傳記、法令、譜牒、目錄、地理，凡十六類。

　　儒家、道家、法家、名家、墨家、縱橫家、農家、雜家、小說家、
　　神仙、釋氏、兵書、曆象、陰陽家、卜筮、形法、醫書、音樂、雜
　　藝、類書，凡二十類。

　　楚辭、總集、別集、詩集、歌詞、章奏、文史，凡七類。

有關晁《志》與《解題》分類上之異同，今人許世英《中國目錄學史》曾論及之。該書第九章〈隋志以後應用四部分類法私家所修目錄〉第四節〈直齋書錄解題〉（一）〈直齋書錄解題之撰修經過及其分類〉云：

　　至若與晁《志》相校，其異同爲：

　　（一）經部，晁《志》與陳《錄》俱分爲十類，然晁《志》有〈樂
　　　　　類〉而無〈讖緯類〉；陳《錄》無〈樂類〉而有〈讖緯類〉；
　　　　　是其異也。至類名之異，陳《錄》不曰〈論語類〉，而曰〈語

孟類〉。蓋晁《志》猶列《孟子》於〈子部・儒家類〉，故其不能不仍史志之舊也。

（二）晁《志》分史部爲十三類，而陳《錄》分爲十六類。其異同爲：陳《錄》較晁《志》多〈別史〉、〈詔令〉、〈典故〉、〈時令〉四類，然又較晁《志》少〈史評類〉，故實際陳《錄》僅多三類耳。其中陳《錄》以劉知幾《史通》列於〈文史類〉，似不如晁《志》之於史部別立〈史評類〉爲愈也。至於類名之異，陳《錄》不曰〈實錄〉，而曰〈起居注〉；不曰〈儀注〉，而曰〈禮注〉；不曰〈刑法〉，而曰〈法令〉。

（三）子部，晁《志》分爲十七類，而陳《錄》分爲二十類，其多分者，一爲〈樂類〉，另二類，則爲有關數術之書，晁《志》祇有〈天文〉、〈曆算〉及〈五行〉兩類，而陳《錄》有〈曆象〉、〈陰陽家〉、〈卜筮〉、〈形法〉四類之多也。至於類名之異，陳《錄》不曰〈小說〉，而曰〈小說家〉；不曰〈兵家〉，而曰〈兵書〉；不曰〈釋書〉，而曰〈釋氏〉；不曰〈雜術〉，而曰〈雜藝〉。

（四）晁《志》分集部爲〈楚辭〉、〈別集〉、〈總集〉三類，陳《錄》較之多分〈詩集〉、〈歌詞〉、〈章奏〉、〈文史〉四類。

案：許書所言「陳《錄》」即指《解題》。余以爲此處許書所論，頗有其勝處，如謂「陳《錄》以劉知幾《史通》列於〈文史類〉，似不如晁《志》之於史部另立〈史評類〉爲愈」，即爲一例。蓋《史通》確屬史評專著，歸之〈文史類〉，則不免空泛。然許書亦有舛誤處，如晁《志》子部〈天文〉、〈曆算〉本分二類，而曰一類；〈雜藝術類〉而誤稱〈雜術〉。另如集部，晁《志》本分四類，而謂三類。皆屬明顯疏忽，實有改正之必要。

至《解題》之小序，全書共九條，每條皆針對目錄分類學相關問題提出較新穎之見解，貢獻殊鉅。茲試迻錄小序如左，並略予分析，以見《解題》於目錄分類學上之成就。

《解題》卷三〈語孟類〉小序云：

前〈志〉《孟子》本列〈儒家〉，然趙岐固嘗以爲則象《論語》矣。自韓文公稱孔子傳之孟軻，軻死，不得其傳。天下學者咸曰孔、孟。孟子之書，固非荀、揚以降所可同日語也。今國家設科取士，《語》、

《孟》並列爲經，而程氏諸儒訓釋二書，常相表裏，故今合爲一類。

案：直齋小序言《語》、《孟》合併之故，言之成理。蓋國家開科取士既以《語》、《孟》並列；程氏諸儒訓釋二書又常相表裏；直齋畢生服膺程、朱，故亦效法程氏，提升《孟子》爲經，與《論語》相儷匹，而創設〈語孟類〉也。其後，《明史・藝文志》之〈四書類〉，實受〈語孟類〉所啓發而創立者也。〔註1〕

《解題》同卷〈小學類〉小序云：

> 自劉歆以小學入〈六藝略〉，後世因之，以爲文字訓詁有關於經藝故
> 也。至〈唐志〉所載〈書品〉、〈書斷〉之類，亦廁其中，則龐矣。
> 蓋其所論書法之工拙，正與射御同科，今並削之，而列於〈雜藝類〉，
> 不入〈經錄〉。

案：此處之〈唐志〉，即指《新唐書・藝文志》。〔註2〕直齋反對《新唐書・藝文志》將討論書法工拙一類之書，如〈書品〉、〈書斷〉等廁於〈小學類〉，認爲應歸之於〈雜藝類〉，所言合理。足見直齋對書籍分類，較之撰〈新唐志〉大有進境。

《解題》卷四〈起居注類〉小序曰：

> 〈唐志・起居注類〉，〈實錄〉、〈詔令〉皆附焉。今惟存《穆天子傳》
> 及《唐創業起居注》二類，餘皆不存。故用《中興館閣書目》例，
> 與〈實錄〉共爲一類，而別出〈詔令〉。

案：直齋據《中興館閣書目》以改《新唐書・藝文志》。蓋以起居注類書籍，至南宋時僅存二種，故將〈起居注〉與〈實錄〉共爲一類。詔令記帝王之言，不與起居注、實錄同科，故別出〈詔令〉。直齋如此處理，不惟得當，亦頗糾正《新唐書》之誤。〔註3〕

〔註1〕　案：今人丁瑜撰〈試論《直齋書錄解題》在目錄學史上的影響〉（以下簡稱「丁文」）云：「在具體類目的設置上，他（指直齋）也考慮到實際的需要而設立應有的類目，例如宋代以前的公私藏書目錄，向無〈語孟類〉類目的設立，自宋哲宗元祐時，把《孟子》列在經部，是有《十三經》之始，同時把它作爲開科取士的考試科目。振孫在當時政治形勢的要求下，爲了使《書錄解題》符合實際需要而創設〈語孟類〉。……自設立〈語孟類〉之後，《明史・藝文志》沿用發展爲〈四書類〉，而成爲後代各家書目列類遵循的規範，再不單列〈論語類〉了。」（載見《寧夏圖書館通訊》1980年第一期）可資參考。

〔註2〕　喬衍琯所言與拙見相同。喬著《陳振孫學記》第四章〈直齋書錄解題〉第二節〈傳本〉乙《四庫全書》輯本云：「〈唐志〉計五十六次，多不言《新書》或《舊書》，宋代《新唐書》通行，似多引《新唐書・藝文志》。」

〔註3〕　丁文云：「又如〈起居注類〉自《隋書・經籍志》創立之後，《唐書・藝文志》

《解題》卷六〈時令類〉小序曰：

> 前史時令之書，皆入〈子部・農家類〉。今案諸書上自國家典禮，下
> 及里閭風俗悉載之，不專農事也。故《中興館閣書目》別為一類，
> 列之〈史部〉，是矣。今從之。

案：晁《志》亦將時令之書入〈子部・農家類〉，所收有唐韓諤《四時纂要》
五卷、韋行規《保生月錄》一卷、韓諤《歲華紀麗》四卷、梁宗懍《荊楚歲
時記》四卷、唐李綽《輦下歲時記》一卷、宋賈昌朝《國朝時令》十二卷。
其中如《輦下歲時記》與《國朝時令》二書，皆有關國家典禮者也；而《荊
楚歲時記》，則言荊楚風物故事，不專農事者也。直齋乃依《中興館閣書
目》，於〈史部〉中另立〈時令類〉，專收時令書籍，顯與晁《志》不同。其慧眼獨
具，固甚有功於目錄分類學者也。

《解題》卷十〈農家類〉小序曰：

> 農家者流，本於農稷之官，勤耕桑以足食。神農之言，許行學之，
> 漢世野老之書，不傳於後，而〈唐志〉著錄，雜以歲時、月令及相
> 牛馬諸書，是猶薄有關於農者。至於錢譜、相貝、鷹鶴之屬，於農
> 何與焉？今既各從其類，而花果栽植之事，猶以農圃一體，附見於
> 此，其實則浮末之病本者也。

案：《新唐書・藝文志》於〈子部・農家類〉中雜以歲時、月令、相牛馬諸書，
此猶薄關於農者；惟附以錢譜、相貝、鷹鶴書籍，則殊與農事無涉，故《解
題》非之，亦足證直齋甚重視群書分類，前代史志分類稍有不協，皆嚴加糾
正之。至《解題》所以將花果栽植之書附見〈農家類〉，則因農圃一體，以類
相從，此亦分類之一法也。

《解題》卷十二〈陰陽家類〉小序曰：

> 自司馬氏論九流，其後劉歆《七略》、班固〈藝文志〉皆著陰陽家，
> 而「天文」、「曆譜」、「五行」、「卜筮」、「形法」之屬，別為〈數術

沿用而外，至宋代《崇文總目》及晁氏《郡齋讀書志》都改列〈實錄類〉，陳
振孫為了『類聚得體，多寡適均』而增設〈起居注類〉，並寫有小序說明。……
這篇小序突出地反映了陳振孫在目錄學中推陳出新的觀點，他既繼承了過去
目錄的傳統，沿用了舊的類目，但又有所創新，根據現有的藏書性質和便於
使用把〈實錄〉并入〈起居注類〉裏，而從其中分列出〈詔令〉作為一個新
的類目。〈詔令類〉是陳氏以前任何公私書目中從未設立過的新類目，這個創
新在圖書分類學上的影響也是極為深遠的。」可參考。

略〉。其論陰陽家者流，蓋出於義和之官，欽若昊天，曆象日月星辰。
拘者爲之，則牽於禁忌，泥於小數。至其論數術，則又以爲義和、
卜史之流。而所謂《司星子韋》三篇，不列於〈天文〉，而著之〈陰
陽家〉之首。然則陰陽之與數術，亦未有以大異也。不知當時何以
別之。豈此論其理，彼具其術耶？今〈志〉所載二十一家之書皆不
存，無所考究，而隋、唐以來〈子部〉，遂闕〈陰陽〉一家。至董逌
《藏書志》，始以「星占」、「五行」書爲〈陰陽類〉。今稍增損之，
以「時日」、「祿命」、「遁甲」等備陰陽一家之闕，而其他數術，各
自爲類。

案：班固據劉歆《七略》而撰〈藝文志〉，其論〈諸子略〉陰陽家，與論〈數
術略〉無甚異同，皆謂出於義和之官。至《司星子韋》三篇，本屬數術天文
類著作，孟堅竟著之陰陽家之首，是知孟堅於陰陽家與術數之區分，所曉悉
亦不大著明也。直齋謂陰陽家「論其理」，數術家「具其術」，所言足補孟堅
所未及。惟自班〈志〉之後，〈隋〉、〈唐書志〉子部，均無陰陽家，蓋以書籍
不存故也。宋世，《崇文總目》、《郡齋讀書志》、《遂初堂書目》亦無陰陽家，
僅董逌《廣川藏書志》有之，直齋乃即其書以爲增損，今《解題》所收此類
書籍多至三十三種、一百五十五卷，可云富贍矣。《解題》另有〈曆象〉、〈卜
筮〉、〈形法〉三類，此即小序所云「其他數術，各自爲類」之法，直齋眞深
曉分類學者。

《解題》卷十四〈音樂類〉小序曰：

劉歆、班固雖以〈禮〉、〈樂〉著之〈六藝略〉。要皆非孔氏之舊也。
然《三禮》至今行於世，猶是先秦舊傳。而所謂〈樂〉六家者，
影響不復存矣。寶公之〈大司樂〉章既已見於《周禮》，河間獻王
之〈樂記〉亦已錄於《小戴》，則古樂已不復有書。而前〈志〉相
承，迤取樂府、教坊、琵琶、羯鼓之類，與《樂經》並列，不亦
悖乎！晚得鄭子敬氏《書目》獨不然，其爲說曰：「〈儀注〉、〈編
年〉，各自爲類，不得附於〈禮〉、〈春秋〉；則後之樂書，固不得
列於〈六藝〉。」今從之，而著於〈子錄‧雜藝〉之前。

案：樂府、教坊、琵琶、羯鼓一類之書，本屬民間音樂著述，然歷朝史志不
加分辨，乃與《樂經》並列，實分類失當也。直齋據鄭寅《書目》所述，特
創〈音樂類〉於〈子錄〉，以收錄此類書籍，斯實屬目錄分類史上之創見與突

破。〔註4〕

《解題》卷十九〈詩集類〉小序曰：

> 凡無他文而獨有詩，及雖有他文而詩集復獨行者，別爲一類。

案：此條小序所述，實分別別集與詩集之異同。別集所收，體裁無妨多樣，詩詞歌賦一爐共冶，包括作家一生他類體裁之作品。惟〈詩集類〉則獨收詩作，故於〈別集〉之後另闢一類，以收詩集，而他文不與焉。此可見直齋於前人詩集，另作別裁，絕不輕率濫入別集中。

《解題》卷二十二〈章奏類〉小序曰：

> 凡無他文而獨有章奏，及雖有他文而章奏復獨行者，亦別爲一類。

案：此亦有意於〈別集類〉後另立〈章奏類〉，俾章奏獨立於別集之外，體裁別出，與訂立〈詩集類〉之意同。由此足見直齋對書籍文章之分類，用心細密有如此者。

綜上所述，足證直齋目錄分類學成績至偉，貢獻殊鉅，創見之處有足多者。至《解題》五十三類中，如〈別史〉、〈詔令〉、〈時令〉、〈法令〉四類，皆直齋所創立。宋代以後公私書目多仿之而立類，即清世纂修《四庫全書總目》及《四庫全書簡明目錄》，亦沿用上述類目，則《解題》分類法對後世影響之深遠，固可覘矣！

第二節　《直齋書錄解題》之稱謂與卷數

《四庫全書總目‧直齋書錄解題》條釋「解題」二字云：

> 《直齋書錄解題》……以歷代典籍分爲五十三類，各詳其卷帙多少、撰人名氏，且爲品題其得失，故曰解題。〔註5〕

〔註4〕丁文云：「這幾篇小序最值得注意的是〈音樂類〉，陳氏對此類目的改革有著獨到的見解，其思想觀點雖還是維護舊的禮樂，但是他把傳統的《樂經》與民間流行的音樂作了本質上的劃分。他在〈音樂類〉的小序中指出：『寶公之〈大司樂〉章，既已見於《周禮》，河間獻王之〈樂記〉，亦已錄於《小戴》，則古樂已不復有書，而前〈志〉相承，乃取樂府、教坊、琵琶、羯鼓之類以充〈樂類〉。』他認爲把民間的音樂并入古代《樂經》中去是不對的。因此，他在〈雜藝類〉前設立〈音樂類〉，把禮樂中的一些民間音樂圖書作爲近似雜藝的一項技術藝從〈經錄〉中提出來，列入〈子錄〉中，這不能不說是圖書分類史中的一次突破。」可參閱。

〔註5〕此段文字僅見於武英殿本〈直齋書錄解題〉目錄下所附提要中。

據是，乃《四庫全書》釋「解題」之內容凡三：詳典籍卷帙多少，一也；述撰人名氏，二也；品題著述得失，三也。惟「解題」一詞之內涵故不止此。故《四庫全書總目》又云：

> 方今聖天子稽古右文，蒐羅遺籍，列於四庫之中者浩如煙海，此區區一家之書，誠不足以當萬一。然古書之不傳於今者，得藉是以資微信；而其校核精詳，議論醇正，於考古亦有助焉，故宜存而不廢也。〔註6〕

觀是，則「解題」類之書籍，亦可藉以考證古書之眞僞；倘其書「校核精詳，議論醇正」，則更有助於考古矣。由是觀之，直齋《解題》一書，用途至宏，乃讀書治學者所必備及參核，蓋其書之爲用，固不止辨章學術，考鏡源流而已也。

《直齋書錄解題》書名之稱謂，本書中有簡稱作「《解題》」者，惟僅一見。《解題》卷十二〈歷象類〉「《數術大略》」條云：

> 《數術大略》九卷，魯郡秦九韶道古撰。前世算數，自〈漢志〉皆屬歷譜家。要之數居六藝之一，故今《解題》列之〈雜藝類〉，惟《周髀經》爲蓋天遺書，以爲曆象之冠。此書本名《數術》，而前二卷《大衍》、《天時》二類，於治曆測天爲詳，故亦置之於此。秦博學多能，尤邃曆法，凡近世譜曆，皆傳於秦。所言得失，亦悉著其語云。

而馬端臨《文獻通考》，則有稱此書爲「《書錄解題》」者。考《文獻通考·自序》云：

> 夫書之傳者已鮮，傳而能蓄者加鮮，蓄而能閱者尤加鮮焉。宋皇祐時，命名儒王堯臣等作《崇文總目》，記館閣所儲之書，而論列於其下方，然止及經史，而亦多缺略；子集則但有其名目而已。近世昭德晁氏公武有《讀書記》，直齋陳氏振孫有《書錄解題》，皆據其家藏之書而評之。今所錄先以《四代史志》列其目，其存於近世而可考者，則採諸家書目所評，並旁搜史傳、文集、雜說、詩話，凡議論所及，可以紀其著作之本末，考其流傳之眞僞，訂其文之純駁者，則具載焉，俾覽之者如入群玉之府，而閱木天之藏，不特有其書者稍加研窮，即可以洞究旨趣；雖無其書者，味茲題品，亦可粗窺端倪，蓋殫見洽聞之一也。作〈經籍考〉第十八。〔註7〕

〔註6〕 同註5。
〔註7〕 此條爲最早見於《文獻通考》，簡稱《直齋書錄解題》爲《書錄解題》者。喬

案：馬氏於〈自序〉中，闡述撰作〈經籍考〉之方法，可謂詳且備矣；馬氏
以此善法而編理〈經籍考〉，允稱博贍。然《通考》中另有稱《直齋書錄解題》
爲《陳氏書錄解題》者。《通考》卷一百七十五〈經籍考〉二〈經易〉「《京房
易傳》」條即云：

> 《京房易傳》四卷，……《陳氏書錄解題》曰：「《京房易傳》三卷、
> 《積算雜古條例》一卷，吳鬱林太守陸績注。京氏學廢絕久矣，所
> 謂章句者，既不復得，而占候之存於世者，僅若此，校之前〈志〉，
> 什百之一二耳。今世術士所用世應、飛伏、遊魂、歸魂、納甲之說，
> 皆出京氏。鼂景迂嘗爲京氏學也，用其傳爲《易式》云。或作四卷，
> 而〈條例〉居其首。又有《參同契》、《律曆志》，見〈陰陽家類〉，
> 專言占候。」

惟《通考》亦有稱《解題》全名者，《通考》卷二百一〈經籍考〉二十八〈史·
故事〉「《三朝訓鑒圖十卷》」條，馬氏按語云：

> 按：《三朝寶訓》一書，《直齋書錄題解》以爲宰相王曾奏請編修，
> 成於天聖十年，三十卷；《揮塵錄》以爲章獻命儒臣所修，成於天聖
> 初年，凡十卷；殊不相吻合。然《揮塵錄》所言禁中刻本，且有繪
> 圖，則似即此《三朝訓鑒圖》十卷之書，然直齋以此書爲慶曆、皇
> 祐所修纂，則又與《揮塵錄》所謂仁皇初年傅母輩侍上展玩之語，
> 深不合矣。當俟考訂精者質之。

是《解題》全名應爲《直齋書錄題解》矣，馬氏編撰〈經籍考〉時所見正如
此，故書中於《三朝訓鑒圖》條下按語乃逕稱其全名也。綜上所述，直齋於
《數術大略》條簡稱此書爲《解題》，《通考·自序》則稱之爲《書錄解題》。
《通考·京房易傳》條則稱作《陳氏書錄解題》，亦馬氏對《解題》書名之省
稱耳。是則《直齋書錄解題》乃此書之全名，而《解題》、《書錄解題》、《陳
氏書錄解題》，皆簡稱也。

　　至於《解題》卷數，馬端臨《通考·經籍考》雖引《解題》資料甚多，
惟〈經籍考〉三十四〈史·目錄〉所載宋代書目，計有《崇文總目》六十四
卷，《大宋史館書目》一卷、《邯鄲圖書志》十卷、《成都刻石總目》三峽、《田
氏書目》六卷、《群書備檢》十卷、《秘書省四庫闕書目》一卷、《集古錄跋

衍琯《直齋書錄解題板本考》三〈直齋書錄解題的名稱和卷數〉竟未提及，
亦可謂失之眉睫矣。喬文載《國立政治大學學報》第四十二期。

尾》十卷、《集古目錄》二十卷、《歐公親書集古錄跋》六卷、《太宗御製御書目》一卷、《眞宗御製碑頌石本目錄》一卷、《龍圖閣瑞物寶目》、《六閣書籍圖書目》共一卷、《京兆金石錄》六卷、《金石錄》三十卷、《廣川藏書志》二十六卷、《書跋》十卷、《畫跋》五卷、《寶墨待訪錄》二卷、《群書會記》三十六卷、《夾漈書目》一卷、《圖書志》一卷、《集古系時錄》十卷、《系地錄》二卷、《秦氏書目》一卷、《藏六堂書目》一卷、《吳氏書目》一卷、《鼂氏讀書志》二十卷、《遂初堂書目》一卷、《中興館閣書目》三十卷、《館閣續書目》三十卷、《鄭氏書目》七卷、《寶刻叢編》二十卷，凡收宋代書目三十三種，而獨缺《解題》，殊不可解。故盧文弨〈新訂直齋書錄解題跋〉對此事抨擊曰：

> 馬貴與既取其書以入《通考》，而不用其言，《顏氏家訓》仍列儒家，《樂府雜錄》、《羯鼓錄》仍列經部，而《目錄》一門，又不將陳氏此書載入，其能免於紕漏之譏乎？

陳樂素〈直齋書錄解題作者陳振孫〉一文亦云：

> 盧文弨《抱經堂文集》卷九〈書錄解題跋〉謂貴與於《通考·目錄》一門不將陳氏書載入，難免紕漏之譏；余謂馬《考》於直齋事跡略無記載，尤爲可惜也。

觀乎《通考》失載《解題》，盧、陳二氏予以譏評，非苛責也。

王應麟《玉海》卷五十二〈藝文·書目·藏書〉中亦著錄宋代書目，計爲：《咸平館閣圖籍目錄》、《景德太清樓四部書目》、《祥符龍圖閣四部書書目》、《祥符寶文統錄》、《慶曆崇文總目》、李淑《圖書十志》、《元祐秘閣書目》、《政和秘書總目》、《紹興求書闕記》、《群玉會記》、晁公武《郡齋讀書記》、《淳熙中興館閣書目》、《嘉定續書目》，凡十三種，然亦未載《解題》，喬衍琯《陳振孫學記》第四章《直齋書錄解題》亦表示大惑不解，云：

> 《玉海》都二百卷，在應麟著述中，卷帙最鉅，取材繁富，當成於晚歲。振孫景定三年（1262）卒時，去吳興不遠。又應麟歷官浙西提舉常平主管帳司、台州通判、軍器少監等，與振孫爲前後任，宜能得《書錄解題》而載之《玉海》。然《玉海》引書，不及《解題》，蓋流傳不廣之故也。

案：喬氏謂《解題》成書後流傳不廣，故《玉海》乏載以作說明，是耶？非耶？似猶有深究必要也。

　　元人脫脫《宋史》卷二百四〈志〉第一百五十七〈藝文〉三〈目錄類〉亦收書目甚多，凡六十八部，六百零七卷。而中宋代書目，計有杜鎬《龍圖閣書目》七卷、又《十九代史目》二卷、《太清樓書目》四卷、《玉宸殿書目》四卷、韋述《集賢書目》一卷、《學士院雜撰目》一卷、歐陽伸一作坤。《經書目錄》十一卷、楊九齡《經史書目》七卷、楊松珍《歷代史目》十五卷、宗諫注《十三代史目》十卷、商仲茂《十三代史目》一卷、《河南東齋一作齊。史書目》三卷、曾氏《史鑑》三卷、〔註8〕孫玉汝《唐列聖實錄目》二十五卷、《唐書叙例目錄》一卷，沈建《樂府詩目錄》一卷、蔣彧《書目》一卷、劉德崇《家藏龜鑑目》十卷、田鎬、尹植《文樞密要目》七卷、劉沆《書目》二卷、《禁書目錄》一卷、學士院、司天監同定。王堯臣、歐陽脩《崇文總目》六十六卷、《沈氏萬卷堂目錄》二卷、歐陽脩《集古錄》五卷、李淑《邯鄲書目》十卷、吳祕《家藏書目》二卷、《祕閣書目》一卷、《史館書新定書目錄》四卷、不知作者。李德芻《邯鄲再集書目》三十卷、崔君授《京兆尹金石錄》十卷、《國子監書目》一卷、《荊州田氏書總目》三卷、田鎬編。劉涇《成都古石刻總目》一卷、趙明誠《金石錄》三十卷、又《諸道石刻目錄》十卷、徐士龍《求書補闕》一卷、董逌《廣川藏書志》二十六卷、鄭樵《求書闕記》七卷、又《求書外記》十卷、《集古系時錄》一卷、《圖譜有無記》二卷、《群玉會記》三十六卷、陳貽範《穎川慶善樓家藏書目》二卷、《遂初堂書目》二卷、尤袤集。《徐州江氏書目》二卷、《呂氏書目》二卷、《三川古刻總目》一卷、《鄱陽吳氏籯金堂書目》三卷、《孫氏群書目錄》二卷、《紫雲樓書目》一卷、《川中書籍目錄》二卷、《秘書省書目》二卷、陳騤《中興館閣書目》七十卷、《序例》一卷、石延慶、馮至游校勘《群書備檢》三卷、晁公武《郡齋讀書志》四卷、張攀《中興館閣續書目》三十卷、《諸州書目》一卷、滕強恕《東湖書目志》一卷。凡五十九部，五百零三卷。是《宋史・藝文志》所著錄，較諸《通考》與《玉海》，所增何止倍蓰，然亦未載及《解題》。是以陳壽祺撰〈宋目錄家晁公武陳振傳〉，於此事抨擊尤烈。其辭曰：

　　　　目錄之家，權輿向、歆父子，班《書》志藝文因之，家法流別，區
　　　　分出入，到今可考見焉。《隋志・經籍》，稽合阮《錄》，取則蘭臺，
　　　　礦有成例，獨惜不據荀勗《中經》之簿，爲司馬氏一朝補志耳。晉、
　　　　隋兩史皆領自魏徵，或晰或晉，不能爲之解也。有宋晁氏之《郡齋
　　　　讀書志》、陳氏之《直齋書錄解題》，蒐討可謂富矣，而於當代爲尤

────────────────

〔註8〕曾氏《史鑑》三卷，疑非目錄類書籍。《宋史・藝文志》此處收之，恐誤。

備。貴與考文獻，〈經籍〉一門，專采兩家，其識不下班掾，而修《宋史》之脫脫輩乃未之及，直〈藝文志〉之謬陋百出，重煩倪璠、盧文弨補輯之地。不寧惟是，〈文苑〉列傳並公武、振孫而遺之，詎不益怪詫哉！

案：《宋史・藝文志》於公武《郡齋讀書志》有著錄，而於《解題》則未之及，果真如喬衍琯氏所謂「流傳不廣」有以致之耶！否則脫脫諸公，確難逃「謬陋百出」之罪咎矣。

明人楊士奇編《文淵閣書目》，其書卷三〈類書・盈字號第五廚書目〉著錄有：

《書錄解題》一部，七冊。

楊士奇〈文淵閣書目題本〉則云：

少師、兵部尚書兼華蓋殿大學士、臣楊士奇等謹題。爲書籍事，查照本朝御製及古今經史子集之書，自永樂十九年南京取回來，一向於左順門北廊收貯，未有完整書目。近奉聖旨，移貯文淵東閣，臣等逐一打點清切，編置字號，寫完一本，總名曰《文淵閣書目》，合請用「廣運之寶」鈐識，仍藏於文淵閣，永遠備照，庶無遺失，未敢擅便，謹題請旨。正統六年六月二十六日。

《四庫全書總目・史部・目錄類》一〈經籍之屬〉亦云：

《文淵閣書目》四卷，明楊士奇編。……是編前有正統六年〈題本〉一通，稱「各書自永樂十九年南京取來，一向於左順門北廊收貯，未有完整書目。近奉旨移貯於文淵東閣，臣等逐一打點清切，編置字號，寫完一本，總名《文淵書閣總目》，請用『廣運之寶』鈐識備照，庶無遺失」。蓋本當時閣中存記冊籍，故所載書多不著撰人姓氏，又有冊數而無卷數，惟略記若干部爲一櫥，若干櫥爲一號而已。考明自永樂間，取南京藏書送北京，又命禮部尚書鄭賜四出購求，所謂鋟板十三、抄本十七者，正統時尚完善無缺。此書以千字文排次，自天字至往字，凡得二十五號五十櫥。今以《永樂大典》對勘，其所收之書，世無傳本者，往往見於此目，亦可知其儲庋之富。士奇等承詔編錄，不能考定撰次勒爲成書，而徒草率以塞責，較劉向之編《七略》、荀勗之敘《中經》，誠爲有愧。然考王肯堂《鬱岡齋筆麈》，書在明代已殘缺不完。王士禎《古夫于亭雜記》亦載：「國初

曹貞吉爲内閣典籍，文淵閣書散失殆盡。貞吉檢閱見宋槧《歐陽修
居士集》八部，無一完者。」今閱百載，已放失無餘，惟藉此編之
存，尚得略見一代秘書之名數，則亦考古者所不廢也。

觀〈文淵閣書目題本〉及《四庫全書總目》所載，則文淵閣所藏之《直齋書
錄解題》，於明初亦同諸書收藏於南京，而永樂十九年北運，乃貯放左順門北
廊。明文淵閣所藏《解題》，英宗正統六年楊士奇編《書目》時猶存，凡一部
七冊，無卷數。意《永樂大典》所鈔《解題》，即全依此本過錄。惜文淵閣之
書，清初已散失殆盡，故至乾隆之時，館臣編理《四庫全書》，所輯成之二十
二卷本《解題》，僅能藉《永樂大典》編就，已無法參考文淵閣藏本矣。文淵
閣藏本《解題》有冊數而無卷數，疑原有卷數，士奇草率塞責，乃欠載其撰
人及卷數耶？

　　傅維麟《明書》卷七十七〈志〉十七〈經籍志〉三〈類書〉亦載有《解
題》，惟無撰人及卷數。喬衍琯《陳振孫學記》第四章《直齋書錄解題》云：
　　　清傅維麟《明書‧藝文志》亦載有《書錄解題》。然傅氏非據明代藏
　　　書或著述編成，而亦係抄自《文淵閣書目》。均不足證明在明清之際，
　　　尚有《書錄解題》流傳。
案：喬氏謂《明書‧藝文志》，亦載有《解題》，其實《明書‧藝文志》應作
《明書‧經籍志》；此喬氏不檢書所致之誤也。至喬謂傅氏《明書‧經籍志》
係抄自《文淵閣書目》，余將二書詳作比勘，《明書‧經籍志》所載，即僅據
其〈類書〉之部而言，亦非全依《文淵閣書目》者，意傅氏或另有所據也。

　　清初黃虞稷、倪燦作《宋史藝文志補》，其書〈子部‧簿錄題〉云：
　　　陳振孫《直齋書錄解題》五十六卷。今分二十二卷。
案：書目類書籍著錄《解題》而兼有撰人及卷數者，要以此書爲最早。惟喬
衍琯《陳振孫學記》第三章〈著述〉第一節《直齋書錄解題》云：
　　　案：黃虞稷、倪燦均清初人，〔註9〕乾隆時《四庫全書》本所定之
　　　二十二卷，及稍後盧氏據舊抄本定爲五十六卷，均非黃、倪兩氏所
　　　可得知，蓋係盧氏所補，或黃、倪原目僅記書名，而卷數則後人所
　　　增益也。
案：《陳振孫學記》所言盧氏，即盧文弨。文弨有〈書新訂直齋書錄解題後〉
及〈直齋書錄解題新訂目錄〉二文，將《解題》定爲五十六卷，其詳容後補

──────────────

〔註9〕喬氏原注云：「倪、黃二氏均卒於康熙間。」

述。盧氏另撰有〈宋史藝文志補序〉，云：

> 《宋史》本有〈藝文志〉，咸淳以來，尚多闕略。至遼、金、元三《史》，
> 則並不志〈藝文〉。本朝康熙年間，議修《明史》，時史官有欲仿《隋
> 書》兼《五代史·志》之例而爲之補者，余得其底稿，乃上元倪燦
> 闇公所纂輯也。今俗間有溫陵黃虞稷俞邰《千頃堂書目》本，蒐采
> 雖富，而體例似不及倪本之正。近則《書目》又爲坊賈鈔胥紛亂刪
> 落，更無足觀。今略爲訂正，且合之余友海寧吳騫槎客校本，庶爲
> 完善，亟爲傳之，以補四代史志之闕。具載倪〈序〉於首，使後人
> 知其初意如此，宋有〈志〉而補之，遼、金、元本無〈志〉，故今所
> 錄，各自爲編云。盧文弨撰。

讀盧〈序〉，則知今見之《宋史藝文志補》，雖云黃虞稷、倪燦所編著，實爲
文弨合倪、黃二書，再參以吳槎客校本而成之者。盧〈序〉既有「今略爲訂
正」之語，則喬氏謂卷數「係盧氏所補」，或「後人所增益」，理或宜然也。

書目類書籍有著錄《解題》而及卷數者，《四書全書總目》亦然。《四庫
全書總目》卷八十五〈史部〉四十一〈目錄類〉一云：

> 《直齋書錄解題》二十二卷，《永樂大典》本。宋陳振孫撰。……其例以
> 歷代典籍分爲五十三類，各詳其卷帙多少、撰人名氏而品題其得失，
> 故曰「解題」。……馬端臨〈經籍考〉惟據此書及《讀書志》成編。
> 然《讀書志》今有刻本，而此書久佚，《永樂大典》尚載其完帙。惟
> 當時編輯潦草，譌脫宏多，又卷帙割裂，全失其舊，謹詳加校訂，
> 定爲二十二卷。

案：《四庫全書總目》謂《解題》久佚，然明時文淵閣實藏有此書，此書正統
六年（1441）楊士奇編《書目》時尚存。文淵閣書至清初漸次散佚，其時距
乾隆猶未甚遠，似未可視爲久佚也，《四庫全書總目》所言，似未深考耳。至
《四庫全書總目》定《解題》爲二十二卷，則殊非原書卷數之舊。

乾隆間，盧文弨研治《解題》，用力至勤。盧氏不惟通校全書，且重輯《解
題》，俾恢復五十六卷。文弨重輯本，今藏上海圖書館，缺卷八至卷十六，凡
九卷，然仍甚足珍貴也。盧氏《抱經堂文集》卷九有〈書新訂直齋書錄解題
後〉，頗見恢復《解題》之原第，茲錄之如下：

> 此書外間無全本久矣。《四庫全書》館新從《永樂大典》中鈔出，分
> 爲二十二卷，余既識其後矣。丁酉王正，復得此書子、集數門元本於

知不足齋主人所，[註10] 乃更取而細訂之，知此書唯〈別集〉分三卷，
〈詩集〉分兩卷，而其餘每類各自爲卷，雖篇幅最少者，亦不相爲聯
屬，余得據之定爲五十六卷。元第〈詩集〉之後，然後以〈總集〉，
又〈章奏〉，又〈歌詞〉，而以〈文史〉終焉。其他次第，並與館本無
不同者。[註11] 其〈雜藝〉一類，較館本獨爲完善，余遂稍加訂正而
更鈔之。余自己卯先見集部元本，越十九年而更見子部中數門，則安
知將來不更有並得經、史諸類者乎？取以證吾所鈔者，庶有以明吾之
不妄爲紛更也已。乾隆四十三年正月二十九日東里盧文弨書。

案：盧氏〈書後〉所言之「丁酉王正」，乃乾隆四十二年（1777）正月；「己
卯」，乃乾隆二十四年（1759）；兩者前後相距正十九年。而元本即原本，非
指元代板本；觀其「元第〈詩集〉之後」之語，所言元第亦即原第也。元、
原古通用，清人多慣以「元」代「原」。〈書後〉之知不足齋主人，指鮑廷博。
廷博字以文，號淥飲，晚號通介叟。平生好藏書，齋名曰知不足齋，乃竊取
《禮記・學記》「學然後知不足」之義。盧氏所見《解題》子、集數門原本，
即得自鮑氏也。盧氏定《解題》爲五十六卷，編定之法，詳見盧氏〈直齋書
錄解題新定目錄〉。其〈新定目錄〉云：

卷一〈易類〉、卷二〈書類〉、卷三〈詩類〉、卷四〈禮類〉、卷五〈春
秋類〉、卷六〈孝經類〉、卷七〈語孟類〉、卷八〈經解類〉、卷九〈讖
緯類〉、卷十〈小學類〉、卷十一〈正史類〉、卷十二〈別史類〉、卷
十三〈編年類〉、卷十四〈起居注類〉、卷十五〈詔令類〉、卷十六〈偽
史類〉、卷十七〈雜史類〉、卷十八〈典故類〉、卷十九〈職官類〉、
卷二十〈禮注類〉、卷二十一〈時令類〉、卷二十二〈傳記類〉、卷二
十三〈法令類〉、卷二十四〈譜牒類〉、卷二十五〈目錄類〉、卷二十
六〈地理類〉、卷二十七〈儒家類〉、卷二十八〈道家類〉、卷二十九
〈法家類〉、卷三十〈名家類〉、卷三十一〈墨家類〉、卷三十二〈縱

[註10] 盧氏另有〈新訂直齋書錄解題跋〉云：「乾隆己卯，余讀《禮》家居，友人見
示此書，僅自〈楚辭〉、〈別集〉以下，而其他咸缺焉，乃秀水朱氏曝書亭鈔
本也。」是文弨得子、集數門元本之前，已得見〈楚辭〉、〈別集〉二類矣，
故於此處盧氏謂「復得」。

[註11] 盧氏重輯之《解題》稿本上有盧氏眉注云：「經、史元本未見，恐尚有不同，
如〈釋氏〉、〈道家〉、〈神仙〉之類，因陳氏語而後知今本次第之誤。」盧氏
此條眉注，乃據徐小蠻、顧美華點校本《解題》迻錄。

橫家類〉、卷三十三〈農家類〉、卷三十四〈雜家類〉、卷三十五〈小說家類〉、卷三十六〈神仙類〉、卷三十七〈釋氏類〉、卷三十八〈兵書類〉、卷三十九〈曆家類〉、卷四十〈陰陽家類〉、卷四十一〈卜筮類〉、卷四十二〈形法類〉、卷四十三〈醫書類〉、卷四十四〈音樂類〉、卷四十五〈雜藝類〉、卷四十六〈類書類〉、卷四十七〈楚辭類〉、卷四十八〈別集類〉上、卷四十九〈別集類〉中、卷五十〈別集類〉下、卷五十一〈詩集類〉上、卷五十二〈詩集類〉下、卷五十三〈總集類〉、卷五十四〈章奏類〉、卷五十五〈歌詞類〉、卷五十六〈文史類〉。右目錄依元本定，杭東里人盧文弨校錄於鍾山書院。〔註12〕

〈新定目錄〉分《解題》爲五十六卷，正與〈書新訂直齋書錄解題後〉所言「知此書唯〈別集〉分三卷，〈詩集〉分兩卷，而其餘每類各自爲卷，雖篇幅最少者，亦不相爲聯屬，余得據之定爲五十六卷」相合。是直齋《解題》原本確分五十三類、五十六卷，盧氏新訂者有理有據，較之《四庫》館本定爲二十二卷，應更符合《解題》原本卷帙之舊。

第三節 《直齋書錄解題》之成書與流傳

南宋周密，字公謹，爲振孫同鄉後輩，直齋生前，得時親謦欬，故知直齋事迹爲獨詳審。公謹嘗著《齊東野語》，其書卷十二「〈書籍之厄〉」條云：

近年惟直齋陳氏書最多，蓋嘗仕於莆，傳錄夾漈鄭氏、方氏、林氏、吳氏舊書，至五萬一千一百八十餘卷，且倣《讀書志》作解題，極其精詳，近亦散失。

是公謹此條，不惟述及振孫藏書之富贍，且對其作《解題》，尤推崇備至也。

清人張宗泰，畢生亦勤治《解題》，堪爲直齋諍友。其《魯巖所學集》卷六〈跋陳振孫書錄解題〉亦謂：

〔註12〕 徐、顧點校本《解題》引盧氏〈新定目錄〉後有案語曰：「今案：盧校本又在〈新定目錄〉『卷二十八』上寫『三十六』、『卷二十九』上寫『二十八』、『卷三十』上寫『二十九』，『卷三十一』上寫『三十』，『卷三十二』上寫『三十一』，『卷三十三』上寫『三十二』，『卷三十四』上寫『三十三』，『卷三十五』上寫『三十四』，『卷三十六』上寫『三十七』，『卷三十七』上寫『三十五』。校注曰：〈神仙類〉中有陳氏語云：『各已見〈釋氏〉、〈道家〉類。』則知其序當如此也。盧校本在〈新定目錄・總集類〉上注：鈔本誤置〈別集〉前，元本係在〈詩集〉後。」

《書錄解題》敘述諸書源流，州分部居，議論明切，為藏書家著錄
之準。

是張氏於《解題》不無推譽者。惟於《解題》成書與流傳二事，清以前人鮮
有論及之者；近人陳樂素、喬衍琯二氏雖有所論及，或不免於誤，或未能深
究。故余不得不繼陳、喬之後，而有所論述。茲先考論《解題》之成書。

考振孫撰〈玉臺新詠集後序〉有言：

右《玉臺新詠集》十卷，幼時至外家李氏，於廢書中得之，舊京本
也。宋失一葉，間復多錯謬，版亦時有刓者，欲求他本是正，多不
獲。嘉定乙亥在會稽，始從人借得豫章刻本，財五卷，蓋至刻者中
徙，故弗畢也。又聞有得石氏所藏錄本者，復求觀之，以補亡校脫，
於是其書復全，可繕寫。……是歲十月旦日書其後，永嘉陳玉父。

案：直齋此一〈後序〉，載見陸心源《皕宋樓藏書志》卷一百十二〈玉臺新詠
十卷明仿宋本〉條，署名作「陳玉父」。「陳玉父」實「陳振孫伯玉父」之譌，
其間有脫字。〈後序〉乃振孫宋寧宗嘉定八年乙亥（1215）十月旦日作，時在
紹興府教授任內。〈後序〉乃振孫自記其補亡校脫舊京本《玉臺新詠集》至為
認真，初據豫章刻本，才五卷，又求觀石氏所藏錄本，始復其全。今《解題》
卷十五〈總集類〉「《玉臺新詠》」條則云：

《玉臺新詠》十卷，陳徐陵孝穆集，且為作〈序〉。

《解題》此條至簡略，正可據〈後序〉補其內容。竊疑振孫以既撰〈後序〉，
故《解題》所記從略。喬衍琯〈直齋書錄解題版本考〉四〈撰寫經過和成書
年代〉曾就此〈後序〉，而作判語云：

可知直齋幼年就注意書，而且能讀書、校書、著書。祇是這時還未
開始撰寫《解題》。

案：喬氏所言雖未必全是。然《解題》則固非直齋幼時所能撰也。

又《解題》卷五〈詔令類〉「《東漢詔令》」條載：

《東漢詔令》十一卷，宗正寺主簿鄞樓昉暘叔編。大抵用林氏舊體，
自為之〈序〉。帝王之制，具在百篇，後世不可及矣；兩漢猶為近古。
愚未冠時，無書可觀，雖二史亦從人借。嘗於班《書》志、傳，錄
出諸詔，與紀中相附，以便覽閱。既仕於越，乃得見林氏書，而樓
氏書近出，其為好古博雅，斯以勤矣。惟平、獻二朝，莽、操用事，
如錫莽及廢伏后之類，皆當削去，莽時尤多也。

案：《解題》此條有「既仕於越」一句，故自清人錢泰吉撰《曝書雜記》，以迄今人陳樂素、喬衍琯，皆以此條撰於任紹興教授時，而忽視「樓氏書近出」一語，更未注意及編《東漢詔令》之樓昉乃鄞人。竊疑此條乃直齋離紹興任，改掌鄞學後所撰。據本書第三章第三節所考，振孫於嘉定十一年戊寅（1218）改掌鄞學教官，則其得讀樓氏書應在此時，是則此條撰年，當在嘉定十一年後不遠。

振孫掌鄞學所撰寫解題，今可考者尚有下列數條。《解題》卷四〈編年類〉「《國紀》」條，云：

> 《國紀》五十八卷，吏部侍郎睢陽徐度敦立撰。度，丞相處仁擇之之子。其書詳略頗得中，而不大行於世。鄞學有魏邸舊書，傳得之。

案：《國紀》既據鄞學魏邸舊書傳得，則此條當作於掌鄞學時矣。

另《解題》卷十四〈音樂類〉「《琴譜》」條云：

> 《琴譜》八卷，鄞學魏邸舊書有之，己卯分教傳錄，亦益以他所得譜。

案：《琴譜》亦抄自鄞學魏邸。己卯乃嘉定十二年（1219），《解題》此條可視為同年所作。

《解題》上述各條既可據文中署年而考得撰作年代，而其他之條亦可據所記振孫仕履以考出撰作年月矣。

振孫宰南城時，訪書至勤，所得亦至富。下列引《解題》諸條，皆直齋訪書後撰就於宰南城後者。如《解題》卷三〈經解類〉「《九經字樣》」條云：

> 《九經字樣》一卷，唐沔王友翰林待詔唐玄度撰。補張參之所不載，開成中上之。二書却當在〈小學類〉，以其專為經設，故亦附見於此。往宰南城出謁，有持故紙鬻於道者，得此書，乃古京本，五代開運丙午所刻也，遂為家藏書籍之最古者。

又《解題》卷十二〈神仙類〉「《群仙珠玉集》」條云：

> 《群仙珠玉集》一卷，其〈序〉曰：「西華真人以金丹、刀圭之訣傳張平叔，作《悟真篇》，以傳石得之、薛道光、陳泥丸，至白玉蟾。」玉蟾者，葛其姓，福之閩清人。嘗得罪亡命，蓋姦妄流也。余宰南城，有寓公稱其人云：「近嘗過此，識之否？」余言：「不識也。此輩何可使及吾門！」李士寧、張懷素之徒，皆殷鑒也，是以君子惡異端。

案：此二條皆有振孫自言「宰南城」，當寫成離南城任後。

《解題》中亦有據所提地名而考出作年者。《解題》卷十二〈神仙類〉「《參同契分章通眞義》」條云：

> 《參同契分章通眞義》三卷、《明鏡圖訣》一卷，眞一子彭曉秀川撰。蜀永康人也。〈序〉稱廣政丁未以《參同契》分十九章而爲之注，且爲圖八環，謂之《明鏡圖》。囊在麻姑山傳錄，其末有〈秀川傳〉。汪綱會稽所刻本，其前題祠部員外郎彭曉，蓋據秘閣本云爾。麻姑本附〈傳〉亦言仕蜀爲此官。

又如《解題》同卷同類「《金碧古文龍虎上經》」條云：

> 《金碧古文龍虎上經》一卷，不著名氏。麻姑所錄本無「金碧」字。

案：麻姑山在南城，據地名即可考知此二條作年。此又據《解題》所述地名。而考得各條撰作年代，蓋亦撰於振孫宰南城者也。

《解題》中亦嘗提及直齋所借書人籍貫，據之亦可略考該條之作年。如《解題》卷五〈雜史類〉「《邠志》」條云：

> 《邠志》三卷，唐殿中侍御史凌準宗一撰。邠軍即朔方軍也。此本從盱江晁氏借錄，其末題曰：「文忠修《唐史》，求此書不獲，今得於忠憲范公之孫伯高。其中多尚誤，當訪求正之。紹興乙丑晁公遡。」

又如《解題》卷十二〈陰陽家類〉云：

> 《陰陽二遁圖局》一卷，並《雜訣》、《三元立成圖局》二卷、《遁甲八門機要》一卷、《太一淘金歌》一卷，以上四種皆無名氏，得之盱江吳炎。

又如《解題》卷十三〈醫書類〉云：

> 《龐氏家藏秘寶方》五卷，蘄水龐安時安常撰。安時以醫名世，所著書傳於世者，惟《傷寒論》而已。此書南城吳炎晦父錄以見遺。

考盱水北接汝水，遶南城東南而過，南連化水。故上引諸條之盱江即指南城，是以振孫或稱「盱江吳炎」，或稱「南城吳炎」，其實一也。諸條皆直齋宰南城時或離任未久所作。故據借與書籍者籍貫可考出《解題》作年也。

本書第三章〈陳振孫之仕履與行誼〉第四節考出振孫宰南城，乃上接鄞學教授，約始於嘉定十四年辛巳（1221），而其離任改充興化軍通判，則在理宗寶慶三年丁亥（1227）。故上引諸條內容與南城、麻姑山、盱江有關者，皆寫成於此七年間，或稍後也。

至興化軍之治所乃在莆田，振孫任通判，爲時僅二年，至紹定元年戊子（1228）即離職。在莆此二年中，訪書至勤，故所撰解題必不少。考振孫所求得之書，有借錄自鄭翁歸與鄭子敬者。《解題》卷七〈傳記類〉云：

> 《夾漈家傳》一卷、所著《書目》附，莆田鄭翁歸述其父樵漁仲事
> 跡。樵死後，翁歸年八歲，安貧不競，頃佐莆郡時猶識之。

翁歸，鄭樵子，此書乃翁歸撰，亦必借錄自翁歸者也。《解題》卷八〈目錄類〉另載有《夾漈書目》一卷，應與此處所附《書目》同。又《解題》卷二〈書類〉著錄有《書辨訛》七卷、同卷〈詩類〉著錄有《夾漈詩傳》二十卷、《辨妄》、六卷、同卷〈禮類〉著錄有《夾漈鄉飲禮》七卷、卷三〈春秋類〉著錄有《夾漈春秋傳》十二卷、《考》一卷、《地名譜》十卷、同卷〈經解類〉著錄有《鄭氏諡法》三卷、同卷〈小學類〉著錄有《注爾雅》三卷、《論梵書》一卷、《石鼓文考》三卷、卷八〈目錄類〉著錄有《群書會記》二十六卷、《圖書志》一卷、《集古系時錄》十卷、《系地錄》十一卷、卷十〈雜家類〉著錄有《刊謬正俗跋》八卷。上述之書凡十六種，皆鄭樵所撰，當亦借自翁歸也。周密《齊東野語》卷十二〈書籍之厄〉云：

> 近年惟直齋陳氏書最多。蓋嘗仕於莆，傳錄夾漈鄭氏……舊書。

是周密此條所載與《解題》吻合，公謹所言蓋實錄也。

至直齋借錄自鄭寅子敬之書，亦有以下各種：

《解題》卷一〈易類〉云：

> 《梁谿易傳》九卷、《外篇》十卷，丞相昭武李綱伯紀撰。案〈序〉，
> 《內》、《外編》，凡二十三卷。《內篇》訓釋上、下〈經〉、〈繫辭〉、
> 〈說〉、〈序〉、〈雜卦〉，並〈總論〉合十卷：《外篇》〈釋象〉七、〈明
> 變〉一、〈訓辭〉二、〈類占〉一、〈衍數〉二，合十有三卷。今《內
> 篇》闕〈總論〉，《外篇》闕〈訓辭〉及〈衍數〉下卷，存者十卷。
> 蓋罷相遷謫時所作。其書未行於世，館閣亦無之。莆田鄭寅子敬從
> 忠定之曾孫得其家藏本，頃倅莆田日，借鄭本傳錄。今考《梁谿集》，
> 紹興十三年所編，其〈訓辭〉二，〈序〉已云有錄無書，則雖其家亦
> 亡逸久矣。豈有其〈序〉，而書實未成耶？其書於辭、變、象、占無
> 不該貫，可謂博矣。

《解題》卷五〈詔令類〉云：

> 《中興綸言集》二十八卷，左司郎中莆田鄭寅子敬編。寅，知樞密

院僑之子，靖重博洽，藏書數萬卷，於本朝典故尤熟。

同書同卷〈典故類〉云：

> 《長樂財賦志》十六卷，知漳州長樂何萬一之撰。往在鄞學，訪同官薛師雍子然，几案間有書一編，大略述三山一郡財計，而累朝詔令申明沿革甚詳。其書雖爲一郡設，於天下實相通。問所從得，薛曰：「外舅陳止齋修《圖經》，欲以爲〈財賦〉一門，後緣卷帙多，不果入。」因借錄之，書無標目，以意命之曰《三山財計本末》。及來莆田，爲鄭寅子敬道之，鄭曰：「家有何一之《長樂財賦志》，豈此耶？」復借觀之，良是。其間亦微有增損，末又有〈安撫司〉一卷，併鈔錄附益爲全書。

《解題》卷八〈目錄類〉云：

> 《鄭氏書目》七卷，莆田鄭寅子敬以所藏書爲七錄，曰經，曰史，曰子，曰藝，曰方技，曰文，曰類。寅，知樞密院僑之子，博文彊記，多識典故。端平初召爲都司，執法守正，出爲漳州以沒。

《解題》卷十四〈音類樂·小序〉云：

> 劉歆、班固雖以〈禮〉、〈樂〉、著之〈六藝略〉，要皆非孔氏之舊也，然《三禮》至今行於世，猶是先秦舊傳。而所謂〈樂〉六家者，影響不復存矣。竇公之〈大司樂章〉既已見於《周禮》，河間獻王之〈樂記〉亦錄於《小戴》，則古樂已不復有書。而前〈志〉相承，迺取樂府、教坊、琵琶、羯鼓之類，以充〈樂類〉，與聖經並列，不亦悖乎！
>
> 晚得鄭子敬氏《書目》獨不然，其爲說曰：「〈儀注〉、〈編年〉，各自爲類，不得附於〈禮〉、〈春秋〉，則後之樂書，固不得列於〈六藝〉。」今從之，而著於〈子錄·雜藝〉之前。

同書同卷〈雜藝類〉云：

> 《打馬圖式》一卷，鄭寅子敬撰。用五十馬。

《解題》卷十八〈別集類〉下云：

> 《周益公集》二百卷、《年譜》一卷、〈附錄〉一卷，丞相益文忠公廬陵周必大子充撰。一字洪道。其家既刊《六一集》，故此《集》編次一切視其凡目，其間有《奉詔錄》、《親征錄》、《龍飛錄》、《思陵錄》凡十一卷，以其多及時事，託言未刊，人莫之見。鄭子敬守吉，募工人印得之，余在莆田借錄爲全書，然猶漫其數十處。益公自號

平園叟。

案：上述《解題》各條提及之書，如《梁谿易傳》、《長樂財賦志》、《周益公集》三種，明載爲借錄自子敬，其餘如《中興綸言集》、《鄭氏書目》、《打馬圖式》，皆鄭寅自撰之書，必同時借錄自子敬。因而上引各條，應爲振孫在莆時，或離莆未久後作也。

　　在莆訪書，亦有借錄自李氏者。如《解題》卷六〈禮注類〉云：

　　《獨斷》二卷，漢議郎陳留蔡邕伯喈撰。記漢世制度、禮文、車服及諸帝世次，而兼及前代禮樂。舒、台二郡皆有刻本。向在莆田嘗錄李氏本，大略與二本同，而上下卷前後錯互，因並存之。

《解題》卷八〈目錄類〉云：

　　《藏六堂書目》一卷，莆田李氏云：「唐江王之後，有家藏誥命，其藏書自承平時，今浸以散逸矣。」

同書同卷〈地理類〉云：

　　《晉陽事跡雜記》十卷，唐河東節度使李璋纂。〈序〉言四十卷，〈唐志〉亦同，今刪爲十卷。蓋治平中太原府所刻本也。從莆田李氏借錄。自南渡以來，關河阻絕，圖志泯亡，得見一二僅存者，猶足以發傷今思古之歎。然唐并州治晉陽、太原二縣，國初克復，徙治陽曲，而墟其故二縣。後皆併省，則唐之故跡，皆不復存矣。

同書同卷同類又云：

　　《番禺雜記》一卷，攝南海主簿鄭熊撰。國初人也。莆田借李氏本錄之。蓋承平時舊書，末有「河南少尹家藏」六字，不知何人也。

《解題》卷十五〈總集類〉云：

　　《集選目錄》二卷，丞相元獻公晏殊集。《中興館閣書目》以爲不知名者，誤也。大略欲續《文選》，故亦及於庾信、何遜、陰鏗諸人。而云唐人文者，亦非也。莆田李氏有此書，凡一百卷。力不暇傳，姑存其目。

《解題》卷十九〈詩集類〉上云：

　　《武元衡集》一卷，唐宰相武元衡伯蒼撰。初用莆田李氏本傳錄，後以石林葉氏本校，益以六首，及李吉甫唱酬六首。川本作二卷。

案：莆田李氏，直齋未明言其名字。亡友阮廷焯教授生前撰〈宋代家藏書目考佚〉一文，載見《國立編譯館館刊》第十二卷第二期。該文「《藏六堂書目》」

條云：

> 陳振孫《直齋書錄解題》卷八云：「《藏六堂書目》，莆田李氏云：唐
> 江王之後，有家藏誥命。其藏書自承平時，今浸已散逸。」此莆田
> 李氏，陳志未著名字，檢李俊甫《莆陽比事》卷三云：「郡志又載（唐）
> 江王之後，有曰翔者，尉莆田，遂因莆田家焉，今子孫多錯居於郡。」
> 又云：「江王祥之孫蕘，按〈唐表〉云：翔即蕘之四代孫也。」則此
> 《藏六堂書目》之莆田李氏，當即翔一脈之傳也。

案：據阮氏所考，則唐江王元祥孫爲蕘，蕘四代孫爲翔，翔爲莆田尉，因家
莆焉。是阮氏以直齋所屢言之莆田李氏，即翔之苗裔。而本書第四章第三節
亦考出莆田李氏乃唐江王元祥之後，與阮氏同。元祥有子晃，晃子欽又嗣爲
江王，故疑莆田李氏乃欽之苗裔，則所考與阮氏不同。

振孫亦嘗借錄書籍於莆田劉氏。考《解題》卷五〈雜史類〉云：

> 《後魏國典》三十卷，唐太常少卿元行沖撰。行沖以系出拓跋，乃
> 撰《魏典》三十篇，文約事詳，學者尚之。此本從莆田劉氏借錄，
> 卷帙多寡不同，歲月首尾不具，殆類鈔節，似非全書。

莆田劉氏爲誰，其名氏固無可考矣。

以下所引數條，皆振孫離莆未久時撰。《解題》卷五〈典故類〉云：

> 《三朝訓鑑圖》十卷，學士李淑、楊偉等修纂。慶曆八年，偉初奉
> 旨檢討三朝事跡，乞與淑共編，且乞製〈序〉。皇祐元年書成。頃在
> 莆田，有售此書者，亟求觀之，則已爲好事者所得，蓋當時御府刻
> 本也。卷爲一冊，凡十事，事爲一圖，飾以青赤。亟命工傳錄，凡
> 字大小、行廣狹、設色規模，一切從其舊，欲袪鋪觀，如生慶曆、
> 皇祐間，目覩聖明作述之盛也。按《館閣書目》載此書，云繪采皆
> 闕，至《續書目》乃云得其全。未知果當時刻本乎？抑亦摹傳也。

《解題》卷八〈譜牒類〉云：

> 《元和姓纂》十卷，唐太常博士三原林寶撰。元和中，朔方別帥天
> 水閻某者，封邑太原以爲言。上謂宰相李吉甫曰：「有司之誤，不可
> 再也。宜使儒生條其源系，考其郡望，子孫職任，並總緝之。每加
> 爵邑，則令閱視。」吉甫以命寶，二十旬而成。此書絕無善本，頃
> 在莆田以數本參校，僅得七八，後又得蜀本校之，互有得失，然粗
> 完整矣。

案：以上二條均有「頃在莆田」之語，故知撰就於離莆任未久。

至《解題》卷十七〈別集類〉中云：

> 《蔡忠惠集》三十六卷，端明殿學士忠惠莆田蔡襄君謨撰。近世始刻於泉州，王十朋龜齡爲之〈序〉。余嘗官莆，至其居，去城三里，荔子號「玉堂紅」者，正在其處。矮屋欲壓頭，猶是當時舊物。歐公所撰〈墓志〉，石立堂下，眞蹟及諸公書帖多有存者。京、卞同郡晚出，欲自附於名閥，自稱族弟，本傳云爾。襄孫佃，唱名第一，京時當國，以族孫引嫌，降第二，佃終身恨之。

觀此條「余嘗官莆」云云，則必撰於離莆任或稍後。

又《解題》卷三〈小學類〉另有一條云：

> 《爾雅新義》二十卷，陸佃撰。其於是書，用力勤矣。〈自序〉以爲雖使郭璞擁篲清道，跂望塵躅可也。以愚觀之，大率不出王氏之學，與劉貢父所謂不徹薑食、三牛二鹿戲笑之語，殆無以大相過也。《書》云：「玩物喪志。」斯其爲喪志也宏矣。頃在南城傳寫，凡十八卷，其曾孫子遹刻於嚴州爲二十卷。

案：觀此條「頃在南城傳寫」云云，則又撰於離南城未久矣。

振孫離興化軍通判任，即除軍器監簿，理宗紹定四年辛卯（1231）嘗爲都人陳思《寶刻叢編》作〈序〉，《解題》卷八〈目錄類〉載：

> 《寶刻叢編》二十卷，臨安書肆陳思者，以諸家集古書錄，用《九域志》京、府、州、縣繫其名物，而昔人辨證審定之語，具著其下，其不詳所在，附末卷。

案：臨安，乃南宋首都，直齋任軍器監簿所在地，則是條及〈序〉必作於任職時矣。

《解題》各條，亦不乏振孫知台州時撰作者。如卷十八〈別集類〉下云：

> 《詅癡符》二十卷，御史臨海李庚子長撰。「詅」之義，衒鬻也。市人鬻物於市，誇號之曰「詅」原註：去聲。此三字本出《顏氏家訓》，以譏無才思而流布醜拙者。以名其集，示謙也。庚，乙丑進士，以湯鵬舉薦辟入臺，家藏書甚富。

又卷十九〈詩集類〉上云：

> 《崔國輔集》一卷，唐集賢直學士禮部員外郎崔國輔撰。開元十三年進士，應縣令舉，爲許昌令。天寶中加學士，後以王鉷近親坐貶。

詩凡二十八首，臨海李氏本。後又得石林葉氏本，多六首。

案：此二條提及之臨海，即台州。乙丑爲寧宗開禧元年（1205）。湯鵬舉者，字致遠，乃政和八年進士，《宋史》有傳。秦檜死，爲殿中侍御史，累官御史中丞，知樞密院事。李庚，固湯薦辟而入臺者。

至《解題》卷二十〈詩集類〉下云：

> 《雪巢小集》二卷，東魯林憲景思撰。初寓吳興，從徐度敦立游，後爲參政賀允中子忱孫壻，寓臨海。其人高尚，詩清澹，五言四韻古句尤佳，殆逼陶、謝。梁谿尤延之、誠齋楊廷秀皆爲之〈序〉，且爲〈雪巢賦〉及〈記〉。余爲南城，其子遊謁至邑，以《家集》見示，愛而錄之。及守天台，則板行久矣，視所錄本稍多。然其暮年詩似不逮其初，往往以貧爲累，不能不衰索也。

案：此條所言天台在台州。是知《詿癡符》、《崔國輔集》、《雪巢小集》三條，皆直齋台州作，作年應爲端平三年丙申（1236）。

理宗嘉熙三年己亥（1239），至四年庚子（1240），振孫則任浙西提舉，治所在平江府。其時所撰解題，今可考者有《解題》卷八〈目錄類〉之《太宗御製御書目》一卷、《眞宗御製碑頌石本目錄》一卷、《龍圖閣瑞物寶目》、《六閣書籍圖畫目》共一卷，又卷十〈雜家類〉之《造化權輿》六卷，又卷十二〈神仙類〉之《雲笈七籤》一百二十四卷，同卷〈釋氏類〉之《景祐天竺字源》七卷，同卷〈卜筮類〉之《易林》十六卷，又卷十四〈音樂類〉之《皇祐新樂圖記》三卷。蓋上引諸書均訪求借錄於平江虎丘寺與《天慶道藏》也。上述《解題》各條，已於本書第三章第九節中備錄之，茲不贅。

陳樂素〈直齋書錄解題作者陳振孫〉二〈述作〉條云：

> 《解題》所記歲月，以卷十二《易林》條之嘉熙庚子（四年，1240）爲最晚。

惟喬衍琯《陳振孫學記》第一章〈傳略〉第二節〈仕履〉則曰：

> 《經義考》卷六〈易類〉《易林》條云：得之莆田，恨多脫誤。嘉熙庚子四年，自吳門歸，偶爲鄉守王寺丞侑道之，因以家藏本見假。兩本參互稽究，校畢歸其書王氏。淳祐辛丑（元年，1241）五月。

案：檢朱彝尊《經義考》卷六〈易類〉「《易林》」條載：

> 陳振孫曰：「又名《大易通變》，唐會昌景寅越五雲谿王俞序。凡四千九十六卦，蓋一卦可以變六十四也。」又曰：「舊見沙隨程氏所紀，

紹興初諸公以《易林》筮時事，奇驗。求之多年，寶慶丁亥始得其
書於莆田，錄而藏之，皆韻語古雅，頗類《左氏》所載繇辭。間嘗
筮之，亦驗，獨恨多脫誤，無他本是正。嘉熙庚子自吳門歸雪川，
偶爲鄉守王寺丞侑道之，因以家藏本見假，雖復多脫誤，而用兩本
參互相校，十頗得八九，於是兩家所藏皆成全書，其間亦多重複，
或數爻共一繇，莫可稽究。校畢歸其書王氏，而志其校正本末於此。
淳祐辛丑五月。」

依《經義考》所載，《解題》中所記歲月，最晚者確爲淳祐辛丑（1241）五月，
樂素未檢朱氏書，故微誤也。〔註13〕

　　樂素之文同條又云：

而卷三「《春秋分記》」條有云：「程公說兄弟三人皆以科第進，今中
書舍人公許，其季也。」據《宋史》卷四一五公許本傳及〈理宗紀〉，
其遷中書舍人，進禮部侍郎，在淳祐五年（1245）十二月鄭清之奉
祠以後，翌年十二月史嵩之致仕之前；然則淳祐五年六年，《解題》
方在撰寫之中。

案：《解題》卷三〈春秋類〉載：

《春秋分記》九十卷，邛州教授眉山程公說伯剛撰。以《春秋》經
傳倣司馬遷書爲《年表》、《世譜》、《曆法》、《天文》、《五行》、《地
理》、《禮樂》、《征伐》、《官制》諸書。自周、魯而下，及諸小國，
夷狄皆彙次之。時有所論，發明成一家之學。公說積學苦志，早年
登科，值逆曦亂，憂憤以死，年財三十七。兄弟三人皆以科第進。
今中書舍人公許，其季也。

是《解題》此條確載程公許曾任中書舍人。考《宋史》卷四百一十五〈列傳〉
第一百七十四〈程公許〉云：

（淳祐五年）權禮部侍郎，差充執綏官。……鄭清之以少保奉祠，
侍講幄中，批復其子士昌官職，與內祠，且許侍養行在所。蓋士昌
嘗以詔獄追逮，或云詐以死聞，清之造闕，泣請于帝，故有是命。
公許繳奏：「士昌罪重，京都浩穰，姦宄雜糅，恐其積習沉痼，重爲

清之累：莫若且與甄復，少慰清之，內祠侍養之命，宜與收寢。」

帝密遣中貴人以公許疏示清之。……遷中書舍人，進禮部侍郎。

又同書卷四十三〈本紀〉第四十三〈理宗〉三云：

（淳祐五年）十二月……己卯……鄭清之爲少師、奉國軍節度使，

依前醴泉觀使兼侍讀，仍奉朝請，賜玉帶及賜第行在。

據上引《宋史》二條所載，是樂素所考公許遷中書舍人之年固無誤。足證淳祐五、六年間，振孫仍在撰寫《解題》也。

陳樂素〈直齋書錄解題作者陳振孫〉二〈述作〉又云：

《解題》所著錄之《晁氏讀書志》，乃二十卷本。案袁州本《晁氏讀書後志》趙希弁〈序〉云：「昭德先生校晁氏書，爲《讀書志》四卷，番陽黎侯傳本于蜀，刊之宜春郡齋；且取希弁家所藏書，刪其重複，撮所未有，益爲五卷，別以《讀書附志》。三衢游史君，蜀人也，亦以蜀本鋟諸梓，乃衍而爲二十卷，書加多焉，蓋先生門人姚君應績所編也。」謂黎氏以蜀四卷本刊之宜春，而益以趙家所藏，爲五卷，游氏亦以蜀四卷本刊之三衢，而益以姚應績所編，衍而爲二十卷也。同出一源，派別而爲袁、衢，故趙希弁有〈袁衢二本四卷考異〉之作，附於袁本之末。近張菊生跋袁本云：「公武原〈志〉既刊於蜀，其後蜀中別行姚應績編二十卷本。」此說恐實不然。蓋四卷本先，若二十卷本別行於蜀，而刪杜鵬舉〈序〉，並削去井度姓名，則先後兩本比對，其敗豈不立見？殆因蜀經亂後，游鈞以爲四卷本已孤，時移地異，乃併姚所增編刊行耳；而不意黎安朝亦傳蜀本也。若果有先後別行，則趙氏當爲兩蜀本考異，以證其所據原本較優，而不必爲袁、衢考異，以示袁勝矣。此說如不謬，則直齋所見乃衢本，衢本據游氏〈跋〉，刊於淳祐己酉（九年，1249）。然則《解題》之作，至淳祐九年、十年而未已也。

案：《解題》卷八〈目錄類〉載：

《晁氏讀書志》二十卷，昭德晁公武子止撰。其〈序〉言得南陽公書五十篋，合其家舊藏得二萬四千五百卷。其守榮州，日夕讎校，每終篇輒論其大指，時紹興二十一年也。其所發明，有足觀者。南陽公，未知何人，或云井度憲孟也。

據是，則《解題》所據《晁氏讀書志》，確爲二十卷之衢本。衢本有游鈞所撰

跋語，其〈跋〉云：

> 昭德晁公侍郎僑居蜀嘉定之峨眉，平生著書有《易》、《詩》、《書》、
> 《春秋解》，考其異同甚詳；又作《讀書志》，皆鋟版。大父及嚴君
> 善藏書，在嘉定時嘗摹而藏之。及南來，不能悉與俱，乃併他所藏
> 燬矣。《讀書志》偶在篋中，鈞謹刻置信安郡齋，不惟使晁氏平生之
> 功得不泯沒，而觀者按其目而訪求之，庶亦可使古書之不泯云。淳
> 祐己酉夏五，郡守南充游鈞書。

觀是，則樂素所謂「《解題》之作，至淳祐九年、十年而未已」，固事實也。
淳祐十年，歲次庚戌（1250），振孫七十致仕，是又直至耄歲，《解題》之撰
寫，猶辛勤將事也。

喬衍琯《陳振孫學記》第四章《直齋書錄解題》第一節〈成書及流傳〉
云：

> 然其生前，隨齋已得而批注。《解題》卷十二〈曆象類〉「《唐大衍曆
> 議》」條隨齋批注：「自寶應之後，以迄於今，幾五百年皆宗之而不
> 能易。」按：自寶應元年（763）下推五百年，為景定三年（1262），
> 即振孫卒年，是在其生前，隨齋已得而批注矣。

案：隨齋名棨，字儀甫，程泰之大昌曾孫。大昌宦遊去鄉里，樂吳興溪山之
勝而卜居焉。意振孫與大昌子孫時有往還，故《解題》卷七〈傳記類〉《唐年
小錄》八卷、卷十〈雜家類〉《孫子》十卷、卷十一〈小說家類〉《槁簡贅筆》
二卷、卷十二〈曆象類〉《二十四氣中星日月宿度》一卷，或皆致仕里居後傳
自程家者也。〔註14〕此亦隨齋所以能獲睹《解題》並為之批注之故歟？《解

〔註14〕《解題》卷七〈傳記類〉載：「《唐年小錄》八卷，唐戶部尚書扶風馬總會元
撰。記唐以來雜事，分為七門，末卷為〈雜錄〉。舊有一本略甚，復得程文簡
本傳之，始為全書。」卷十〈雜家類〉載：「《孫子》十卷，題晉孫綽興公撰。
恐依託，〈唐志〉及《中興書目》並無之。余從程文簡家借錄。」卷十一〈小
說家類〉載：「《槁簡贅筆》二卷，承議郎章淵伯深撰。始得此書於程文簡氏，
不知何人作，文簡題其後，以其中稱先丞相申公，知其為章子厚子孫也。余
又以其書考之，言先祖光祿，元祐三年省試，東坡知舉，擢為第一，則又知
其為援之孫也。後以問諸章，始得其名字。其人博學有文，以場屋待士薄，
如防寇盜，用蔭入仕，遂不就舉，居長興，故〈序〉稱若溪草堂。淵自號懲
室子。〈序〉言錄為五卷，今此惟分上下卷。」卷十二〈曆象類〉載：「《二十
四氣中星日月宿度》一卷，此書傳之程文簡家，云得於荊判局。荊名大聲，
太史局官也。」上述各書必直齋致仕居里後傳自程文簡後人者，此讀《解題》
自知也。

題》卷十二〈曆象類〉《唐大衍曆議》十卷條隨齋批注全文云：

> 郭雍撰集《古曆通議》，論諸家曆云：「一行作曆，上自劉洪之斗分，
> 下及淳風之總法，前後五百餘年，諸家所得曆術精微之法，集其大
> 成，以作《開元曆》。此其所以前無古人，後無來者，可謂盡善盡美
> 矣。」是以自寶應之後以迄於今，幾五百年皆宗之，而不能易。語
> 以上古聖人之術，則又有間矣。

案：隨齋批注既云「自寶應之後以迄於今幾五百年」，如據以計算，則隨齋批
注《解題》，自在景定三年前之若干年。據是倘將《解題》之成書定於寶祐六
年戊午（1258），庶幾與事實相符也。

　　至於《解題》一書之流傳，當自程棨得讀此書而為之批注始。依前所考，
其時約在景定三年（1262）前。隨齋所批注，凡二十五則，計列在卷一〈易
類〉《易講義》十卷條、《易解義》十卷條、卷二〈詩類〉《韓詩外傳》十卷
條、卷三〈經解類〉《六經圖》七卷條、同卷〈小學類〉《廣雅》十卷條、《類
篇》四十五卷條、《石鼓文考》三卷條、《漢隸字源》六卷條、卷四〈正史類〉
《新唐書》二百二十五卷條、同卷〈起居注類〉《英宗實錄》三十卷條、卷
五〈雜史類〉《越絕書》十六卷條、《邵氏聞見錄》二十卷條、《悲喜記》一
卷條、卷六〈職官類〉《御史臺故事》三卷條、卷八〈地理類〉《續成都古今
集記》二十二卷條、〔註15〕卷九〈儒家類〉《太玄經》十卷條、《申鑒》五卷
條、卷十二〈曆象類〉《唐大衍曆議》十卷條、卷十五〈總集類〉《六臣文選》
六十卷條、《極玄集》一卷條、《九僧詩》一卷條、卷十六〈別集類〉上《樊
宗師集》一卷、《絳守園池記注》一卷條、《羅江東甲乙集》十卷、《後集》
五卷條、《湘南集》三卷條、卷二十〈詩集類〉下《徐照集》三卷條、卷二十
二〈文史類〉《西清詩話》三卷條等之後。考隨齋所批注，幾徧及《解題》各
類。直齋《解題》成書後，即有隨齋批注，惟宋、元之際，此書流傳似未甚
廣。陳樂素〈直齋書錄解題作者陳振孫〉云：

> 元袁桷《清容居士集》卷四六〈跋定武禊帖損本〉云：「趙孟頫家本
> 得於雪溪陳侍郎振孫伯玉，號直齋；其家藏書冠東南，今盡散落，

〔註15〕此條自「己丑，實理宗紹定二年也」以下，皆隨齋所批注之文。徐小蠻、顧
　　　美華點校本《解題》引盧文弨校注云：「『悲夫』下，館本此下空一字。『己丑
　　　實理宗紹定二年也』下，此段不似陳氏本文，當亦隨齋語耳。」《文獻通考》
　　　無之。」盧說甚是。

余家亦得其數十種。」卷四八〈書陸淳春秋纂例後〉云：「《唐志》：
《纂例》十卷、《集注》三十卷、《微旨》二卷、《辨疑》七卷。聞苕
溪直齋陳氏書目咸有之。」案陳氏《書錄解題》著錄實止《纂例》
與《辨疑》，見卷三，且明言「〈唐志〉有《集注》，今不存；又有《微
旨》，未見。」是伯長當日雖得其藏書，然不但未睹其目，即所聞亦
非實也。伯長在元，與吳師道同時，《吳禮部詩話》有述陳振孫伯玉
語，見知不足齋本《書錄解題》。〔註16〕伯長居史院，閱覽繁富，何
以不及斯目？豈其流傳未廣歟？然周密《齊東野語》卷十二〈書籍
之厄〉條言：「直齋書五萬一千一百八十餘卷，倣《讀書志》作解題，
極精詳。」則公謹知之獨審。公謹蓋視直齋爲鄉先輩，時親謦欬，
故《野語》卷八、卷十七，《浩然齋雅談》上，均有聞諸陳氏之言。
而馬端臨《通考》所以能據陳氏說者，殆以父相廷鸞出自牟子才之
門，牟氏既與直齋有同朝之好，晚年又卜居雪州，事見牟巘《陵陽
集》卷十七〈題施東皋南園圖後〉：牟氏與直齋不乏晤會機緣，故馬
氏遂得間接有其書目。

案：是樂素亦以有元之世，《解題》流傳未廣也。至喬衍琯《陳振孫學記》第
四章《直齋書錄解題》第一節〈成書及流傳〉云：

但宋元明三代，流傳不廣，頗爲罕見。宋王應麟編《玉海》，卷三十
五至六十三，凡二十八卷爲〈藝文〉，備引宋代公私書目，而不及《書
錄解題》。按《王深寧先生年譜》：應麟生於宋寧宗嘉定十六年癸未
（1223），後於振孫三十餘年。《玉海》初刊於元後至元三年（1267），
時應麟已故多年，而無刊書序跋，《年譜》亦不云何年編撰。然恭
帝二年丙子（1275），應麟五十四歲，宋亡，杜門不出，所著述只
書甲子。至元成宗元貞元年七十四歲始卒。《玉海》都二百卷，在應
麟著述中，卷帙最鉅，取材繁富，當成於晚歲。振孫景定三年（1262）
卒時，應麟方四十歲，前此數年，隨齋已得而批注，應麟之《玉海》，
必未著手編撰。而應麟係鄞人，去吳興不遠。又應麟歷官浙西提舉
常平主管帳司、台州通判、軍器少監等，與振孫爲前後任，宜能得
《書錄解題》而載之《玉海》。然《玉海》引書，不及《解題》，蓋
流傳不廣之故也。

〔註16〕此處應作知不足齋本《吳禮部詩話》，樂素偶失慎，故誤寫作「《書錄解題》」。

案：喬氏此條有誤。如「時應麟已故多年」一句，「應麟」應爲「振孫」。至
喬氏步武樂素，所考《解題》流傳不廣，則於陳氏之說有所增補。據陳、喬
所考，謂袁伯長、王深寧輩確未曾得見《解題》，是故袁氏〈跋定武褉帖損本〉
所考《解題》諸語有誤，而王氏《玉海》載書亦不及《解題》。然竊以爲自《解
題》成書後，袁、王雖無緣一讀其書，然隨齋則已詳讀之且加批注；他如周
公謹、吳師道、车子才、车巘喬梓、馬廷鸞、馬端臨父子則必曾讀此書。考
周密《齊東野語》卷十二「〈書籍之厄〉條」既云：

> 近年惟直齋陳氏書最多，……至五萬一千一百八十餘卷，且倣《讀
> 書志》作解題，極其精詳，近亦散失。

是直齋藏書既已散失，公謹此條特以統計而得直齋藏書卷數爲五萬一千一百
八十餘卷者，應爲根據《解題》一書。茲據《四庫全書》本《解題》所著錄
各類書籍及卷數，計卷一〈易類〉書八十七種、七百四十二卷，卷二〈書類〉
書二十八種、四百六十九卷，〈禮類〉書四十三種、一千零五十七卷，卷三〈春
秋類〉書六十八種、一千一百三十六卷，〈孝經類〉書十一種、十五卷，〈語
孟類〉書三十七種、四百七十卷，〈讖緯類〉書五種、十六卷，〈經解類〉書
二十一種、二百五十二卷，〈小學類〉書二十九種、三百三十一卷，卷四〈正
史類〉書三十四種、二千七百一十三卷，〈別史類〉書六種、五百六十五卷，
〈編年類〉書五十種、二千二百九十二卷，〈起居注類〉書四十五種、三千一
百一十七卷，卷五〈詔令類〉書八種、四百二十六卷、〈僞史類〉書四十種、
二百七十八卷，〈雜史類〉書九十七種、九百九十四卷，〈典故類〉書五十九
種、三千零七十五卷，卷六〈職官類〉書五十三種、四百五十五卷，〈禮注類〉
書四十一種、八百六十八卷，〈時令類〉書十二種、五十一卷，卷七〈傳記類〉
書一百四十八種、六百六十九卷，〈法令類 〉書十七種、八百四十八卷，卷
八〈譜牒類〉書十九種、七十八卷，〈目錄類〉書三十三種、三百九十一卷，
〈地理類〉書一百六十九種、二千二百三十一卷，卷九〈儒家類〉書七十四
種、六百一十卷，〈道家類〉書二十七種、一百六十一卷，卷十〈法家類〉書
四種、四十卷，〈名家類〉書五種、二十一卷，〈墨家類〉書一種、三卷，〈縱
橫家類〉書一種、三卷，〈農家類〉書三十七種、八十一卷，〈雜家類〉書六
十三種、五百五十六卷，卷十一〈小說家類〉書一百六十七種、一千九百一
十八卷，卷十二〈神仙類〉書三十八種、二百五十卷，〈釋氏類〉書三十一種、
二百三十七卷，〈兵書類〉書二十三種、一百六十四卷，〈曆象類〉書二十三

種、一百六十四卷，〈陰陽家類〉書三十三種、一百五十五卷，〈卜筮類〉書
十一種、二十八卷，〈形法類〉書二十六種、三十卷，卷十三〈醫書類〉書八
十七種、七百六十六卷，卷十四〈音樂類〉書二十七種、三百七十五卷，〈雜
藝類〉書九十九種、二百九十二卷，〈類書類〉書五十四種、三千七百五十一
卷，卷十五〈楚辭類〉書九種、一百一十二卷，〈總集類〉書一百零三種、三
千四百七十八卷，卷十六〈別集類〉上、書九十九種、一千四百四十四卷，
卷十七〈別集類〉中、書一百三十一種、四千五百九十六卷，卷十八〈別集
類〉下、書一百四十六種、四千六百四十二卷，卷十九〈詩集類〉上、書一
百八十三種、五百零四卷，卷二十〈詩集類〉下、書一百三十四種，一千卷，
卷二十一〈歌詞類〉書一百二十種、三百零四卷，卷二十二〈章奏類〉書三
十九種、三百五十一卷，〈文史類〉書六十六種、三百零三卷。合上各類書籍，
凡三千零五十八種，五萬零三百三十七卷。《四庫全書》本《解題》所著錄五
萬零三百三十七卷，與《齊東野語》所記直齋藏書五萬一千一百八十餘卷，
相差僅七百餘卷，或《四庫全書》本所據《永樂大典》本有遺脫，因是應可
推證周密必得讀《解題》，是以於直齋藏書散亡後，仍可考得其藏書卷數也。
〈書籍之厄〉條，又謂直齋「且傚《讀書志》作解題，極其精詳」，言之旣鑿
鑿，更足證公謹已通讀《解題》全書，殆無疑矣。

　　吳師道得讀《解題》，可取證《吳禮部集》卷十七「〈題家藏淵明集後　〉」
條，該條云：

> 予家《淵明集》十卷，卷後有楊休之〈序錄〉、宋丞相〈私記〉及曾
> 紘〈說《讀山海經》誤句〉三條。乾道中，林栗守江州時所刊。第
> 三卷首有〈序〉云：「《文選》五臣注淵明〈辛丑歲七月赴假還江陵
> 夜行途中〉時，題云：淵明詩晉所作者，皆題年號，入宋所作，但
> 題甲子而已。意者恥事二姓，故以異之。思悦考淵明之詩，有以題
> 甲子者，始庚子，距丙辰，凡十七年間只九首耳。案《集》，九題，
> 詩十一首。皆晉安帝時所作也。中有〈乙巳歲三月爲建威將軍使都
> 經錢溪作〉，此年秋乃爲彭澤令，在官八十餘日，即解印綬，賦〈歸
> 去來兮〉。後一十六年庚申，晉禪宋，恭帝元熙二年也。蕭得施作〈傳〉
> 曰：『自宋高祖王業漸隆，不復肯仕。』於淵明之出處得其實矣。寧
> 容晉未禪宋前二十載，輒恥事二姓，所作詩但題以甲子而自取異哉？
> 矧詩中又無標晉年號者，其所記甲子，蓋偶記一時之事耳，後人類

而次之，亦非淵明意也。世之好事者多尚舊說，今因詳校故書於第三卷首，以明五臣之失，且袪來者之惑。」愚按陳振孫伯玉亦云：「有治平三年思悅題，思悅者，不知何人。」今未有考，但其所論甚當而有未盡。且《宋書》、〈南史〉皆云，自宋高祖王業漸隆，不復肯仕，所著文章，皆題其年月，義熙以前，明書晉氏年號，自永初以來，惟云甲子而已。李善注《文選》，淵明〈始作鎮軍參軍經曲阿〉題下引《宋書》云云。蓋自沈約、李延壽皆然，李善亦引之，不獨五臣誤也。今考淵明文，惟〈祭程氏妹文〉書「義熙三年」，〈祭從弟敬遠文〉則云「歲在辛亥，節惟仲秋」。〈自祭文〉則曰「歲惟丁卯，律中無射」。惟丁卯在宋元嘉四年，辛亥亦在安帝時，則所謂一時偶記者，信手得之矣。〈本傳〉：「江洲刺史王弘欲識之，不能致。潛遊盧山，弘令其故人龐通之齎酒具，半道栗里邀之。」集中〈答龐參軍〉四言五言各一首，皆敘鄰曲契好，明是此人。又有〈怨詩示龐主簿〉者，即參軍邪？半道栗里亦可證移家之事。陳氏《書錄》稱吳仁傑斗南有《年譜》，張縯季長有〈辨證〉，俟見並考之。

是吳師道撰作此條中，一再引及陳振孫《解題》之說。考《解題》卷十六〈別集類〉上載：

《陶靖節年譜》一卷、《年譜辨證》一卷、《雜記》一卷，吳郡吳仁傑斗南爲《年譜》，蜀人張縯季長辨證之，又雜記前賢論靖節語。此蜀本也，卷末有陽休之、宋庠〈序錄〉、〈私記〉，又有治平三年思悅題，稱「永嘉示以宋丞相刊定之本」。思悅者，不知何人也。

師道文中所引資料，即據《解題》「《陶靖節年譜》」條，是則吳師道於元時必得讀《解題》，固無疑矣。

至牟子才父子得讀《解題》，固緣於振孫與子才間之情誼。考子才子牟巘《陵陽集》卷十七〈題跋・題施東皋南園圖後〉云：

先父存齋翁以淳祐丙午卜居雪安定門之裏馬公橋之旁，乃慶曆間郡守馬尋宴六老於南園處也。越明年丁未冬，先父以言事忤時宰，謁告來歸，始奠居焉。嘗賦五絕，其一曰：「買家喜傍水晶宮，正在南園故址中。我欲築堂名六老，挽回慶曆太平風。」蓋紀實也。門人馬君廷鸞大書「南園」二字揭焉。直齋陳貳卿與先父有同朝好，今跋此圖乃庚戌七月五日，後六年丙辰中秋後所書，偶不及焉。直齋

後重修郡志，始書曰「南園，今牟存齋所居，是其處也。」今年庚
戌，施東皋攜此相侶，視直齋所書之歲適同，豈偶然哉！把玩感慨，
不能自已，輯書其末而歸之。庚戌清明日，陵陽牟某書，年八十有
四。

案：此〈題後〉中提及之存齋即子才。淳祐丙午，爲理宗淳祐六年（1246）；
丁未，爲淳祐七年（1247）；庚戌，爲淳祐十年（1250）。淳祐十年，振孫正
致仕里居。淳祐十年庚戌七月五日，直齋撰〈南園圖跋〉，今載見《齊東野語》
卷十五「〈張氏十詠圖〉」條。至丙辰，乃寶祐四年（1256）。牟巘題施東皋〈南
園圖〉則在元武宗至大三年庚戌（1310），已歷一甲子矣。余意子才父子得讀
《解題》，必在淳祐十年後，此即樂素所云「牟氏既與直齋有同朝之好，晚年
又卜居雪川，……牟氏與直齋不乏晤會機緣」時也。據牟巘〈題後〉，頗疑巘
不獨得讀《解題》，並得讀直齋所修《吳興人物志》等書。

　　馬廷鸞爲子才門人，牟巘〈題施東皋南園圖後〉已明言之。廷鸞、端臨
喬梓所以得讀《解題》，殆以廷鸞出自牟氏故也。樂素云：「馬端臨《通考》
所以能據陳氏說者，殆以父相廷鸞出自牟子才之門，……故馬氏遂得間接有
其書目。」所言不離事實。今觀廷鸞代理宗、度宗所撰諸制，其《碧梧玩芳
集》卷四〈制〉有〈試禮部尚書兼直學士院兼給事中兼修史牟子才特授翰林
學士知制誥兼職依舊制〉、卷七〈制〉有〈牟子才父已贈大中大夫特贈通議大
夫制〉、卷九〈制〉有〈翰林學士知制誥兼給事中兼修史牟子才特授端明殿學
士與宮觀制〉、〈牟子才特授資政殿學士致仕制〉，是宋帝所頒子才諸制，一皆
出自廷鸞手，牟、馬二人師弟間，其關係深切可知。

　　綜上所述，固悉直齋《解題》寫成後，於宋、元之際，此書流傳殊不甚
廣，以袁桷、王應麟之博贍，似皆未能得而見之；然如牟子才父子及馬廷鸞
輩，因情誼篤好，應能得讀《解題》原稿。至如隨齋之批注《解題》，周密能
記直齋藏書卷數，吳師道且能引用直齋評論淵明資料以撰《詩話》；至馬端臨
《文獻通考·經籍考》更幾備錄《解題》全書。是則《解題》撰成後，其書
已備受時人及後學所重視與應用，其事固曉然矣。

　　至《解題》一書是否有宋刻本行世，鄭元慶《湖錄》曾云：

　　　　聞之竹垞先生云：「《書錄解題》二十六卷，常熟毛氏藏有半部宋槧
　　　　本，亟訪之，乃託言轉於玉峰，不獲一見，惜哉！予竊從《通考》
　　　　彙抄之，不分卷，亦裒然二冊矣。大約馬氏收羅殆盡，或未必有所

芟棄也。」〔註17〕

案：依《湖錄》所記，則常熟毛晉家固藏有《解題》宋槧本半部，凡十六卷，朱彝尊亟訪之，而毛氏乃託言轉售於玉峰，至不復得見，彝尊深覺可惋也。至玉峰究爲誰氏？近代精研陳振孫及《解題》如陳樂素、喬衍琯諸氏，均未一考其人。其實玉峰乃徐乾學之號。乾學字原一，號健庵，又號玉峰，康熙九年庚戌（1670）進士第三人及第，官刑部尚書。其家有傳是樓，藏書甲天下。

葉昌熾《藏書紀事詩》卷四云：

> 一洗空華變闍茸，瑤臺牛篋出塵封。一門並擅名山藏，白鹿爭高指
> 玉峰。徐乾學健庵、弟秉義果亭、元文立齋、子炯章仲。

據葉詩「白鹿爭高指玉峰」，所言之玉峰，即乾學也。惟檢吳丙湘校刊《傳是樓宋元板書目》，所收書多至四百五十部，獨無《解題》。喬衍琯〈直齋書錄解題板本考〉五〈宋刊本〉條云：

> 至於說有宋刊本，好像不太可能。因爲《解題》成書，既在直齋的晚年，到南宋亡國，不過二十年光景。如果曾經刊行，宋元之間是應該很容易見到的。可是陳樂素考得當時雖是博極群書的人，也不曾看到過本書。……還有和馬端臨約同時的王應麟，編有《玉海》，其卷三十五至六十二凡二十八卷爲〈藝文〉，徵引各種公私書目，遠比馬氏的〈經籍考〉豐富，可是沒有引用到《書錄解題》。如果在宋末已有刊本，以袁、王等人聲氣之廣，纂輯之富，是不應該看不到的。

然而陳樂素則認爲《解題》有宋槧本，不是不可能。樂素所撰〈略論陳振孫直齋書錄解題〉之八〈解題的傳本〉云：

> 清初引用《解題》的，有朱彝尊、納蘭性德等。納蘭引用的，見於《通志堂集·經解》，但爲數不多。其中有云：「直齋《解題》，於著書之人，往往舉立身大概，使後世讀其書者，雖不獲親見其人，猶稍稍得其本末，以爲論世知人之據」（〈春秋皇綱論序〉）。大概他是看過《解題》全書的。至於朱彝尊，在《經義考》中，就頗多引用。鄭元慶《湖錄》中，有一段話：「聞之竹垞先生云：『《書錄解題》一

〔註17〕《湖錄》乃鄭元慶所撰之吳興地方志稿，未刊行，范鍇從中輯出資料而爲《吳興藏書錄》。此條逐錄自范書。

十六卷，常熟毛氏藏有半部，宋槧本。』亟訪之，乃託言轉於玉峰，
不獲一見，惜哉！」〔註18〕此事眞相如何，不得而知，但《解題》
有宋槧本，不是不可能的。朱彝尊在《經義考》中所引用《解題》，
字句頗有和現行武英殿本不同的。試舉兩例子：

《解題》卷一，《古易》十二卷，《音訓》二卷，「著作郎東萊呂祖謙
伯恭所定。篇次與汲郡呂氏同。《音訓》，其門人王莘叟筆受。朱晦
庵刻之臨漳、會稽，益以程氏是正文字及晁氏說。其所著《本義》，
據此本也。」但《經義考》卷三十，《呂祖謙古易》條載：「陳振孫
曰：『著作郎呂祖謙伯恭，隆興癸未（元年，1163）鎖廳，甲科，宏
詞亦入等。仕未達，得末疾，奉祠。所定《古易》篇次，與呂微仲
同；《音訓》則其門人王莘叟筆受，（下略）』」一般說，作者呂祖謙，
在《解題》卷一是初見，例應該舉他的仕歷，當從《經義考》所引。

《解題》卷十二，《易林》十六卷，「漢小黃令梁焦延壽贛撰。又名
《大易通變》。唐會昌丙寅（六年，846），越五，雲谿王俞序。凡四
千九十六卦。其辭假出於經史，其意雅通於神祇；蓋一卦可以變六
十四也。舊見沙隨程迥所記，南渡諸人以《易林》筮國事，多奇驗。
求之累年，寶慶丁亥（三年，1227）始得之莆田。皆韻語古雅，頗
類《左氏》所載繇辭，或時援引古事。間嘗筮之，亦驗。頗恨多脫
誤。嘉熙庚子（四年，1240），以湖守王寺丞侑借本，兩相校，十得
八九。其中亦多重複，或諸卦數爻在一繇，莫可考也。」

《經義考》卷六，「《易林變占》」條，所載較爲詳盡，其文如下：
陳振孫曰：「又名《大易通變》。唐會昌景寅，越五，雲谿王俞序。凡
四千九十六卦，蓋一卦可以變六十四也。」又曰：「舊見沙隨程氏所
記：『紹興初，諸公以《易林》筮時事，奇驗。』求之多年，寶慶丁
亥，始得其書於莆田，錄而藏之。皆韻語古雅，頗類《左氏》所載繇
辭。間嘗筮之，亦驗。獨恨多脫誤，無他本是正。嘉熙庚子（四年，
1240）自吳門歸雪川，偶爲鄉守王寺丞侑道之，因以家藏本見假，雖
復多脫誤，而用兩本參互相校，十頗得八九。於是兩家所藏皆成全書。
其間亦多重複，或數爻共一繇，莫可稽究。校畢，歸其書王氏，而誌

〔註18〕樂素此段標點疑有誤。「亟訪之」以下仍應爲聞之竹垞先生之語，非鄭元慶往
　　　　訪毛氏也。

其校正本末於此。淳祐辛丑（元年，1241）五月。」

這是一篇識語。《經義考》引自《解題》，還是朱彝尊有《易林變古》這部書。書中有陳振孫這篇識語？不易斷定。但《通考・經籍考》和現行武英殿本《解題》所載，顯然是一篇節文，不如識語詳明。

案：朱彝尊、納蘭性德既是清初人，則《經義考》與《通志堂集》所據之《解題》，絕非《四庫全書》本，而爲另一版本。至於是否爲宋槧本，則不可確知；然誠如樂素所言：「《解題》有宋槧本，不是不可能。」再證之明初修《永樂大典》，已全載《解題》；至明神宗萬曆間又有武林陳氏刻本；上述二書所依據者，或即此宋槧本也。是故《解題》宋槧本之有無，在未有充分證據前，殊不宜坐實。是故喬衍琯謂：「至於說有宋刊本，好像不太可能。」所言微欠矜愼矣。

至《解題》在明代流傳情況，喬衍琯〈直齋書錄解題板本考〉六〈明代內府收藏〉則云：

《四庫全書總目》卷八十五〈書錄解題提要〉說：「此書久佚，惟《永樂大典》全載之，誠希覯之本也。」足見當時內府還有足本。可是正統間修《文淵閣書目》，其〈類書類〉僅有：「《書錄解題》一部、七冊、闕。」已祇有殘本。到萬曆間張萱等編《內閣藏書目錄》，連這一殘本也亡佚了。筆者曾查過十多種明代私家藏書目錄，也都沒有《書錄解題》。

至於《粵雅堂叢書》所收的《菉竹堂書目》，著錄了《書錄解題》。清陸心源《儀顧堂題跋》已考定是鈔摘了《文淵閣書目》的僞本，自然不足做依據。

清傅維麟的《明書・藝文志》，也載有《書錄解題》。不過傅氏並不是根據明代的藏書或著述狀況編成的，而也是鈔《文淵閣書目》。都不能證明在明清之際，還有《書錄解題》流傳。

明萬曆二十二年（1594）議修國史，焦竑先撰《經籍考》，其〈簿錄類・家藏總目之屬〉，載自唐至明凡三十二種，而無《直齋書錄解題》。卷末所附〈糾繆〉，駁正漢、隋、唐、宋諸史〈藝文志〉等書目著錄和分類上的失誤，而沒有提到《書錄解題》。《國史經籍志》係仿《通志・藝文略》，鈔錄各家書目而成的，所著錄各書，也沒有依據《書錄解題》。焦氏志在修史，所採求其完備。足見當時他不僅沒有看到

這部書，而在他所依據的各種書目等資料裏，也沒有《書錄解題》，
甚且他根本不知道這部書目。

案：依喬文所言，《四庫全書總目》既云《永樂大典》全載《解題》，則明初內
府中固有《解題》足本矣。英宗正統間修《文淵閣書目》，其〈類書類〉載有「《解
題》一部、七冊、闕」；則內府所藏者已成殘本矣。神宗萬曆間編《內閣藏書目
錄》，已無載《解題》，則內府中連殘本亦無存矣。內府雖無《解題》，惟明代民
間藏書是否亦全無此書？《粵雅堂叢書》第十五集收有明人葉盛《菉竹堂書目》，
其書卷五〈類書〉載：

　　《書錄解題》，七冊。

陸心源《儀顧堂題跋》卷五有〈粵雅堂刻僞菉竹堂書目跋〉一文云：

　　《菉竹堂書目》六卷，粵東伍氏刊本，前有文莊〈自序〉，與文莊集
　　《涇東稿》所載合；後有五世孫恭煥、七世孫國華〈跋〉。校以明《文
　　淵閣書目》，書名、分類、冊數，一一皆同。惟卷首〈聖製〉類，刪
　　去祖訓、文集、實錄、官制、法令等書數百種，卷末刪〈舊志〉、〈新
　　志〉兩類，〈古今志〉一類則刪《島夷志》以下數十種而已。《閣目》
　　每書皆載數部，注明全缺；此則每書祇錄一部，不注全缺，但取《閣
　　目》冊數最多者錄之。文莊原〈序〉，爲卷二萬有奇、冊四千六百有
　　奇。今冊計二萬三百有奇，浮於原〈序〉五倍；卷雖無考，以《書
　　錄解題》、《千頃堂書目》所載約計，當在二十萬外，浮於原〈序〉
　　十倍。伏讀《四庫提要》：「《菉竹堂書目》六卷，經、史、子、集各
　　一卷。卷首曰〈制〉，乃官頒各書及賜書、賜敕之類。末卷曰〈後錄〉，
　　則其家所刊及自著書，有成化七年〈自序〉，大率本之馬氏〈經籍考〉，
　　別出〈舉業〉類，而無〈詩集〉，亦略有增損。又別有〈新書目〉一
　　卷附於後。中載夏言、王守仁諸人《集》，蓋其子孫所編。」云云。
　　案：此本卷首雖有〈聖製〉，而不曰〈制〉；又無〈後錄〉，亦無〈附
　　目〉。卷中有〈詩集〉，而無〈舉業〉；〈序〉末亦無成化記年，證與
　　文莊〈自序〉，固多牴牾，與《提要》尤無一合。蓋書賈鈔撮《文淵
　　閣書目》，改頭換面以售其欺，決非館臣所見兩淮經進之本也。恭煥
　　及國華〈跋〉恐亦非眞。《粵雅叢書》世頗風行，恐誤後學，不可以
　　不辨。

案：前引喬文，其僅據《儀顧堂題跋》所云，遂認爲《菉竹堂書目》既爲鈔

摘自《文淵閣書目》之僞書，故書中雖著錄有《解題》，殊不足依據爲明代尚
有《解題》之證。然竊謂：誠如陸心源所考，設以粵雅堂所刻《菉竹堂書目》，
儘是書賈鈔撮《文淵閣書目》以售欺之僞本；然《四庫全書》館臣已另見兩
淮鹽政採進本之《菉竹堂書目》矣，此必爲葉氏原本，是以《四庫全書總目》
所述《菉竹堂書目》，與葉文莊〈自序〉，若合符契。〔註 19〕邵懿辰《四庫簡
明目錄標注》卷十四〈史部・目錄類・經籍之屬〉亦云：

〔註19〕 案《四庫全書》卷八十七〈史部〉四十三〈目錄類存目〉載：「《菉竹堂書目》
六卷。兩淮鹽政採進本。」是《四庫》館臣所據者顯與粵雅堂刻本不同，或
即葉氏原本。《四庫全書總目》云：「《菉竹堂書目》六卷，兩淮鹽政採進本。明葉
盛撰，盛有《葉文莊奏議》，已著錄。此其家藏書之目，中爲經、史、子、集
各一卷。卷首曰〈制〉，乃官頒各書及賜書、賜敕之類。末卷曰〈後錄〉，則
其家所刊及自著書。前有成化七年〈自序〉，謂先之以制，尊朝廷也；葉氏書
獨以爲〈後錄〉，是吾一家之書也。其叙列體例，大率本之馬端臨《經籍考》，
然如〈集部〉列出〈舉業類〉，而無〈詩集類〉，亦略有所增損矣。盛之書，
凡爲冊者四千六百有奇，爲卷者二萬二千七百有奇，在儲藏家稱極富，故於
舊書著錄爲多。獨不載撰人姓名，頗傷闕略；又別有〈新書目〉一卷附於後，
中載夏言、王守仁諸人集，皆不與盛同時，蓋其子孫所續入也。」葉盛《涇
東稿》所載〈菉竹堂書目序〉曰：「《葉氏書目》六卷，叙列大率本鄱陽馬氏，
其大同之大者，〈經〉、〈史〉、〈子〉、〈集〉外，〈制〉特先之。曰：尊朝廷，
且賜書所在也。吾葉氏書，獨以爲〈後錄〉終其卷，是吾一家之書，不可以
先人，退孫之義，其亦可以觀視吾後人也。吾書□□□，後之人不可以不知
也。吾先世轉徙淪落之餘，詰□□□□□□存書，其可知也。然吾猶及事先
曾大父，童兒時所見□□□□□□，所藏大字《書傳》、《禮記》等書，今所
存幾何？先參□□□□□□，□子南京群受宣諭畢，即解衣買書而回，所以
爲子孫計也。此等書當時皆有印識，今所存幾何？吾與爾後之人，蓋不能無
責焉於其間也。或出或處，公私多故，性好之或不同，顧慮之所不及。風雨
蟲鼠之不相爲容，書焉得而不廢且失也。吾固不能無遺憾於斯也。夫天地間
物，以余觀之，難聚而易散者，莫書若也；如余昔日之所遇，皆是也。今吾
書之所以爲目，此也；吾後之人不可以不知也。昔之人有謂名臣子孫不識字
爲喜，又或以子孫未必能讀書，此可爲不幸者言，吾固不欲爲爾後之人願之
也。而亦以告焉，吾後之人不可以不知也。書積矣，徒能讀之，而不能知其
孰爲醇疵得失，懵無所得於其心，不知孰爲善而可行、孰爲不善而不可行，
非書也；得之而不能體之於身、不能見之於行，非書也。或者志於衣服、飲
食之末，貧則至於鬻書而爲之，又甚而或假讀書之名，以益其輕薄浮誇之過，
使人見之曰：『此故讀書家不肖子弟。』爲書之累大矣，是又不若不識字、不
能讀書者之爲愈也。彼借非其人、置非其所，與夫所謂聚焉而散、散焉而不
復留意者，皆過也，亦不可以不戒也。書爲冊四千六百有奇，爲卷二萬二千
七百有奇，續有所得，未已也。書目之成，吾晨子錄之，因書以告晨，亦通
以爲吾家子弟告也。」將〈菉竹堂書目自序〉與《四庫全書總目》相較，是
《四庫全書總目》所論述，多據葉氏〈自序〉者也。

《菉竹堂書目》六卷，明葉盛撰，《存目》有。拜經樓有鈔本，不分
卷。後附〈書廚銘〉云：「讀必謹，鎖必牢，收必審，閣必高，子孫
子，惟學斅，借非其人亦不孝。」

邵章《續錄》云：

清鈔本，一卷，附《碑目》十卷。咸豐間刊《粵雅堂叢書》本，六
卷，附《碑目》六卷。

是則《菉竹堂書目》除兩淮鹽政採進本外，尚有拜經樓鈔本與清鈔本，固不
止《粵雅堂叢書》本也。惜上述各本之存佚，而書中是否著錄有《解題》，今
均不可曉矣。由是言之，喬文謂《粵雅堂叢書》本《菉竹堂書目》著錄《解
題》不足據固可，若因是而否定明代尚有《解題》流傳民間之事實，則期期
以為不可也。

竊意明代民間尚流傳《解題》，前引宋濂《文憲集》卷二十七〈諸子辨〉
「《關尹子》」條中已徵引《解題》文字，自是一證。濂，字景濂，元末明初
人，《明史》卷一百二十八有傳。〈諸子辨〉篇後有〈記〉云：

至正戊戌，春三月丙辰，西師下睦州。浦陽壤地與睦境接，居民震
驚，多扶挈耄倪走傍縣，予亦遣妻孥入勾無山。獨留未行，日坐環
堵中，塊然無所為。乃因舊所記憶者，作〈諸子辨〉數十通，九家
者流，頗具有焉。……秋七月丁酉朔，金華宋濂記。

案：此條之至正戊戌，即元順帝至正十八年（1358），其時距蒙元之亡不足十
年。意景濂之得讀《解題》雖在元末，然其書入明後必尚流傳。所惜者無法
得知景濂所據之《解題》板本，其與《永樂大典》本及文淵閣藏本異同為何
如耳！

明人嘗得讀《解題》，今可確知，除宋濂外，尚有胡應麟。應麟所著《少
室山房筆叢》，書卷十四至卷十六為〈四部正譌〉。〈四部正譌〉一再徵引《解
題》以為論說。茲略作迻錄，以資證明。〈四部正譌〉上云：

《子夏易》十卷，陳振孫云：「〈漢志〉無卜氏《易》，至〈隋志〉始
有《子夏易》二卷，其為依託甚明。且隋唐時已殘缺，宋安得有十
卷？其經文、彖、象、爻辭俱用王弼本，又陸德明所引隋《子夏易
傳》，今本十卷中皆無之。豈直非漢世書，併非隋唐之舊矣。」余按：
《子夏易》載《通考》者，今亦不傳，據陳氏所論推之，當是漢末
人依託；至隋殘缺，唐宋人復因隋目取王氏本偽撰此書，正猶《乾

坤鑿度》本漢世僞撰，至隋唐亡逸，宋人復僞撰以行，僞之中又有
僞者也。

《關朗易傳》一卷，唐趙蕤注。朱紫陽曰：「僞書也。」按朗稱魏孝
文帝時，王仲淹祖、同州刺史史彥師事之。嘗爲彥筮，得〈夬〉之
〈革〉，遂決百年中當有達人出，修洙泗之教，中歷數周、齊、陳、
隋事，無不懸合；而其意實寓河汾，非唐初福畤輩搆據陳跡，以耀
其先，則宋阮逸僞撰，以證佐文中者，書之得失，固不足深論也。
或以即注者趙蕤。按蕤有《長短經》十卷，《北夢瑣言》云：「蕤，
梓州鹽亭人，博學韜鈐，長於經世，夫婦俱隱，不應徵召，論王霸、
機權、正變，作爲此經。」則蕤當是中唐前後人。然《新》、《舊唐
書》並無《關氏易傳》，而僅見於馬、鄭諸家，則此書非蕤可見，而
阮逸之僞無疑。按《通考》，逸又有《易筌》六卷，每爻必以古事系
之，陳振孫誚其牽合，蓋逸之作僞無往不然也。

《王氏元經》十五卷，稱王通撰，薛收注。宋世已艱得其本，意今
藏書家不復有之。據《通考》晁、陳所論，經傳皆阮逸也。其書始
晉太熙，終陳亡。陳振孫謂：「唐神堯諱淵，其祖景皇諱虎，故《晉
書》戴淵、石虎皆以字行。薛收，唐人，於〈傳〉稱戴若思，石季
龍，宜也。《元經》作於隋世，迺亦云若思，逸之心勞日拙，蓋不能
自掩矣。」右陳氏論甚精。

〈四部正譌〉中又云：

《鶡冠》，韓、柳二説，自相紛拏。晁公武、陳振孫並主柳説，周氏
《涉筆》在疑信間，獨宋景濂以非僞撰，謂其書本晦澀，後人復雜
以鄙淺，故讀者厭之，不復詳悉其旨。

《關尹子》九篇，以即老聃弟子而莊周稱之者。按《七略》，道家有
其目，自〈隋志〉絕不載，則是書之亡久矣。今所傳云：徐藏子禮
得於永嘉孫定者，陳振孫疑定所受不知何人，宋景濂以即定撰，皆
有理。余則以藏、定二子，尚非如阮逸、宋咸輩實有其人，或俱子
虛烏有，未可知也。

《畫傳》，載《北史》甚明。又嘗爲高才不遇，傳袁孝政〈序〉，正
據《畫傳》言之。陳振孫謂終不知畫何代人，殊失考。黃東發以袁
孝政作，託名於畫，則亦未然。凡依託之書，必前代聖賢墳籍，冀

以取重廣傳，畫之聲價，在六朝甚泯泯，即孝政何苦託之。勘僞書者，此義又當察也。

《孫子》十卷，陳氏《解題》曰：「稱晉孫綽撰。〈唐志〉及《中興目》皆無之，恐依託也。」按〈隋志〉有此書，《意林》所纂百餘語，頗佳，當是綽撰，第〈唐志〉不錄，至南渡復傳，蓋本書亡逸而後人補之者。陳氏並其初疑之，亦失考也。

〈四部正譌〉下亦云：

《黃帝內傳》一卷，晁公武云：「稱錢鏗得之衡山石室中。」陳振孫曰：「誕妄不經，方士輩依託也。」余按：神仙丹汞之籍，大都依託上古帝王，〈漢志・方技〉中紛紛可見，第秦漢人書，即僞撰猶倍蓰；後世真者如《素問》、《靈樞》之類，咸假軒、岐，亡論其術百代尊守，其文辭，稚川、貞白能萬一乎！惜二書外，餘絕不傳；而唐、宋以還，怪譚陋說坌布域中。若此書，今尚行世，漫識以例其餘。

《列仙傳》三卷，陳振孫云：「傳凡七十二人，每傳有贊，似非向撰，西漢人文章不爾也。」余按《漢書・藝文志》，劉向所敘六十七篇，止《新序》、《説苑》、《世說》、《列女傳》，而無此書。《七略》，劉歆所定，果向有此書，班氏決弗遺，蓋僞撰也。當是六朝間人，因向傳列女，又好神仙家言，遂僞撰託之。其書既不得為真，則所傳之人，恐亦未必皆實。考此〈傳〉，孫綽及郭元祖各為贊，非六朝則三國無疑也。

《廣陵妖亂志》，陳振孫云：「唐鄭廷誨撰。」余記一《雜說》云：「羅隱、昭諫嘗謁高千里，不得志，故極言詆毀，與駢始末大不相倫。」此言或自有謂。駢釋賊不擊，誠可誅。〈志〉中述其惑於諸呂，若喪心之極者，未必盡爾也。溫公《通鑑》全據此書，蓋宋世用事群小，以史事謗涑水，故唐末五代不及致詳耶！又唐人評隱以落魄，故好訕謗之詞。此說蓋有自來。

綜上所引，胡應麟於明代得讀直齋《解題》，固彰彰可考也；是則喬文不足信，殆可知矣。《明史》卷二百八十七〈列傳〉第一百七十五〈文苑〉三有應麟傳，其〈傳〉云：

胡應麟，幼能詩。萬曆四年舉於鄉，久不第，築室山中，攜書四萬餘卷，手自編次，多所撰著。攜詩謁世貞，世貞喜而激賞之，歸益

自負。所著《詩藪》二十卷，大抵奉世貞《卮言》爲律令，而敷衍
其說；謂詩家之有世貞，集大成之尼父也。其貢諛如此」。

觀是，則應麟生活於萬曆時。由是可推知，《解題》一書，直至明神宗之世，
猶流傳民間也。

喬衍琯於詳論《菉竹堂書目》之後，又引述傅維麟《明書・經籍志》〔註20〕
及焦竑《國史經籍志》爲說，欲證成其「明清之際沒有《書錄解題》流傳」與
「焦竑根本不知道《解題》這部書目」之論斷，其誤易明。有關喬文引述傅維
麟《明書・經籍志》爲說，其不能成立之故，前已辨之，不再贅。至喬氏謂「焦
竑根本不知道《解題》這部書目」，更屬其語不經。即令《國史經籍志》卷三〈簿
錄・家藏總目〉中不載《解題》，惟喬文亦謂《國史經籍志・附錄・糾繆》中有
糾馬端臨〈經籍考〉之謬者。而馬書幾全引《解題》，焦竑豈容不知，即此一端，
喬氏謂「焦氏根本不知道《解題》這部書目」之論，其不能成立，明矣！

喬衍琯〈直齋書錄解題板本考〉七又有「〈明萬曆武林陳氏刻本〉」條云：

清莫友芝《邵亭知見傳本書目》，載《書錄解題》有明萬曆武林陳氏
刻本；邵懿辰《簡明目錄標注》也有相同的記載。武林和吳興相去
不遠，刻書人也姓陳，倒像是直齋的後裔刻的。可是焦竑是江寧人，
去武林不甚遠，他到萬曆四十八年（1620）才去世，應很容易看到
這部書，而可以補進《國史經籍志》的。朱彝尊是秀水人，去武林
更近，卒於清康熙四十八年（1709）。所撰《經義考》，毛奇齡〈序〉
稱「非博極群書，不能有此」，也不曾看到這一萬曆刻本。陳夢雷修
《古今圖書集成》，〈經籍典〉佔五百卷，不曾直接徵引到《書錄解
題》。清乾隆時修《四庫全書》，除了利用內府藏書外，還屢次下詔
要各地方官署採進圖書：私人藏書進呈得多的，另有獎勵，如賞賜
《圖書集成》或《佩文韻府》等。吳慰祖把各地歷次的進呈書目三
十二種，彙編成《四庫採進書目》，其中都不見有《書錄解題》。當
時進呈圖書，功令雖嚴；實仍虛應故事，好的罕傳的書，是不肯進
呈的，如果《書錄解題》有萬曆間武林刻本，以浙江省先後進呈十
三次之多，不可能沒有這部書的。

而且從萬曆以來，四百年間，沒有哪一部公私書目著錄過這一刻本。
也未見論著、筆記中引用到或提到這一板本，足見得事屬子虛烏有。

〔註20〕喬氏誤作《明書・藝文志》，今逕改。

邵、莫兩家書目成書時間相近，而又各有增改，每相互抄襲，所以
當是同一來源，不知何所依據，而載有這一板本。

喬氏《陳振孫學記》第四章《直齋書錄解題》第二節〈傳本〉甲〈刊本〉，就
上述所論頗有增補，其言曰：

> 《四庫簡明目錄標注》、莫友芝《知見傳本書目》之〈目錄類〉，並
> 載《書錄解題》有明萬曆間武林陳氏刊本。武林與吳興相去不遠，
> 似即直齋之鄉人或其後裔所刊者。然明末以來，未聞有人曾見此一
> 刊本。朱彝尊在清順治、康熙之際，編撰《經義考》，採輯書目略備，
> 於《書錄解題》不聞曾見此一刊本。萬曆去清初祇數十年，秀水、
> 武林相去非遙，當無不知此本之理。乾隆間纂修《四庫全書》，徵訪
> 各地公私藏書，不遺餘力，而江浙兩地，進呈之書最多，其歷次進
> 呈書目，未見此書，因從《永樂大典》輯出，校以《文獻通考》、《宋
> 史》等。萬曆去乾隆僅二百年，斷不至不能得一萬曆刊本。此後盧
> 文弨、吳騫、陳鱣，以至近人傅增湘，均致力於《書錄解題》之校
> 補。盧氏等專事校讎，收藏既富，交遊亦廣，僅能採用舊鈔殘本、《文
> 獻通考》等，果有萬曆刊本，斷無不置一辭之理。明末以來三百餘
> 年間，公私收藏書目，未見有著錄此本者。未審邵、莫二家何所據
> 而云有萬曆間武林陳氏刊本。

案：喬氏一力主張並無萬曆武林陳氏刊本《解題》，並對邵、莫書目所載深表
懷疑。惟邵懿辰《四庫簡明目錄標注》「〈史部〉」十四〈目錄類〉明載：

> 《直齋書錄解題》二十二卷，宋陳振孫撰。原本久佚，今從《永樂
> 大典》錄出。《大典》本附隨齋批注，隨齋蓋程大昌後人程榮，錢竹
> 汀以楊益當之，非是。
> 聚珍板本、明萬曆武林陳氏刊本。抱經堂盧氏有新訂此書五十六卷，
> 次序與聚珍板不同，係從不全元刊本重爲校訂，似未刻。盧校後，
> 吳槎客又有增校本，陳仲魚有〈跋〉。

而莫友芝《邵亭知見傳本書目》卷六〈史部〉亦云：

> 《直齋書錄解題》二十二卷，宋陳振孫撰。聚珍本，閩覆本，蘇杭
> 縮印本。抱經堂盧氏有新訂此書五十六卷，係從不全元刊本重爲校
> 訂，似未刻。明有萬曆武林陳氏刻本。昭文張氏有舊鈔殘本〈楚辭
> 類〉一卷、〈別集類〉三卷，乃其原本。

是《四庫簡明目錄標注》及《邵亭知見傳本書目》均著錄有「明萬曆武林陳
氏刊本」。至喬文謂「邵、莫兩家書目時間相近，而又各有增改，每相互抄襲」
之說，則殊覺含混，蓋邵絕無抄襲莫書之事。考莫繩孫〈邵亭知見傳本書目
序〉云：

> 先君子於經籍刊板善劣、時代，每箋志《四庫簡目》當條之下，間
> 及《存目》；其《四庫全書》未收者，亦記諸上下方；又采錄邵位西
> 年丈懿辰所見經籍筆記益之，邵本有注鐵樵先生家驤朱筆記，並取
> 焉。同治辛未，先君子棄養，繩孫謹依錄爲十六卷，凡經部，《四庫
> 全書》存目者三，《四庫全書》未收者百十八人；史部，存目者二十
> 八人，未收者二百有十；子部，存目者十四，未收者百九十八；集
> 部，存目者一，未收者百二十一。其《四庫全書》已著錄，未箋傳
> 本者並闕之。蓋是書當與《簡明目錄》合觀也。癸酉長夏第二男繩
> 孫謹志。

而日人長澤規矩也編著之《中國版本目錄學書籍解題》十〈版刻〉更云：

> 《邵亭知見傳本書目》十六卷，清莫友芝、莫繩孫編。癸酉（同治
> 十三年）莫繩孫跋。友芝對《四庫簡明目錄》，根據自己之見聞及邵
> 懿辰之自錄，附箋傳本，所箋往往涉及《存目》與未收書。同治十
> 年友芝歿，繩孫整理遺稿，於《四庫全書》收入各書中，略去無附
> 箋者。乃照錄經部存目三，未收一百十八；史部存目二十八，未收
> 二百十；子部存目十四，未收一百九十八；集部存目一，未收一百
> 二十一，編爲十六卷。
>
> 識者評其幾乎全竊《邵目》。然而，略去傳本少者，錄《簡目》未載
> 之要籍版本，却似乎於使用者有便。故宣統元年，文求堂田中氏於
> 北京付印傳鈔本以來，學者多以之爲便，出現諸本。《邵目》僅家刻
> 本一種，本書則又有石印本，流傳頗廣。石印本與傅氏印本應爲同
> 一系統，均少眉批。有繆荃孫、莫友芝校本。橋川氏頒諸同好，余
> 亦受惠一部。

觀莫繩孫〈序〉及長澤規矩也之書所載，顯是莫友芝《邵亭知見傳本書目》
抄錄邵懿辰《四庫簡明目錄標注》，而決非如喬文所言邵、莫兩家「每相互抄
襲」，衍琯明顯失考矣。

《四庫簡明目錄標注》既爲邵懿辰所編著，考懿辰爲人，《清史稿》卷四

百七十九〈列傳〉二百六十五〈儒林〉一云：

> 邵懿辰，字位西，仁和人。性峭直，能文章，以名節自廣。於近儒，
> 尤慕方苞、李光地之學。道光十一年舉人，授內閣中書。久官京師，
> 因究悉朝章國故，與曾國藩、梅曾亮、朱次琦數輩遊處，文益茂美。
> 高才秀士，有不可，輒面折之。不爲朋黨，志量恆在天下。洊升刑
> 部員外郎，入直軍機處。大學士琦善以妄殺熟番下獄，發十九事難
> 之。粵亂作，賽尚阿出視師，復上書次輔祁寯藻，力言不可者七端。
> 時承平久，京朝官率雍容養望，懿辰獨無媕婀之習，一切持古義相
> 繩責，由是諸貴人憚之，思屏於外。會太平軍陷江寧，京師震動，
> 乃命視山東河工，未行。復命偕少詹事王履謙巡防河。咸豐四年，
> 坐無效鐫職。既罷歸，則大覃思經籍，著《尚書通義》、《禮經通論》、
> 《孝經通論》，頗採漢學考據家言，而要以大義爲歸。十年，太平軍
> 陷杭州，以奉母先去獲免。母卒既葬，返杭州，太平軍再至，則麾
> 妻子出，獨留與巡撫王有齡登陴固守。十一年，城陷，死之。時國
> 藩督師江南，聞而歎曰：「嗟乎！賢者之處患難，親在則出避，親歿
> 則死之，義之至衷者也。」乃迎致其妻子安慶。先是懿辰以協防杭
> 州復原官，死事聞，贈道銜，祀本省昭忠祠。其所著書，遭亂亡佚，
> 長孫章輯錄之，爲《半巖廬所著書》，共三十餘卷。

觀《清史稿》所載，懿辰爲人，性峭直，重名節，嫉惡如仇，常面折權貴，
不稍假借；而學問淵博，著作豐贍，故《半巖廬所著書》三十餘卷，及今皆
稱道之。以懿辰如此之才之學，而肯於其所著書中，一無依據而杜撰「明萬
曆武林陳氏刊本」《解題》乎？常情度之，必不致此！至清人葉名澧《橋西雜
記》〈藏書求善本〉條云：

> 邵君懿西居京師，購書甚富，奉奉於板本鈔法。名澧與之言曰：「彭
> 文勤公嘗詆《讀書敏求記》染骨董家氣，我輩讀書當用力於其大者，
> 未可蹈此蔽也。」後閱錢氏《曝書雜記》，引鄭康成〈戒子書〉：「吾
> 家舊貧，不爲父母昆弟所容。」康成，大儒，不應出此語。考元刻
> 《後漢書》康成本傳，無「不」字，與唐史承節所撰〈鄭公碑〉合。
> 今本作「不爲父母昆弟所容」，乃傳刻之誤，此校書之有功於先賢者。
> 名澧始悔前言之陋，蓋讀書不多，未可輕生訾議耳！

同條又曰：

《欽定天祿琳琅》前後編，所錄多宋元舊本，收藏家印亦附及焉。

昭文張氏《愛日精廬藏書志》亦講求板本，是近時書目中之最佳者。

名澧嘗見邵懿西案頭置《簡明目錄》一部，所見宋元舊刻本、叢書本及單行刻本、鈔本，手記於各書之下，可以備他日校勘之資。

依《橋西雜記》所載，則懿辰購書甚富，拳拳於板本舊刻，案頭常置《四庫簡明目錄》一部，以詳載所見不同板刻。是可推知「明萬曆武林陳氏刊本」《解題》，雖未必爲懿辰一己之收藏，惟必屬所耳聞目睹之書，故手記於《四庫全書簡明目錄》《直齋書錄解題》項下，以作他時參校之資；此事證諸《橋西雜記》，固可無疑者。故《解題》萬曆武林陳氏刊本或確有其書，此書或爲邵氏所目睹，惜懿辰死於太平軍之亂，年代既遠，此書遂無由蹤跡矣。喬衍琯竟坐實書爲子虛烏有，又不肯一考懿辰其人其學，亦似未嘗讀《橋西雜記》，故無法詳悉邵氏治學重板本及編理《四庫簡明目錄標注》之過程。衍琯讀書偶有未照，故其斷言無「萬曆武林陳氏刊本」，則似不宜輕從。希地不愛寶，「萬曆武林陳氏刊本」終有重出人寰之一日，則萬幸焉。

長澤規矩也《中國版本目錄學書籍解題》三〈官藏〉又云：

《四庫簡明目錄標注》二十卷〈附錄〉一卷，清邵懿辰編。光緒戊申（三十四年）繆荃孫序，宣統三年孫章跋。……不過，張鑒（慕騫）稱本書由邵氏手成者僅經部四卷，其他爲孫衣言（琴西）所編。懿辰，字位西，浙江仁和人，官至刑部員外郎。又爲詩人。咸豐十一年歿，年五十二。

觀是，則慕騫謂《四庫簡明目錄標注》爲邵懿辰、孫衣言合編。案：慕騫撰有〈甌海訪書小記〉，〈小記〉有「〈四庫簡明目錄標注之底本〉」條，刊諸《浙江省立圖書館館刊》第三卷第四期上。該條云：

瑞安孫氏玉海樓，爲吾浙近代碩果僅存之大藏書家，而當年經學大師孫仲容徵君所憑藉以著書立說者。徵君辭世後，此積儲美富之書藏，悉賴長嗣君孟晉（延釗）先生之維持，得以完整無羔。比歲，孟晉避囂，遷寓郡城，杜門撰述，輒多攜珍籍自隨：既便參稽，且以防漫藏鄉里之脫有不虞也。孫氏寓廬，余雖曾再過，但於藏珍，從未寓目；今夏乃於離鄉返館道出郡城時，趨訪孫君之便，獲睹其一斑，雖行色匆匆，不克徧覽；然眼福固已非淺矣。用掇厓略，以告同好。

此次在孫邸所見珍本，除明嘉靖初刊《張文忠集》、（共十冊，每冊首有朱文方印「濟陽經訓堂查氏圖書」、「查子穆閱過」、「松森居士家藏」三顆，字體圓勁，猶帶明初刊本作風。文忠公諱璁，字孚敬，溫州鄉先哲也。此書傳本已不多，原刊本尤人間瑰寶矣。聞邑人林同莊先生家藏亦有一部，惟多蛀孔云）《唐人十二家集》（全十冊，亦白棉紙印，天地頭闊大，字體斬方，與上種異。《孟浩然集》有「鱸讀」朱文長方印，《王勃集》有「簡莊蓺文」朱記，則向山閣舊藏本也）爲可愛外；而尤以孫徵君續編之《四庫簡明目錄標注》稿本及錢唐羅鏡泉之遺著等數種，爲足動人心魄。

《四庫簡明目錄標注》二十卷，人但知其爲清仁和邵位西（懿辰）遺著，而不知位西所成實僅經部四卷耳。此四卷，位西生前曾借瑞安項君几山（傅霖）傳鈔，未逮寄還，邵氏即罹咸豐辛酉之難；故鄉賢孫太僕琴西（衣言）從項氏見是書，命哲嗣仲容徵君重加編錄，並舉底稿還之邵氏。邵氏後人伯絅先生章，即據以授梓，是即現行之宣統三年半巖廬刊本也。其書流傳經過與鋟本顚末，現行本之繆（荃孫）〈序〉、邵（章）〈跋〉，言之頗悉，顧於孫氏續編事，猶無一語；蓋緣孫氏所介紹返璧之底本，除邵氏手稿外，史部以下十六卷，係孫氏編錄本之錄副者，孫氏既未自明其續編，邵氏後人亦未加細辨也。

邵書原無「標注」之目，伯絅先生授梓時始肬沾，玉海樓藏本正無此二字。全書全裝十冊，中間飲格跳行，朱墨紛繢，而孫徵君之手澤爲尤夥，每卷末，亦題校勘年月；末帙有跋云：

「此書編錄時，未及校勘，壬申冬，乃從先生令嗣子進（案名順國，即伯絅尊人也）取原稿精校一過，惟目錄原文未及細校，誤字尚多，付刊時尚須勘正也。」

「原稿於巾箱目錄書端隨手記錄，小字戢眷，暫頗不易辨，所錄刊寫各本，先後亦無次序；疑先生本意，欲別爲一目，特就《庫目》記錄以爲稿耳。杭城之變，先生殉節，遺書散失殆盡，此稿因爲吾鄉項几山（傅霖）先生借錄未歸，乃巋然獨存，亦一幸也。辛未夏，家大人從項氏索得，歸之子進；因命詒讓編錄爲此本。十一月五日校畢，附識於書尾。瑞安孫詒讓。」

旣詳邵稿流傳之始末與徵君續編之由來，為今刻所無；而卷四末一段題記：

「十一月四日（據孟晉稱：此清同治十一年也）校畢，此冊共二卷。詒讓。」

「此書所刪《簡明目錄》原文經部四卷，並先生手筆鉤乙；史部以下，原未動筆，茲以管見刪存之，謹附識於此。仲容又記。」

尤屬重要。此外，今本錄參校名家有：瑞安孫徵君、黃叔頌（紹第）、江陰繆筱珊、錢唐吳敬彊（慶坻）、蘇州王苗卿（頌蔚）、歸安錢念劬（恂）、嘉興沈子封（曾桐）、桐城馬通伯（其昶）、姚仲實（永樸）、姚叔節（永概）、祥符周季貺（心詒）、餘杭褚伯約（成博）、山陰胡右階（念修）等十三人，〔註21〕除孫氏外，類為玉海撰本所無；但孫鈔乃有桐城蕭敬孚（穆）、黃巖楊定夫（晨。聞先生為孫氏姻婭）、王子莊（棻）、子常（詠霓），暨一未知姓氏之「碻」君諸人，而蕭氏之朱墨眉批旁注尤多，亦可珍矣。奇書入眼，摩抄不忍釋手，輒謂孟晉：「此書會須梓行，能與現行半巖廬刻本合刊固佳，否則，先付影印，尤可存眞矣。浙江圖書館倘經費寬展，能為承刊，竊願以曹邱生自任，如何？」孟晉領之。繼稱此事曾函告伯絅先生於北平，惟無覆訊，似邵氏尚無借抄勘補之意云。

案：依張慕騫〈甌海訪書小記〉「〈四庫簡明目錄標注之底本〉」條所言，則合編《四庫簡明目錄標注》者，實乃邵懿辰與孫詒讓，而非孫衣言，長澤規矩也所言未免失慎矣。

考孫詒讓，《清史稿》卷四百八十一〈儒林傳〉三有傳。其〈傳〉曰：

孫詒讓，字仲容，瑞安人。父衣言，自有傳。詒讓同治六年舉人，官刑部主事。初讀《漢學師承記》及《皇清經解》，漸窺通儒治經史小學家法。謂古子群經，有三代文字之通假，有漢篆隸之變遷，有魏晉正草之混淆，有六朝唐人俗書之流失，有宋元明校讎之竄改，匡違捃佚，必有誼據，先成《札迻》十二卷，又著《周禮正義》

────────────────

〔註21〕中華書局 1959 年 12 月第一版《增訂四庫簡明目錄標注》，書內所列「參校姓氏」，計為：「瑞安孫仲容詒讓、瑞安黃叔頌紹第、福山王懿榮廉生、江陰繆筱珊荃孫、錢塘吳敬彊慶坻、嘉興沈子封曾桐、歸安錢念劬恂、桐城馬通伯其昶、桐城姚仲實永樸、桐城姚叔節永概、餘杭褚伯約成博、山陰胡右階念修。」與張鑒所記微有不同。

八十六卷。以爲有清經術昌明，於諸經均有新疏，《周禮》乃周公致太平之書，而秦漢以來諸儒，不能融會貫通，蓋通經皆實事實字，天地山川之大，城郭宮室衣服制度之精，酒漿醢醯之細，鄭注簡奧，賈疏疏略，讀者難於深究，而通之於治，尤多謬盭，劉歆、蘇綽之於新周，王安石之於宋，膠柱鈒舟，一潰不振，遂爲此經詬病。詒讓乃於《爾雅》、《說文》述其訓詁，以《禮經》、《大》、《小戴記》證其制度，研撢廿載，稿草屢易，遂博采漢唐以來迄乾嘉諸經儒舊說，參互譯證，以發鄭注之淵奧，裨貫疏之遺闕。其於古制疏通證明，較之舊疏實爲淹貫，而注有牾違，輒爲匡糾。凡所發正數十百事，匪敢壞疏不破注家法，於康成不曲從杜、鄭之意，實亦無詬，而以國家之富強從政教入，則無論新舊學，均可折衷於是書。識者韙之。光緒癸卯，以經濟特科徵，不應。宣統元年，禮制館徵，亦不就。未幾卒。所著又有《墨子閒詁》十五卷、《目錄》、《附錄》二卷、《後語》二卷，精深閎博，一時推爲絕詣。《古籀拾遺》三卷、《逸周書斠補》四卷、《九旗古義述》一卷。

案：詒讓既爲晚清大儒，其治學一本漢學家法，無徵不信，實事求是。如依張慕騫所考，《四庫簡明目錄標注》一書，其史部以下皆詒讓所續編，則〈目錄類〉「《直齋書錄解題》」條下之「明萬曆武林陳氏刊本」，亦必詒讓所增入。以詒讓之爲人與治學之誠篤，肯定不爲作僞欺世之事。或詒讓讀書甚博，眼緣匪淺，加之所交皆海內勝流，玉海樓藏書又富，則有幸得睹「明萬曆武林陳氏刊本」，或非不可能。是故，余殊不以喬氏所說爲然。及今觀之，似仍不宜坐實「明萬曆武林陳氏刊本」爲必無也。

有清一代《解題》流傳之情況，今可知者，《四庫全書》輯本之前有《永樂大典》本；《湖錄》載朱彝尊語，謂常熟毛氏藏有半部宋槧本，後轉售徐乾學；而納蘭成德亦得讀《解題》，並引用《解題》之說於《通志堂集·經解》中。《通志堂集·經解》其〈春秋綱論序〉云：

〈宋藝文志〉《春秋》之書，凡二百四十部，二千七百九十九卷。余所見者僅三十餘部，爲卷數百，王晳《皇綱論》其一也。晳，不知何如人，自稱爲太原王晳，陳直齋《書錄解題》亦但言其官太常博士，至和間人而已，不能詳其生平也。直齋《解題》於著書之人，往往舉其立身大概，使後世讀其書者雖不獲親見其人，猶稍稍得其

本末，以爲論世知人之據；乃於晢獨否，豈其人在直齋當時已不可
得而論定邪！然直齋所錄《皇綱論》外，尚有《明例隱括圖》。又云：
「《館閣目》有《通義》十二卷。」而王伯厚又云：「《通義》之外，
別有《異義》十二卷。」《通義》據三傳注疏及啖趙之學，其說通者，
附經文之下；缺者，以己意釋之；則晢所著二《義》者，正其解經
之本書。茲《論》則總括立言大旨以成編者也。《論》特弘偉卓犖，
則二《義》亦必有足觀，惜乎不得而見也。嗟乎！古人辛勤著書，
將以求知後世，而世顧不得而知之；即其書幸而傳矣，又不能盡傳
也，豈不重可歎也歟！《論》凡五卷，二十有三篇。康熙丙辰陽月，
納蘭成德容若序。

案：丙辰陽月，康熙十五年（1676）十月。是納蘭成德於康熙十五年已得讀
《解題》矣。

又《解題》卷三〈春秋類〉載：

《春秋皇綱論》五卷、《明例隱括圖》一卷，太常博士王晢撰。至和
中人。《館閣書目》有《通義》十二卷，未見。

案：《春秋皇綱論》與《明例隱括圖》，納蘭成德據所見《解題》作王晢撰，
而《四庫全書》輯本作「王哲」，足證納蘭成德所見者非《永樂大典》本，故
與《四庫全書》輯本不同。清人張宗泰《魯巖所學集》卷六〈四跋書錄解題〉
云：

予所蓄《書錄解題》爲巾箱木，鐫刻頗精，而別風淮雨亦所時有，
如《韓詩外傳》下云「作詁非」訛作「誥」。《古禮疏》下「臨洺」
訛作「臨洛」。《中庸集解》下「石礐」訛作「塾」。《春秋皇綱論》
「王晢」訛作「王哲」。《春秋傳》下「博覽」訛作「博鑒」。《西漢
會要》下「蓋未考昭之所注」訛作「著」。《御史臺故事》下「結本
名構」，「結」訛作「終」。《聖唐偕日譜》下「匡义」訛作「匡文」，
「資暇錄」訛作「集」。《鄴中記》「僭僞」訛作「僭僞」。《法寶標目》
「古，旦之曾孫」，《道院集要》「三槐王古」，二「古」字並訛作「右」。
《霜糖譜》下「遂宵」訛作「送宵」。《匡俗正謬》下「揚庭」訛作
「楊庭」。《極玄集》下「張祜」訛作「張佑」。《江西詩派》「二十五
家」訛作「三十五家」。《天台集》林師箴即「點」字，訛作「箴」。
《陳孔璋集》下「劉楨」訛作「植」。《顏魯公集》「留元剛」訛作

「劉」。《宋元憲集》下「安陸」訛作「安陵」。《演山集》下「元豐
五年」訛作「二年」。《呂獻可章奏》下「呂誨」訛作「晦」。並當
一為改正者也。

依張〈跋〉，則作「王晢」是，而「王哲」非也。是納蘭成德所據之《解題》，
較永樂大典》本及其後《四庫全書》輯本似為愈也。所惜者，乃不知其所據
者為何本耳！

　　朱彝尊於有清之初亦得讀《解題》，所著《經義考》卷六「《易林變占》」
條中，所引《解題》，其文字較《四庫全書》輯本為詳，固知所據者殊非《永
樂大典》本，而為另一板本。此事前已論之，不多贅。惟編著《湖錄》之鄭
元慶亦嘗得讀《解題》某本矣，此則前人似無道及者。元慶，字芷畦，清初
人，所著《石柱記箋釋》，彝尊為之〈序〉，曰：

　　吾友鄭子芷畦，既輯《府志》一百二十卷成，又箋釋《石柱記》四
　　卷，復商之予補遺一卷，考證詳覈，可稱周見洽聞矣。

觀朱〈序〉，則知元慶與彝尊為同時人。元慶〈石柱記箋釋自序〉中頗引及直
齋《解題》資料，曰：

　　志吳興者，張元之《山墟名》、王韶之《郡疏》、山謙之《記》、張文
　　規《雜錄》、陸羽《圖經》、顧雲《總載》、陸龜蒙《實錄》、左文質
　　《統記》、《紹興續圖經》、《淳熙舊編》，皆郡官寄公所作，非生長於
　　湖者，安能備悉湖事。今諸書不概見。宋嘉泰中，樞密院編修談鑰，
　　始以郡人志郡事，而陳振孫譏其書章率，未得盡善。明《成化志》，
　　訓導陳頎作；《嘉靖志》，訓導浦南金作；《萬曆志》，假託為唐一庵
　　作；《掌故集》，華亭徐獻忠作。相沿舛錯，莫可徵信。頃惜書舳舫
　　得宋槧《石柱記》，載山川、陵墓，亡者三之一，其存而不可信者亦
　　三之一。吾湖，浙西佳郡，何不幸而使數千百文獻無徵至於此極邪！
　　竹垞先生惜其殘闕，為補記二縣，既完且好，余乃一一箋釋，證其
　　所可信，復辨其所不可信。甫脫稿，先生見之掌擊，命鈔副本藏曝
　　書亭。辛巳七月晦日，歸安鄭元慶識。

案：辛巳，康熙四十年（1701）。〈自序〉所引「陳振孫譏其書草率」云云，
乃見《解題》卷八〈地理類〉「《吳興志》二十卷」條，該條云：

　　《吳興志》二十卷，樞密院編修郡人談鑰元時撰。嘉泰元年也。其
　　為書草率，未得為盡善。

觀是，則元慶得讀《解題》於康熙之世，固無疑矣。

康、乾之際，有宋筠蘭揮者，亦藏有《解題》舊鈔本，凡二十卷。繆荃孫《藝風堂藏書記》卷五云：

> 《直齋書錄解題》二十卷，舊鈔本。原書久佚。館臣從《大典》輯出，以原分五十三類，定爲二十二卷。此鈔帙雖不全，尚是陳氏原書。存〈楚辭類〉一卷、〈總集類〉一卷、〈詩集類〉二卷、〈別集類〉三卷、〈類書類〉一卷、〈雜藝類〉一卷、〈音樂類〉一卷、〈章奏類〉一卷、〈歌辭類〉一卷、〈文史類〉一卷、〈神仙類〉一卷、〈釋氏類〉一卷、〈兵書類〉一卷、〈曆象類〉一卷、〈醫書類〉一卷、〈卜筮類〉一卷、〈形法類〉一卷。原書惟〈別集〉分三卷、〈詩集〉分兩卷，每類各自爲卷，全書當分五十六卷。與《大典》本相校，〈釋氏類〉多二條，〈雜藝類〉七條，〈類書類〉二條，其餘字句亦多同異。荃孫另撰《考證》。收藏有「穌松庵」白文長方印，「筠」字朱文圓印，「宋氏蘭揮藏書善本」白文長方印。

是宋筠確藏有《解題》舊鈔本矣。有關宋筠生平，楊立誠、金步瀛合編《中國藏書家考略》云：

> 宋筠，字蘭揮，號晉齋，犖子。生於康熙二十年，卒於乾隆二十五年，年八十。康熙進士，官至順天府尹。有《青綸館藏書目錄》、《綠波園詩集》、《使滇錄》。

林申清《明清藏書家印鑒》亦云：

> 宋筠（1681～1760），字蘭揮，號晉齋。清商邱人。康熙己丑（1709）進士。有《青綸館藏書目錄》。

是宋筠乃康熙己丑進士，順天府尹，好藏書，有目錄行世。《四庫簡明目錄標注·史部》卷十四〈目錄類·經籍之屬〉「《直齋書錄解題》二十二卷」條邵章〈續錄〉云：

> 李氏木犀軒有傳鈔繆小山藏宋蘭揮舊藏，次第與今異。

案：是宋筠所藏《解題》舊鈔本，後爲繆荃孫所有，而李盛鐸則有傳鈔本。李氏傳鈔本，現藏北京大學圖書館。

宋氏之後，盧文弨於乾隆二十四年己卯（1759）亦嘗得讀曝書亭鈔本《解題》。《抱經堂文集》卷九〈書錄解題跋丙申〉云：

> 直齋陳氏《書錄解題》二十二卷，《四庫全書》館新從《永樂大典》

中鈔出以行。……乾隆己卯，余讀〈禮〉家居，友人見示此書，僅自
〈楚辭〉、〈別集〉以下，而其他咸缺焉。乃秀水朱氏曝書亭鈔本也。

是盧氏所見曝書亭鈔本《解題》，僅得〈楚辭類〉、〈別集類〉以下各卷，乃曝
書亭所鈔得者，固至不全之書也。

　　綜上所述，是清初時，《解題》尚流傳。今所考得，如常熟毛氏、徐乾學、
納蘭成德、朱彝尊、鄭元慶、宋筠、盧文弨諸氏均嘗得讀此書矣。

　　乾隆三十八年癸巳（1773），《四庫全書》館臣以《解題》久佚，乃自《永
樂大典》輯出全書，此即《四庫全書》《解題》輯本也。喬衍琯《陳振孫學記》
第四章《直齋書錄解題》第二節〈傳本〉乙「〈四庫全書輯本〉」條云：

　　此一輯本收入《武英殿聚珍版叢書》，用木活字排印，並經浙江、江
　　西書局、福建、廣雅書局據以刊行，均收有《書錄解題》。復有再據
　　各種刻本重印者，或收入叢書。如廣文書局在民國57年，影印《武
　　英殿》本，收入《書目續編》。或單行，如清光緒間，江蘇書局覆刻
　　《聚珍》版單行。民國20幾年，商務印書館據聚珍版用鉛字排印，
　　先後收入《叢書集成》及《國學基本叢書》，最為通行。民國66年，
　　商務編印《四庫全書珍本別輯》，收有《書錄解題》，係據故宮博物
　　院藏文淵閣本影印，內容與《聚珍》版全同。

　　《四庫全書》本曾詳加考核，各附案語，以訂誤補闕。《四庫提要》
　　云：「《永樂大典》全載之。」第就大較言之，僅就《通考》所引與
　　《四庫全書》本相較，其為《四庫全書》本未收者即有二十一種，
　　據舊鈔本殘卷又可補若干種，是不僅《永樂大典》「編輯草率，訛脫
　　頗多」，即《四庫全書》館臣輯校時，亦難辭疏略之咎。

　　案：據喬氏所述，則《四庫全書》館臣雖有功於《解題》輯校刊刻，然
《永樂大典》本既「編輯草率，訛脫頗多」，而此《四庫》輯本亦「難辭疏略
之咎」。惟自輯本行世後，自清以降，刊行益眾，流傳益廣，其板本之富，遠
邁往昔。1987年12月，上海古籍出版社又出版徐小蠻、顧美華二人合作點校
之《直齋書錄解題》。書首有潘景鄭所撰〈前言〉曰：

　　稽自有宋一代目錄專籍流傳至今者，以《崇文總目》、尤袤《遂初堂
　　書目》、晁公武《郡齋讀書志》、陳振孫《直齋書錄解題》四書為最。
　　《崇文總目》及《遂初堂書目》皆僅著錄書名，不及考訂之事，未
　　饜讀者之願。晁、陳二書，均能窮溯圖書源流，有繼往開來之功，

爲研治目錄學之規範。顧晁《志》宋本具見袁、衢二刻，千載後猶得窺見原文。惟陳著書闕有間，今存世最早可睹者，祇元抄殘書四卷而已。清《四庫全書》館臣自《永樂大典》所輯成之二十二卷本，以聚珍字印行流傳。《提要》猶稱「當時編輯潦草，脫誤宏多，又原帙割裂，全失其舊」，固非原本面目也。泊後流傳之本，悉從此出。清代中葉，盧文弨乃治理斯書，用力最深，輯成《新訂直齋書錄解題》五十六卷，今存稿本，略有殘斷，然足以糾正《大典》本者，蓋不勝枚舉焉。此外，藏家時有校錄之本，拾遺正誤，亦復不少。余少嗜流略之學，每慮斯書攸待訂正，四十餘年書城鞅掌，不暇問津。今者徐小蠻、顧美華兩同志，以《大典》本爲主，參校《郡齋讀書志》及《文獻通考》，又據抱經重訂稿，正其脫誤。博采前人校本，臚列異同，分別標註。兼取有關陳氏事跡及各家記載文字資料附後，勒爲一編，集陳書之大成，金聲玉振，無間然矣。余深仰二君勤業之深，而又幸斯書觀成有日。爰忘其耄荒，率繫數語，藉申鄙衷。1984 年 11 月潘景鄭識，時年七十有八。

景鄭〈前言〉於《四庫全書》輯本《解題》成書刊行原委，及徐、顧二人點校成績，詳加論述，大體精當，惜將元抄殘本誤爲元朝所抄殘本，徐、顧二君點校《解題》，同有此失。其〈點校說明〉謂今藏北京圖書館有元抄殘本，此實非元代殘抄本，徐、顧亦同有所未照也。徐、顧點校本，初版凡三千冊，《解題》之流傳，益增加廣矣。

第四節 《直齋書錄解題》之板本

振孫《解題》，約撰就於宋理宗寶祐六年戊午（1258）之歲，就板本學而言，振孫所撰就者，即爲《解題》之底本。惟據陳樂素考證，《解題》底本有二，後者乃前者之修訂本。樂素〈略論陳振孫直齋書錄解題〉八〈解題的傳本〉云：

陳振孫晚年寫成《書錄解題》，先後有兩種本子，後一本似爲修訂本，訂正了前一本的一些錯誤和不完善的地方。《通考·經籍考》所據的當是修訂本。例如上述的《王氏詩總聞》改爲《王景文詩總聞》，又卷三《春秋集解》原誤作呂祖謙撰，《通考》所據本改正爲呂本中撰；

卷十四《唐朝畫斷》，原只題「唐翰林學士朱景元撰」，《通考》所據
本增加了一段：「一名《唐朝名畫錄》，前有目錄，後有天聖三年（1025）
商宗儒〈後序〉，與《畫斷》大同小異」等等。

依樂素所考，則《解題》底本確有二本，其一爲稿本，另一爲稿本之修訂本。

《解題》撰就未久，程棨即爲之批注。隨齋所得而讀者，或爲《解題》
之底本，或爲底本傳鈔本，二者雖不可確悉，惟《解題》一書已流傳於外矣。
宋、元之際，以袁伯長、王深寧聞見之富，均未睹《解題》底本，一面緣慳，
固亦無可如何者也。然就文獻以考之，如周公瑾、吳師道、牟子才父子、馬
廷鸞喬梓類能得而讀之；是則《解題》底本雖流傳未廣，惟已備受時賢關注
與重視，甚或已傳鈔而藏諸篋笥者矣。有清康、乾之際，宋蘭揮、盧文弨皆
及見舊鈔殘本，殘鈔本與《四庫全書》本顯有異同。此類舊鈔殘本，乃《解
題》底本或傳鈔本之遺乎？殊難確考矣。

《解題》之有刻本，據《湖錄》朱竹垞言，謂毛氏有半部宋槧本。喬衍
琯不之信，陳樂素則認爲《解題》有宋槧本「不是不可能」。要之，在未有充
分證據足以證明前，似不宜坐實宋刻本之必無也。

《四庫簡明目錄標注》著錄有《解題》元刊本，蓋因誤解盧文弨〈新訂
直齋書錄解題跋〉「元本」一詞所導致。盧文弨之「元本」即「原本」，非謂
元刊本。是故《解題》之元朝刊本，迄今仍未可得而見也。

《四庫簡明目錄標注》與《邵亭知見傳本書目》均著錄《解題》有明萬
曆武林陳氏刊本，喬衍琯不之信。惟此本之有無，亦不宜坐實，仍須容後細
考也。

清代乾隆年間編纂《四庫全書》，館臣自《永樂大典》輯出《解題》，此
即《四庫全書》輯本也。此輯本收入《武英殿聚珍版叢書》，用木活字排印。
其後，浙江、江西、福建、廣東各省，均有據聚珍版重梓者。自是，《解題》
刊本日益增富矣。

如上所述，《解題》板本可考得者有底本、傳鈔本、批注本、舊鈔本、刊本
與輯本。此外尚有鉛印本、影印本、校本、重輯本、彙校本、點校本等。茲不
妨徵引資料，並據歷代公私書目所著錄材料，分述《解題》不同板本如下。

子、底　本

周密《齊東野語》卷十二「〈書籍之厄〉」條有云：

近年惟直齋氏書最多。蓋嘗仕於莆，傳錄夾漈鄭氏、方氏、林氏、

> 吳氏舊書，至五萬一千一百八十餘卷，且倣《讀書志》作解題，極
> 其精詳，近亦散失。

案：公瑾此條所謂「近亦散失」者，乃指直齋所藏書籍，而非謂所撰《解題》
散失也。振孫既倣《郡齋讀書志》以作解題，書既撰就，必有底本，公瑾或
能得而讀之。否則，何以能知《解題》「極其精詳」；而於藏書散失之後，尚
悉直齋所藏「至五萬一千一百八十餘卷」也。公瑾蓋據《解題》底本或傳鈔
本，細加計算，乃能得悉。是則，《解題》之有底本流傳，固無可懷疑也。

惟《解題》底本有二，其一為底本，另一為底本之修訂本。前引陳樂素
〈略論陳振直齋書錄解題〉已備論之矣。本章第二節中亦述及張心澂《偽書
通考》修訂本所引《解題》「《關尹子》」條，其內容較《四庫全書》輯本為詳
贍，足證底本確有二本，樂素之說可信。張心澂《偽書通考》所引者，乃底
本之修訂本耶？故較《四庫全書》輯本所據《永樂大典》本為詳贍。是又可
推知《永樂大典》本所依據者，或為底本之初稿本也。

丑、傳鈔本

《四庫全書總目》卷八十五〈史部〉四十一〈目錄類〉一載：

> 《直齋書錄解題》二十二卷，《永樂大典》本。宋陳振孫撰。……其例以
> 歷代典籍分為五十三類，各詳其卷帙多少、撰人名氏而品題其得失，
> 故曰「解題」。……馬端臨〈經籍考〉惟據此書及《讀書志》成編。
> 然《讀書志》今有刻本，而此書久佚，《永樂大典》尚載其完帙。……
> 原本間於解題之後，附以隨齋批注，隨齋不知何許人。然補闕拾遺，
> 於本書頗有所裨，今亦仍其舊焉。

據《四庫全書總目》所述，是振孫撰就《解題》，隨齋得而讀之，並為批注，
而馬端臨撰《文獻通考·經籍考》，又據《解題》以成編也。案：隨齋即程棨，
乃程大昌曾孫。大昌游宦，晚年卜居直齋故鄉吳興，隨齋能得讀《解題》固
以此。至馬端臨父廷鸞，出自牟子才之門，子才與直齋有同朝之好，晚歲亦
居雪川，則端臨因以間接獲讀《解題》。惟以情理推之，無論隨齋或端臨，其
所藏有之《解題》，疑為據底本以傳鈔之本。古人好鈔書，底本有限，傳鈔之
則可化身千百。所惜者，程、馬傳鈔本《解題》，今已不獲一見矣。

寅、批注本

隨齋嘗據《解題》底本或傳鈔本以為批注，是故，從板本學角度言之，《解

題》又有批注本。批注本著者隨齋，紀曉嵐撰〈提要〉，謂「不知何許人」。錢大昕《十駕齋養新錄》卷十四「《直齋書錄解題》」條云：

> 此書有隨齋批注，不著姓名。考元時有楊益，字友直，洛陽人，官至撫州路總管。所著有《隨齋詩集》，或即其人乎？

是大昕因楊益著《隨齋詩集》，乃以楊益爲隨齋，大昕誤也。沈叔埏《頤綵堂文集》卷八「〈書直齋書錄解題後〉」條云：

> 乾隆乙未，余客京師，寓裘文達公賜第，銅梁王榕軒檢討贈余是書，蓋聚珍版也。錄中附有隨齋批注，一時纂修諸公未詳其人。余按：卷三鄭樵《石鼓文考》批注有「先文簡」，宋龍圖閣學士吏部尚書新安程泰之大昌，謚文簡，曾孫榮，字儀甫，號隨齋，元時人。周益公作〈文簡墓志〉云：「公自宦遊去鄉里，樂吳興溪山之勝而卜居焉。晚得安吉梅溪鄉邸閤山，規營塋域，卒葬其地。子四人：準、新、本、阜，孫三人：端復、端節、端履。」文簡自歙遷湖，子孫貫安吉，與直齋同時同里，而批注所云：「樵以秦斤、秦權有『盉』、『殹』兩字，遂以石鼓爲秦物，先文簡論而非之。」其說具載《演繁露》。則隨齋之爲榮，確然無疑矣。

是叔埏謂隨齋乃程榮，所論固確鑿。然叔埏所說亦不能無微誤，陳樂素〈直齋書錄解題作者陳振孫〉二〈述作〉曾辨之，曰：

> 案〈文簡神道碑〉見周益公《平園續稿》卷廿三，沈氏引文有誤，子四人爲準、本、阜、覃，名皆從十，無名「新」者。孫三人則端復、端節、端履。程氏之說乃見於《雍錄》卷九，非《演繁露》，沈氏亦誤。

樂素文中又曰：

> 至謂「曾孫榮，字儀甫，號隨齋，元時人」，此十二字最關重要，而未言出處，殊爲可惜，尚當考。然隨齋爲程氏後人而非楊益，則確可無疑。《解題》卷六《李結御史臺故事》條有隨齋批注云：「結本名構，避光堯御諱。」則仍是宋人或宋遺民也。直齋與程氏時有往還：如卷七所載《唐年小錄》、卷十《孫子》、卷十一《槁齋贅筆》、卷十二《二十四氣中星日月宿度》等，皆傳自程文簡家者也；此隨齋所以亦能有其目而爲之批注歟？

樂素之文不惟糾正沈氏之誤，至其於隨齋之探研，並考出榮是宋人，發前人

所未發，亦可謂多所突破矣。

　　隨齋之批注，今見《解題》者凡二十五則，本章第二節處已詳予列述之。
喬衍琯《陳振孫學記》第四章《直齋書錄解題》第三節〈隨齋批注〉云：

　　《四庫提要》云：原本間於解題之後，附以隨齋批注。拾遺補闕，
　　於本書頗有所裨。今按自卷一〈易類・易講義〉，至卷二十二〈文史
　　類〉《西清詩話》，凡二十四則。〔註22〕然佚去一則。卷四〈正史類〉
　　《續後漢書》條解題「幸晉史載所著論」下館臣云：「按原本此下不
　　載，係以隨齋批注，蓋有脫誤，今據《文獻通考》所存周平園〈序〉
　　校補。」然《庫》本不復錄隨齋批注，是此處實佚去一則。
　　另一則爲館臣移易他處，遂失其意義。首則《易講義》之解題後批
　　注云：「此段當在《正易心法》前。」《庫》本固已在《正易心法》
　　之前。當係原在他處，館臣批注移易。然當有按語云：原在某條前
　　後，今依批注置於《正易心法》前，批語始有意義。今《庫》本移
　　置後之批注，有如無的放矢矣。

案：喬氏此處表現出讀書甚心細，所論《四庫》本《解題》佚去一則隨齋批
注，及批評館臣隨意移易，致令移置後之批注有如無的放矢。所言均甚精當。
至足惋者爲佚去批注已不可得而見，否則，隨齋所批注者應合爲二十六則矣。

　　《解題》批注本之價值，《四庫全書總目》頗稱道之，以爲隨齋「補闕拾
遺，於本書頗有所裨」。周中孚《鄭堂讀書記》卷三十一亦云：

　　《直齋書錄解題》二十二卷，武英殿聚珍板本。　宋陳振孫撰。……是書
　　所附隨齋批注，不著名氏。考元時有楊益，字友直，洛陽人，官至撫
　　州路總管，所著有《隨齋詩集》。或即其人乎？其所批注雖寥寥，而
　　於本書頗有裨益云。

是周氏此條所論，與《四庫全書總目》如出一轍，了無新意。然晚清李慈銘
《越縵堂讀書記》，其書卷十一云：

　　《直齋書錄解題》，宋陳振孫撰。　閱《直齋書錄解題》。錢警石《曝
　　書雜記》稱沈雙湖說，以《解題》中有隨齋批注，隨齋乃程大昌之孫
　　榮，元時人。據鄭樵《石鼓文考》下批注稱「先文簡」云云，今觀卷
　　三《新唐書》下、卷五《越絕書》下批注，皆有文簡云云，是沈說可
　　信。然其批注寥寥，亦無所發明。至以隋曹憲爲撰《博雅》，又注啖

────────────

〔註22〕隨齋所批注者凡二十五則，喬氏此處計算微誤。

助爲姓名，其淺陋可知矣。此等人亦不足深考，故《四庫書目》言不
詳其人，《養新錄》又疑是元人楊益也。同治戊辰五月二十二日。
案：隨齋批注《解題》，固不能無誤，《博雅》即《廣雅》，隋人避煬帝諱改，
書乃三國時，魏博士張揖撰，非隋曹憲所作。或批注原文應作「《博雅》乃隋
曹憲因揖之撰，附以音解，避煬帝名，更之以爲『博』焉」，或後人傳鈔失愼，
有脫文，遂誤爲曹憲撰矣；竊意隨齋雖至淺陋，亦不致以《廣雅》爲憲撰者，
此觀批注文中有「憲因揖之說，附以音解」云云自明，無庸多辯。至越縵謂
「又注啖助爲姓名」，則非隨齋批注原有也。大抵李越縵仗才使氣，肆意譏彈，
其《越縵堂讀書記》亦不無錯謬。即此條而言，竟以隨齋爲程大昌之孫，與
沈雙湖所說不同，是亦不能不視爲行文之紕謬。由是觀之，李氏嚴於責人，
所評失之太苛，殊欠厚道矣。

其實，批注有裨於《解題》，乃無法否認之事實。喬衍琯《陳振孫學記》
第四章《直齋書錄解題》第三節〈隨齋批注〉亦曾舉例詳言之，曰：

批注或正《書錄解題》之誤，如：卷十五〈總集類〉「《六臣文選》」
條：「東坡謂五臣乃俚儒之荒陋者，反不及善。如謝瞻詩『苛慝暴三
殤』，引苛政猛於虎，以父與夫爲殤，非是。然此說乃實本於善也。」
批注云：「李善注此句但云：『苛，猶虐也。』初不及三殤，不審直
齋說何所本？」
或補其未備。如：卷三〈小學類〉「〈漢隸字源〉」條：「婁機撰，洪
邁序。」隨齋批注云：「〈序〉謂洪文惠作五種書，《釋》、《續》、《圖》、
《續》皆成，唯《韻》書未就，而婁忠簡繼爲之。」
又如「《六經圖》」條補其刊本，《類篇》條述其篇卷，「《新唐書》」
條引程大昌論《唐書》文字優劣，「《英宗實錄》」條述修撰人及年月，
「《越絕書》」條釋書名，「《邵氏聞見錄》」條考撰人，「《悲喜記》」
條疑別名《皇旋陷虜記》，「《御史臺故事》」條述李結本名構，「《太
玄經》」條補所脫六字，「《唐大衍曆議》」條述郭雍論曆法語，「《極
玄集》」條論選詩去取宗旨，「《九僧詩》」條述九僧法號，「《讜書》」
條云刊於新城縣，「《徐照集》」條述四靈名字，「《西清詩話》」條述
著者掌故。凡此俱如《提要》所云有裨本書者。

案：喬氏舉例詳論隨齋批注有裨於《解題》，所說皆精當，惜仍有所遺漏，略
補如下：

如《解題》卷二〈詩類〉云：

> 《韓詩外傳》十卷，漢常山太傅燕韓嬰撰。案〈藝文志〉有《韓故》
> 三十六卷，《內傳》四卷，《外傳》六卷，《韓說》四十一卷，今皆亡。
> 所存惟《外傳》，而卷多於舊，蓋多記雜說，不專解〈詩〉。果當時
> 本書否？

批注云：

> 「故」者，通其指義也，作「詩」非。

案：批注此條釋《韓故》之「故」字，解作「通其指義」，是「故」即「詁」字，
而《韓故》即《韓詁》。蓋「詁」字與「詩」字形近，本或誤作「詩」，故隨齋
謂「作『詩』非」也。所見甚是。是足證隨齋所得讀之《解題》，本子固不止一
種也。

《解題》卷三〈小學類〉云：

> 《石鼓文考》三卷，鄭樵撰。其說以為石鼓出於秦，其文有與秦斤、
> 秦權合者。

批注云：

> 樵以本文「丕」、「殹」兩字，秦斤、秦權有之，遂以石鼓為秦物，
> 先文簡論而非之，其說甚博。

案：此處之「先文簡」，即指程大昌，隨齋曾祖也。批注此條又引大昌之論以
駁鄭樵「以為石鼓出於秦」之非。鄭、程二人之說，無論誰是誰非，惟隨齋
此處提供「先文簡論」之資料，對研治《解題》，不無啟發。

至《解題》之「《續成都古今集記》」一條批注，隨齋補記沔利都統兼關
外四川安撫、知沔州曹友聞宦歷及抗北兵戰死事，實屬珍貴。又「《申鑒》」
條之釋書名；「《樊宗師集》」條之說以「《魁紀公》」為書名乃甚異；批注於此
等處皆有所發明。惟「《讒書》刊於新城縣」批注，實見於「《羅江東甲乙集》」
條，衍琯偶誤；另「《廣雅》」條批注，前已述之，不再贅。

考《重編說郛》卷二十四載有《三柳軒雜識》一卷，題宋程棨撰，所錄
雜識凡十八條，頗見功力。如此書確為程棨所撰，則李越縵謂隨齋淺陋，固
未必然。又前引陳樂素文，謂隨齋「仍是宋人或宋遺民」，證之《重編說郛》
題《三柳軒雜識》為「宋程棨撰」，則樂素所論，於此可添一證據矣。

卯、舊鈔本

《解題》有鈔本，其來已久。若就廣義而言之，大凡非以刊刻、排印而

成之書籍，而僅以筆錄鈔寫而成者，皆應視爲鈔本。是則底本、傳鈔本、批注本，大抵皆以筆書成，廣義言之，此等書籍均可謂之鈔本矣。《文淵閣書目》卷三〈類書・盈字號第五廚書目〉載：

　　《書錄解題》一部，七冊。

　　葉盛《菉竹堂書目》卷五〈類書〉載：

　　《書錄解題》，七冊。

上述二種《書目》著錄此部七冊之《解題》，倘非刊刻而成，是亦舊鈔之本矣。今所知較早之《解題》鈔本，厥爲《永樂大典》本；其次則爲朱彝尊曝書亭所藏舊鈔殘本、宋蘭揮藏舊鈔殘本、吳騫藏舊鈔殘本、鮑廷博藏舊鈔殘本、陳徵芝所藏鈔本、王懿榮手稿本等。茲分別詳述如次。

（一）《永樂大典》本

　　《永樂大典》所鈔《解題》原本，今已不可得而見。惟《四庫全書總目》卷八十五〈史部・目錄類〉一云：

　　《直齋書錄解題》二十二卷，《永樂大典》本。　宋陳振孫撰。……而此書久佚。《永樂大典》尚載其完帙。惟當時編輯潦草，譌脫宏多，又卷帙割裂，全失其舊，謹詳加校訂，定爲二十二卷。……原本間於解題之後，附以隨齋批注，……今亦仍其舊焉。

案：今《永樂大典》本《解題》雖不可得而見，惟《四庫全書》輯本旣就《大典》編輯而成，如研閱輯本，又詳參《四庫全書總目》，則猶依稀可知《大典》本《解題》之一斑。

（二）朱彝尊曝書亭所藏舊鈔殘本

　　瞿鏞《鐵琴銅劍樓書目》卷十二〈目錄類〉云：

　　《直齋書錄解題》，舊鈔殘本。宋陳振孫撰。此出文淵閣所鈔，即秀水朱氏、抱經盧氏所見本也。僅存〈楚辭類〉一卷、〈別集類〉三卷。核與今館本同，惟字句差有小異。盧氏又得子部數門於鮑氏。知此書原本惟〈別集〉分三卷，〈詩集〉分兩卷，其餘各類各自爲卷，全書當分五十六卷。〈詩集〉後次以〈總集〉、〈章奏〉、〈歌辭〉，而以〈文史〉終焉。其餘次第與館本同。卷首有「文淵閣」、「季振宜藏書」、「汲古閣」、「曝書亭珍藏」、「朱彝尊印」諸印記。

案：依瞿《目》所載，則此本僅殘存〈楚辭類〉一卷、〈別集類〉三卷，凡四卷。此本出文淵閣所鈔。考明文淵閣藏有《解題》一部，共七冊；而此本僅

存四卷，是所缺者殊多矣。秀水朱氏，即朱彝尊。彝尊字錫鬯，號竹垞，晚
號小長蘆釣魚師，又號金風亭長，浙江秀水人。著作豐贍，撰有《經義考》、
《日下舊聞》、《曝書亭集》諸書。《曝書亭集》「〈鵲華山人詩序〉」曰：

> 予中年好鈔書，通籍以後，見史館所儲，京師學士大夫所藏弆，必
> 借錄之。有小史能識四體書，日課其傳寫，坐是爲院長所彈，去官，
> 而私心不悔也。

是朱氏好書，故曝書亭所鈔書、藏書至富。此本後爲盧文弨所見，盧氏〈新
訂直齋書錄解題跋〉云：

> 直齋陳氏《書錄解題》二十二卷，《四庫全書》館新從《永樂大典》
> 中鈔出以行。……乾隆己卯，余讀〈禮〉家居，友人見示此書，僅
> 自〈楚辭〉、〈別集〉以下，而其他咸缺焉，乃秀水朱氏曝書亭鈔本
> 也。今距曩時十八年而始見全書，殊爲晚年之幸。

是瞿《目》謂此本乃「抱經盧氏所見本」，固不誤也。瞿《目》又謂此舊鈔殘
本卷首有「文淵閣」、「季振宜藏書」、「汲古閣」、「曝書亭珍藏」、「朱彝尊印」
諸印記；據是可以推知此本雖不知誰氏所鈔，然鈔畢後，初爲文淵閣收藏，
次則歸諸季滄葦及汲古閣，其末則爲秀水朱氏所得；則此本原非曝書亭所鈔，
盧抱經亦不免有所未照矣。邵懿辰《四庫簡明目錄標注‧史部》卷十四〈目
錄類‧經籍之屬〉附錄云：

> 瞿氏有殘本四卷，存〈楚辭類〉一卷、〈別集類〉三卷。（星詒）。

案：《四庫簡明目錄標注》所著錄者亦即朱藏舊鈔殘本。張金吾《愛日精廬藏
書志》卷二十〈史部‧目錄類‧經籍〉云：

> 《直齋書錄解題》殘本四卷，舊鈔本。宋陳振孫撰。存〈楚辭類〉一
> 卷、〈別集類〉三卷。《四庫全書》著錄本係從《永樂大典》錄出者，
> 此則原本殘佚也。

案：張氏愛日精廬所藏者亦即朱本。金吾字愼旃，別字月霄，畢生篤志藏書
籍，小大彙收，今古並蓄，合之先人舊藏，多達八萬餘卷，其後亦不免散佚。
瞿氏與張氏同里，鐵琴銅劍樓所收藏宋元舊刻暨舊鈔本，皆從邑中及郡城故
家展轉搜羅而得，卷逾十萬。是可推知瞿氏所藏《解題》舊鈔殘本，乃原屬
愛日精廬家藏故物，二家先後所著錄者實爲一書，固非昭文張氏藏本外，另
有鐵琴銅劍樓藏本也。〔註23〕

〔註23〕案宋翔鳳撰〈鐵琴銅劍樓藏書目錄序〉有云：「今茲秋杪，胡君心耘自虞山回郡，

（三）宋蘭揮藏舊鈔殘本

繆荃孫《藝風堂藏書記》卷五〈類書〉十七〈目錄類〉云：

《直齋書錄解題》二十卷，舊鈔本。原書久佚，館臣從《大典》輯出，以原分五十三類，定爲二十二卷。此鈔帙雖不全，尚是陳氏原書。存〈楚辭類〉一卷、〈總集類〉一卷、〈詩集類〉二卷、〈別集類〉三卷、〈類書類〉一卷、〈雜藝類〉一卷、〈音樂類〉一卷、〈章奏類〉一卷、〈歌辭類〉一卷、〈文史類〉一卷、〈神仙類〉一卷、〈釋氏類〉一卷、〈兵書類〉一卷、〈曆象類〉一卷、〈醫書類〉一卷、〈卜筮類〉一卷、〈形法類〉一卷。原書惟〈別集〉分三卷，〈詩集〉分兩卷，每類各自爲卷，全書當分五十六卷。與《大典》本相較，〈釋氏類〉多二條，〈雜藝類〉七條，〈類書類〉二條，其餘字句亦多同異。荃孫另撰《考證》。收藏有「龢松庵」白文長方印，「筠」字朱文圓印，「宋氏蘭揮藏書善本」白文長方印。

案：《藝風堂藏書記》所著錄者，乃宋筠所藏《解題》舊鈔本，此本凡二十卷。考筠字蘭揮，龢松庵乃其齋名。惟繆氏《藝風堂藏書記》於宋氏行實未曾道及，本章第三節中已紹介之。今仍補述一二：

考沈文慤〈奉天尹宋公墓志銘〉云：

公諱筠，字蘭揮，號晉齋。既冠，捷南宮，由江西藩司晉奉天府尹。

瞿鏞《鐵琴銅劍樓藏書目錄》卷三〈經部〉三〈詩類〉亦云：

《叢桂毛詩集解》二十一卷，舊鈔本。題盧陵段昌武子武集。……每冊皆有「筠」字圓印，「雪苑宋氏蘭揮藏書」長方印。

同書卷十七〈子部〉五〈小說類〉云：

《鐵圍山叢談》卷六，舊鈔本。題百衲居士蔡絛撰。……卷首有「宋氏蘭揮藏書善本」朱記。

綜上所記，是蘭揮由江西藩司官至奉天府尹，其家所藏書，舊鈔本殊不少，

言虞山一邑好古好學之士不殊曩昔，因出《鐵琴銅劍樓藏書目錄》一編，則邑之明經瞿君子雍之所錄也。鐵琴銅劍樓者，則其先人學博君所搆藏書之室也。蓋其所收藏，皆宋元舊刻，暨舊鈔之本，至明而止，則從邑中及郡城故家展轉搜羅，卷逾十萬，擁書之多，近未有過之者也。」子雍即瞿鏞。及後鏞之曾孫良士橅印《宋金元本書影》，凡四卷，丁祖蔭撰〈識語〉，其中所收不少書籍，〈識語〉明載「舊爲愛日精廬藏書」，是則瞿氏所藏《解題》舊鈔殘本，內容卷帙既與張氏藏本全同，則其原爲愛日精廬舊藏，輾轉爲瞿氏所得，固無疑矣。

而藏書上均加蓋藏書印記也。

　　繆藝風所藏此本，後經王先謙以《大典》本相校。先謙《虛受堂書札》卷一有〈又與筱珊〉函，云：

> 尊藏《書錄解題》鈔本，校畢奉上。各卷次第分合與《大典》不符，而卷數或有或無，〈類書〉、〈雜藝〉、〈音樂〉、〈神仙〉、〈釋氏〉、〈兵書〉、〈曆象〉、〈醫書〉、〈卜筮〉應在「子」而入「集」，蓋鈔本書者糅亂任意，非原本誤也。與《大典》本互勘，字句頗多殊異、增省之處。〈雜藝類〉《唐朝名畫錄》一卷，原別爲一條，《大典》本據《通考》錄入，合之於《畫斷》，賴此本猶見原書面目。〈音樂類〉亦有數條爲《大典》本所無，惜「經」、「史」全缺，「子」部少〈陰陽家〉一類，然張氏《讀書志》所藏不及此本之多，已云稀有，則此本之可貴當何如邪！僕慮籤黏易脫，校注上方，又以文繁眼眊，既無別本攙雜其間，意趣簡略，不復出「《大典》本」三字。史席餘閒，請自增之。

案：先謙此函所謂《大典》本，即《四庫全書》輯本，先謙蓋用輯本與繆氏所得宋蘭揮藏本相較也。鈔本之勝處，王氏類能言之，此本卷數又較秀水朱氏所藏鈔本爲多，固甚可貴也。惜此本蹤跡，今已不可確悉矣。徐小蠻、顧美華點校《直齋書錄解題》，其卷首〈點校說明〉處載：

> 青海師範學院藏繆荃孫批校本。

竊疑青海師範學院所藏繆荃孫批校本，即爲繆藏之宋蘭揮藏本。所惜徐、顧二君點校《解題》，於青海師範學院所藏之本全未善加利用；而繆氏自言另撰有《考證》，此《考證》今亦不之見矣。

　　邵懿辰《四庫簡明目錄標注》卷十四〈目錄類‧經籍之屬〉邵章〈續錄〉云：

> 《直齋書錄解題》二十二卷，宋陳振孫撰。……李氏木犀軒有傳鈔繆小山藏宋蘭揮舊藏殘本，次第與今異。

　　徐、顧二君點校《解題》，其〈點校說明〉亦云：

> 北京大學圖書館有李盛鐸舊藏傳鈔宋蘭揮舊藏本，亦爲五十六卷本，有二十卷。

案：李盛鐸字嶬樵，又字椒微，號木齋，別號師子庵舊主人、師庵居士，晚更號礐嘉居士，江西德化縣人。其藏書處名木犀軒，所藏善本達九千零八十

七種，五萬八千三百八十五冊。李氏藏書除敦煌卷子抗戰期間歸日本已跨海
東去外，其餘書籍幾全由北京大學圖書館購藏，亦幸事矣。木犀軒傳鈔繆小
山藏宋蘭揮舊藏《解題》殘本，今亦由北大圖書館珍藏，傳鈔凡二冊。上冊
封面寫有：

　　癸巳正月，從繆筱珊前輩借宋蘭揮藏舊鈔殘本過錄。木齋記。

　　下冊封面亦寫上：

　　癸巳三月鈔畢。

案：癸巳乃光緒十九年（1893），是盛鐸於此年正月借得繆氏所藏宋蘭揮藏本，
至三月即鈔畢全書。盛鐸此過錄本紙墨瑩潔，字畫精整，余幾經困難始丐得
任教北京清華大學友朋劉桂生教授就近設法代爲影印。此過錄本編次與《藝
風堂藏書記》卷五所著錄《直齋書錄解題》二十卷條所述者全同。即〈楚辭
類〉一卷、〈總集類〉一卷、〈詩集類〉二卷、〈別集類〉上、中卷編歸上冊；
而由〈別集類〉下卷至〈形法類〉歸下冊。上、下二冊首頁處均有「德化李
氏凡將閣珍藏」、「北京大學藏」兩印記；上、下冊之末頁又有「北京大學藏」
印。此過錄本每頁十行，行二十字。所過錄王先謙校注文字亦鈔諸每頁之上
端，與先謙《虛受堂書札》卷一〈又與筱珊〉函中所說全同，惟多增補「《大
典》本」三字。今頁上方所鈔錄先謙校注文字，或繆荃孫自爲之也。

　　〈又與筱珊〉函謂：「〈雜藝類〉《唐朝名畫錄》一卷，原別爲一條，《大
典》本據《通考》錄入，合之於〈書斷〉，賴此本猶見原書面目。」案《四庫
全書》輯本《解題》卷十四〈雜藝類〉云：

　　《唐朝畫斷》一卷，唐翰林學士朱景玄撰。一名《唐朝名畫錄》。前
　　有目錄，後有天聖三年商宗儒〈後序〉，與《畫斷》大同小異。案：「一
　　名《唐朝名畫錄》，以下原本刪去，今據《文獻通考》補入。」

然今見李氏過錄本則載作：

　　《唐朝畫繼》一卷，唐翰林學士朱景玄撰。

　　《唐朝名畫錄》一卷，即《畫斷》也。前有目錄，後有天聖三年商
　　宗儒〈後序〉，與前本大同小異。

　　王先謙校注云：

　　《大典》本據《通考》增「一名《唐朝名畫錄》二十九字」，無後《唐
　　朝名畫錄》一條。

案：《唐朝畫斷》，李氏過錄本雖誤鈔作《畫繼》。然細觀過錄本所鈔，將《唐

朝畫斷》與《唐朝名畫錄》分作兩條，與《四庫全書》輯本之二合爲一，顯然不同。〈又與筱珊〉函中謂「賴此本猶見原書面目」，是今見之李氏過錄本確能保存《解題》原來面目。倘純以此條而論，其價值固在《四庫》輯本之上矣。

　　至《藝風堂藏書記》謂：「與《大典》本相校，〈釋氏類〉多二條、〈雜藝類〉七條、〈類書類〉二條。」〈又與筱珊〉函謂：「〈音樂類〉亦有數條爲《大典》所無。」是李氏過錄本較《四庫全書》輯本多出十餘條。茲迻錄所多各條如下：

　　　　《林間錄》十四卷，惠洪撰。

　　　　《龍牙和尚頌》一卷。

以上爲〈釋氏類〉所多之二條，乃輯本所無者。惟《林間錄》條，王氏未出校注，亦偶有所失耶？

　　　　《南蕃香錄》一卷，知泉州葉廷珪撰。

　　　　《東漢試茶錄》一卷，宋子安撰。

　　　　《北苑總錄》二卷，興化軍判官曾伉錄《茶經》諸書，而益以詩歌
　　　　　　二卷。

　　　　《北苑別錄》一卷，趙汝礪撰。

　　　　《品茶要錄》一卷，建安黃儒道父撰。元祐中，東坡嘗跋其後。

　　　　《鼎錄》一卷，梁中書侍郎虞荔纂。

　　　　《古今刀劍錄》一卷，梁陶弘景撰。

以上七條爲〈雜藝類〉所多出者，輯本所無也。

　　　　《實賓錄》三十卷、《後集》三十卷，高郵馬永易明叟撰，蜀人句龍
　　　　　　材校正，文彪增廣。其三十卷者，本書也。義取「名者實之賓」爲
　　　　　　名。

　　　　《古今政事錄》二十卷，知建昌軍金陵閻一德撰。

以上二條乃〈類書類〉多出者，其中《古今政事錄》條，盧文弨亦未出校，其重輯《解題》稿本及徐小蠻、顧美華點校本《解題》均缺此條，則此二條殊足珍也。

　　　　《樂府雜錄》一卷，唐國子司業段安節撰。

以上一條見〈音樂類〉。另有二條同見〈音樂類〉：

　　　　《琵琶錄》一卷，段安節撰。

《羯鼓錄》一卷，唐婺州刺史南卓撰。

案：輯本案語云：「以上二條，《文獻通考》引陳氏之言，原本脫漏，今補入。」是《大典》本《解題》確無《琵琶錄》、《羯鼓錄》二條，《四庫全書》館臣據《通考》補入。故王氏校注云：「以上三條，《大典》本無，據《通考》補。《羯鼓錄》、《琵琶錄》二條次『《琴譜》十六卷』後。《琵琶錄》作《琵琶故事》，無《樂府雜錄》。」是先謙校注較《四庫全書》館臣爲縝密，故〈又與筱珊〉謂「〈音樂類〉亦有數條爲《大典》所無」，事實也。

然木犀軒過錄本《解題》中並無隨齋批注，殆宋蘭揮所藏舊鈔殘本原本如此。余頗懷疑宋氏所藏舊鈔殘本，其所依據者或爲《解題》之底本，或爲傳鈔本；亦有可能此本即爲傳鈔本之殘本。故其與《大典》本間頗有異同，且若干類中所收書籍較《大典》本爲多，足補《四庫全書》輯本之闕。至此本與輯本字句異同，足資讎校，斯猶餘事也。所可惜者，此一舊鈔殘本，其經、史兩部全缺，子部又少儒、道、法、名、墨、縱橫、農、雜、小說、陰陽等十家十類；然則王氏〈又與筱珊〉僅謂「子部少〈陰陽家〉一類」，殊未符合事實，不意先謙函中所述亦偶有失檢之處也。

（四）吳騫藏舊鈔殘本

吳騫爲清代著名藏書家，《海昌備志》載其生平曰：

> 吳騫字槎客，號兔床，家新倉里。篤嗜典籍，遇善本傾囊購之弗惜，所得不下五萬卷，築拜經樓藏之。晨夕坐樓中展誦摩挲，非同志不得登也。得宋本《咸淳臨安志》九十一卷、《乾道志》三卷、《淳祐志》六卷，刻一印曰「臨安志百卷人家」，其風致如此。子壽照，字南耀，號小尹，乾隆丙午舉鄉試。壽暘字虞臣，槎客以宋槧《東坡先生集》授之，因自號「蘇閣」，取拜經樓書有題跋者手錄成帙，爲《題跋記》。

同書中〈海昌藝文志〉又載：

> 吳騫，仁和貢生。居邑之小桐溪，築拜經樓，貯書甲於一邑。又構別業於陽羨，搜討桃溪諸勝殆徧，與同里陳簡莊、周松靄諸君子日事校讎，不預戶外事。卒年八十一。

吳騫《愚谷文存·桐陰日省編》下亦云：

> 吾家先世頗乏藏書，余生平酷嗜典籍，幾寢饋以之。自束髮迄乎衰老，置得書萬本，性復喜厚帙，計不下四五萬卷。分歸大、二兩房者，不

在此數。皆節衣縮食，竭平生之精力而致之者也。非特裝潢端整，且多以善本校勘，丹黃精審，非世俗藏書可比。至於宋元本精鈔，往往經名人學士賞鑒題跋，如杭堇浦、盧抱經、錢辛楣、周松靄諸先生，鮑淥飲、周耕崖、朱巢欽、張芑堂、錢綠窗、陳簡莊、黃蕘圃諸良友，均有題識，尤足寶貴。故余藏書之銘曰：「寒可無衣，饑可無食，至於書，不可一日失。」此昔賢詒厥之名言，允可為拜經樓藏書之雅率。鳴呼！後之人或什襲珍之，或土苴視之，其賢不肖真竹垞所謂視書之幸不幸，吾不得而前知矣。

觀上各條所載，則槎客一生於書籍之嗜、求、藏、校，固可知矣。槎客一字葵里，陳鱣《簡莊綴文》卷三〈直齋書錄解題跋〉云：

近客吳中，從書賈購得《書錄解題》，係聚珍本，間有朱筆校語，初不知為何人，及閱卷之十二上有標題云：「借同鄉陳進士燧所藏海寧吳葵里鈔本殘帙校。」始知吾鄉槎客明經曾有舊鈔以遺秀水家效曾進士，而此君復轉錄於此本者也。惜乎僅題年月，不著姓名，觀其書法秀麗，精心好古，定屬雅人。會余歸里，携示槎客，一見心喜，如逢故人。既為重錄於盧抱經學士手校本上，余復借盧校本傳寫對勘一過，又改正數百字，並從《文獻通考》補得十餘條，凡黃筆者皆是。今而後庶幾可為善本。因念抱經學士已歸道山，效曾進士久患心疾，而槎客之年亦七十三矣，余得挾書往來，賞奇析義，能不欣感交至哉！

吳壽暘《拜經樓藏書題跋記》卷三亦云：

《書錄解題》二十二卷，武英殿聚珍本，盧學士借校，多所補正，凡字畫之不合六書者，悉皆更定，彌見前輩讀書之精審，深可寶愛。簡莊徵君復校補十數條，內卷十二至卷十四，卷十九至二十二，先君子曾得舊鈔殘本，手校於上，後以贈嘉興陳梅軒進士。嘉慶乙丑，簡莊得陳鄉人從梅軒借錄本一冊，以示先君子，因復錄於是本，並書十四卷後云：「予向有舊《書錄解題》殘本，後以贈檇李陳進士效曾。效曾官楚中十餘年，移疾而歸，所患乃失心之疾。此書予未有副，求前書一校此本，亦不可得。頃簡莊從吳中購得一本，則有效曾鄉人與效曾借予殘本而手校者，惜不知姓氏，考其所校時，迄今

已二十有五年矣。因復從簡莊借錄於此本，不禁閣筆爲之三歎！嘉
慶乙丑兔床志。」又書廿二卷末云：「嘉慶丁卯仲秋，秀水王稼洲茂
才過訪，予出此書示之，其十二卷中所云：從同郡陳效曾所借。效
曾之姓名，稼洲亦不辨。稼洲名尚繩，尊甫省齋大令元啓，禾中篤
學士也，於效曾爲前輩。」

案：讀上述《簡莊綴文》及《拜經樓藏書題跋記》二條所載，當知吳騫舊藏
有《解題》舊鈔殘本，以之持贈陳燼。燼字效曾，號梅軒，官楚中十餘年，
後以失心疾歸鄉。所惜燼所得自槎客舊鈔殘本，今已蹤跡莫明矣。燼鄉人某
曾借錄此本，轉錄於聚珍本《解題》上。陳鱣客吳中購得其借錄本，歸里攜
示槎客。槎客乃跋之，並略考鄉人某借錄時月，蓋嘉慶（十年）乙丑（1805）
二十五年前之乾隆四十五年庚子（1780）歲也。由是推知，槎客所藏舊鈔殘
本，乾隆四十五年庚子間，仍存陳梅軒處，惟自鄉人借錄後，此本存佚則無
可稽考矣。

　　至吳槎客舊鈔殘本，究所鈔存者爲若干卷，陳簡莊、吳槎客及吳壽暘諸
人均未詳考及之。惟《拜經樓藏書題跋記》既云：「簡莊徵君復校補十數條，
內卷十二至卷十四，卷十九至卷二十二，先君子曾得舊鈔殘本，手校於上，
後以贈嘉興陳梅軒進士。」據此，則頗疑槎客舊鈔殘本所存者，即《四庫全
書》輯本之卷十二至卷十四、卷十九至卷二十二各類，亦即〈神仙類〉一卷、
〈釋氏類〉一卷、〈兵書類〉一卷、〈曆象類〉一卷、〈陰陽家類〉一卷、〈卜
筮類〉一卷、〈形法類〉一卷、〈醫書類〉一卷、〈音樂類〉一卷、〈雜藝類〉
一卷、〈類書類〉一卷、〈詩集類〉二卷、〈歌詞類〉一卷、〈章奏類〉一卷、〈文
史類〉一卷，凡爲十五類十六卷，較之宋蘭揮所藏二十卷本，少四卷。宋藏
本〈楚辭類〉一卷、〈總集類〉一卷、〈別集類〉三卷爲此本所無，而此本所
有〈陰陽家類〉一卷，則爲宋藏本獨缺。宋、吳二家所藏舊鈔殘本有一共同
點，即所存者皆爲子、集之部，而經、史兩錄全缺。今宋藏本幸賴李木齋全
部過錄成書，猶可綿延不絕於時；而吳藏本則已無所蹤跡。至梅軒之鄉人、
槎客、簡莊諸人過錄之本，求之亦不可得，言念及此，不禁擱筆傷歎不已矣。

（五）鮑廷博藏舊鈔殘本

　　盧文弨《抱經堂文集》卷九〈跋〉二〈新訂書錄解題戊戌〉云：

　　此書外間無全本久矣，《四庫全書》館新從《永樂大典》中鈔出，分

爲二十二卷，余既識其後矣。丁酉主正，復得此書子集數門元本於知
不足齋主人所，乃更取而細訂之。知此書唯〈別集〉分三卷，〈詩集〉
分兩卷，而其餘每類各自爲卷，雖篇幅最少者，亦不相聯屬，余得據
之定爲五十六卷。元第〈詩集〉之後，然後次以〈總集〉，又〈章奏〉，
又〈歌詞〉，而以〈文史〉終焉。其他次第，並與館本無不同者。其
〈雜藝〉一類，較館本獨爲完善，余遂稍加訂正而更鈔之。余自己卯
先見集部元本，越十九年而更見子部中數門，則安知將來不更有並得
經、史諸類者乎？取以證吾所鈔者，庶有以明吾之不妄爲紛更也已。
乾隆四十三年正月二十九日東里盧文弨書。

觀是，則盧氏曾得《解題》舊鈔殘本子、集數門於知不足齋主人所。知不足
齋主人即鮑廷博，字以文，清代著名藏書家，與盧抱經至相友善。盧氏另有
〈徵刻古今名人著作疏〉，不見收於《抱經堂文集》，其文略云：

吾友鮑君以文者，生而篤好書籍，於人世富貴利達之足以艷人者，舉
無所繫於中，而惟文史是耽。所藏弆多善本，並有人間所未盡見者。
進之秘省之外，復不私以爲枕秘，而欲公之。晨書暝寫，句核字讎，
迺始付之梓人氏。棗梨既精，剞劂亦良，以是毀其家，不卹也。

是以文耽文史，好藏書、校書，並及於剞劂可知矣，而其所刻之書亦至精也。
鮑氏爲人與行事，朱文藻〈知不足齋叢書序〉云：

吾友鮑君以文，築室儲書，取〈戴記〉「學然後知不足」之義以顏其
齋。君讀先人遺經，益增廣之。令子士恭，復沈酣不倦，君字之曰
「志祖」，蓋嗜書累葉如君家者，可謂難矣。三十年來，近自嘉禾、
吳興，遠而大江南北，客有舊藏鈔刻來售武林者，必先過君之門。
或遠不可致，則郵書求之。浙東西諸藏書家，若趙氏小山堂、江氏
振綺堂、吳氏瓶花齋、江氏飛鴻堂、孫氏壽松堂、鄭氏二老閣、金
氏桐花館，參合有無，互爲借鈔。至先哲後人，家藏手澤，亦多假
錄。得則狂喜，如獲重貨。不得，雖積思累歲月不休。余館於振綺
堂十餘年，君借鈔諸書，皆余檢集。君所刻書，余嘗預點勘。余與
君同嗜好，共甘苦，君以爲知之深者，莫余若也。

趙懷玉〈知不足齋叢書序〉於以文行實亦有所增補，云：

鮑君以文識曠行高，自其先人即嗜文籍。君復勤搜遐訪，積數十年，
家累萬卷。丹鉛校勘，日手一編，人從假借，未嘗逆意。既又以其

異本刊爲《叢書》，曰：「物無聚而不散，吾將以散爲聚耳。金玉璣
貝，世之所重，然地不愛寶，耗則復生。至於書，則作者之精神性
命託焉。著古昔之暗暗，傳千里之忞忞者，甚偉也。書愈少則傳愈
難，設不廣爲之所，古人幾微之緒，不將自我而絕乎！乞火莫若取
燧，寄汲莫若鑿井，懼其書之不能久聚，莫若及吾身而善散之也。」
鮑君於是乎遠矣！

阮元〈知不足齋鮑君傳〉更謂：

高宗純皇帝詔開《四庫全書》館，採訪天下遺書。鮑君廷博集其家
所藏書六百餘種，命其子士恭由浙江進呈。既著錄矣，復奉詔還其
原書。《唐闕史》及《武經總要》，皆聖製詩題之。嘉慶十八年，方
公受疇巡撫浙江，奉上問鮑氏《叢書》續刊何種。方公以第二十六
集進，奉上諭：「鮑廷博年踰八旬，好古積學，老而不倦。著加恩賞
給舉人，俾其世衍書香，廣刊秘籍，亦藝林之勝事也。」元案：君
又號淥飲，世爲歙人。父思詡携家居杭州，君以父性嗜讀書，乃力
購前人書以爲歡，既久而所得書益多且精，遂蒨然爲大藏書家。自
乾隆進書後，蒙御賜《古今圖書集成》、《伊犁得勝圖》、《金川圖》，
疊膺異數，褒獎彌隆。君以進書受主知，謂諸生無可報稱，乃多刻
所藏古書善本，公諸海內。至嘉慶十八年，年八十有六，所刻書至
二十七集，未竣，而君以十九年秋卒。

讀盧氏諸人所載廷博一生行事，則廷博有功於學術，有裨於書林，蓋可知矣。
知不足齋所藏《解題》舊鈔殘本，就盧〈跋〉所記，乃僅具子、集數門，而
缺經、史二錄；至其集部次第則與《四庫全書》輯本略異，即〈詩集〉兩卷
後，次以〈總集〉，又次〈章奏〉，又〈歌詞〉，而以〈文史〉終焉。〔註24〕至
其他各類次第，乃與輯本無不同；至其子部〈雜藝類〉則較輯本爲完善也。
抱經得此本在「丁酉壬正」，即乾隆四十二年（1777）正月，距其作〈跋〉之
時僅一歲耳。所惜者，此本雖曾爲盧氏所擁有，而今亦渺其蹤跡矣。

（六）陳徵芝所藏鈔本

陳徵芝，字蘭鄰，福州府閩縣人，嘉慶七年壬戌（1802）科進士二甲七

〔註24〕　案：《四庫全書》輯本《解題》集部之編次，首〈楚辭〉，次〈總集〉，又次〈別
　　　　集〉上中下，又〈詩集〉上下，又〈歌詞〉，又〈章奏〉，而以〈文史〉終焉。
　　　　編次與此舊鈔殘本相異。

十名。爲宦浙江時，藏書甚富。其裔孫，名樹杓，字星村，嘗編《帶經堂書目》五卷，民初時順德鄧實依原稿刊印，爲《風雨樓叢書》之一。《帶經堂書目》卷二〈史部・目錄類〉載：

> 《直齋書錄解題》二十二卷，鈔本，宋陳振孫撰。內〈楚辭〉一卷、
> 〈別集〉三卷，從朱氏曝書亭影宋殘本錄寫；餘從文瀾閣纂輯《永
> 樂大典》本傳錄。

是則此鈔本乃合曝書亭影宋殘本及《大典》本鈔錄而成。惟此鈔本有三問題必須略作考證者，其一即爲此鈔本究寫於何時？今觀《書目》末語「餘從文瀾閣纂輯《永樂大典》本傳錄」云云，則其成書必在文瀾閣建就貯藏《四庫全書》後。案：文瀾閣，乾隆四十九年（1784）就杭州孤山聖因寺藏書堂改建而成，是此鈔本當寫成於此年之後。

其二則爲此鈔本究寫成於何人？案：帶經堂所藏書，皆爲蘭鄰官浙江時得之於王芑孫。芑孫字念豐，號惕甫，一號鐵夫，又號枋白山人，清長洲人，乾隆間舉人，家有淵雅堂，藏書甚富。譚獻《復堂日記》卷一云：

> 見陳氏《帶經堂書目》多有影宋鈔本，蓋黃蕘圃舊藏，後歸王惕甫
> 所。陳徵芝蘭鄰官浙江時，又得之惕甫所，乃入閩。此其流傳端緒
> 也。

據譚氏《日記》，則此《解題》鈔本當亦購自長洲王氏。惟鈔本是否王氏鈔成，或本黃蕘圃舊藏，惜原書未見，無由判決矣。是則此問題之答案，猶須俟諸他日矣。

其三則爲此鈔本其後之蹤跡。案：帶經堂所藏之書，陳樹杓身後散佚，大半歸周星詒；星詒之書，其後又歸蔣鳳藻。陸心源〈帶經堂陳氏藏書目書後〉有云：

> 《帶經堂陳氏藏書目》五卷，閩陳徵芝蘭鄰鑒藏，孫樹杓星村編次，
> 原稿本，周星詒季貺、陸心源剛父批訂。陳徵芝蘭鄰以名進士爲令
> 浙江，藏書甚富。孫星村，名樹杓，亦善鑒別，編爲《書目》五卷，
> 手寫成帙，以就正於祥符周星詒季貺、歸安陸心源剛父。季貺、剛
> 父爲之刪訂添改，多有旁注眉批，皆季貺、剛父手筆也。季貺、剛
> 父皆夙好藏書，素精目錄之學，此蓋其官閩時所手改。後陳氏藏書
> 大半歸之季貺，季貺挂誤遣戍，所藏遂歸吳中蔣鳳藻香生。

又考葉昌熾《藏書紀事詩》卷七〈周星詒季貺〉條云：

周季貺別駕，名星詒，河南祥符縣人。……季貺少籍華腴，收藏甚富。精於目錄之學，四部甲乙，如別黑白。筮仕閩垣，獲譴，虧公帑無以償，亡友蔣香生太守出三千金資之，遂以藏書盡歸蔣氏心矩齋。……季貺書數十櫝，余在心矩齋盡見之，雖無宋元舊槧，甄擇甚精，皆秘冊也，尤多前賢手錄之本及名家校本，朱黃爛然，各有題跋，今散爲雲煙矣。

觀陸、葉所記，足見此《解題》鈔本當隨藏書由陳氏而周氏，由周氏而蔣氏矣。蔣氏心矩齋之書，葉氏《藏書紀事詩》謂「今散爲雲煙矣」，而同書卷六〈蔣鳳藻香生〉條云：

同邑蔣香生太守鳳藻，家世貨殖，納貲爲郎，嗣以知府分發福建，補福寧府。……君雖起自素封，未嘗學問，而雅好觚翰，嗜書成癖。在閩納交周季貺司馬，盡傳其目錄之學。……閩垣未經兵燹，前明徐興公、謝在杭，及近時帶經堂陳氏遺書，流落人間者，君留心搜訪，多歸插架。季貺絓誤遣戍，君資以三千金，季貺盡以所藏精本歸之，遂蔚成大國。……君少通倪，不矜細節，尤爲里中兒所賤簡。聞君收藏書籍，譁然相告，引爲破家殷鑒。及君歿，而市駿者懸巨金以求發篋，則又動色嗟訝。嗟乎！自菉圃、香嚴，距今不過百年，何以風流歇寂，月旦舛清，望影吠聲，鮮自居於原伯魯，亦書林之一厄也。

觀是，是香生既歿，亦即其心矩齋藏書「散爲雲煙」之時矣。

　　余考《藏書紀事詩》，原稿六卷，斷自香生爲止，前有王頌蔚於光緒辛卯孟陬所撰一〈序〉。光緒辛卯，即十七年（1891），是香生之歿，當略在此年前。由是觀之，則此鈔本泯其蹤跡，及今又百餘年矣。

　　綜上所述，陳徵芝所藏《解題》鈔本乃得自王芑孫惕甫，書乃湊合鈔寫而成，其價值未算至高。惟清末如繆荃孫、王先謙，及今人陳樂素、喬衍琯輩，均未知《解題》有此鈔本，用特考其寫成歲月與收藏蹤跡，揭之於世，庶亦發潛德之幽光也。

（七）王懿榮手稿本

　　國立中央圖書館編印《臺灣公藏善本書目書名索引》著錄有：

《直齋書錄解題》一卷，宋陳振孫撰。清編者手稿本，《觀我堂叢書》之一。中圖 1821

案：觀我堂乃王懿榮少時室號。《清史稿》卷四百六十八〈列傳〉二百五十五〈王懿榮〉云：

> 王懿榮，字正孺，山東福山人。祖兆琛，山西巡撫。父祖源，四川成綿龍茂道。懿榮少劬學，不屑治經生藝，以議敘銓戶部主事。光緒六年成進士，選庶吉士，授編修，益詳練經世之務，數上書言事。十二年，父憂，解職。服闋，出典河南鄉試。二十年，大考一等，遷侍讀。明年，入直南書房，署國子監祭酒。會中東戰事起，日軍據威海，分陷榮城，登州大震，懿榮請歸練鄉團。和議成，還都，特旨補祭酒。越二年，遭憂，終喪，起故官。蓋至是三爲祭酒矣，前後凡七年，諸生翕服。二十六年，聯軍入寇，與侍郎李端遇同拜命充團練大臣。懿榮面陳：「拳民不可恃，當聯商民備守禦。」然事已不可爲。七月，聯軍攻東便門，猶率勇拒之。俄衆潰不復成軍，迺歸語家人曰：「吾義不可苟生！」家人環跽泣勸，屬斥之。仰藥未即死，題絕命詞壁上曰：「主憂臣辱，主辱臣死。於止知其所止，此爲近之。」擲筆赴井死。先是，懿榮命浚井，或問之，笑曰：「此吾之止水也！」至是，果與妻謝氏、寡媳張氏同殉焉。諸生王杜松等醵金瘞之。事聞，贈侍郎，諡文敏。懿榮泛涉書史，嗜金石，翁同龢、潘祖蔭並稱其博學。

林申清所編《明清藏書家印鑑》則云：

> 王懿榮（1845～1900），字廉生。清福山人。光緒庚辰（1880）進士。生平好聚舊槧古器碑版圖畫之屬。

觀是，可知王氏生平概況。《明清藏書家印鑑》中收有「王懿榮」大小三方印及「福山王氏正孺藏書」長方印。蓋懿榮字正孺也。

　　懿榮手稿本，現藏國立中央圖書館，余嘗倩任職國立故宮博物院蘇瑩輝教授代爲申請借出影印。此本凡八十七篇，一冊一卷。書之封面偏左上角行書寫「直齋書錄解題」六字，右旁草書「癸亥孟陬觀我堂訂」八字。考「癸亥孟陬」爲同治二年（1863）正月，其時懿榮十八、九歲，是則此本爲懿榮少年所抄也。《清史稿》稱：「懿榮少劬學，不屑治經生藝。」觀其年未及冠則治《解題》，信然。此本首葉右下角有「圖立中央圖書館收藏」長方形印及「王懿榮印」方形印。書首先迻錄武英殿本《解題》所附提要，所抄由「是書以歷代典籍分爲五十三類」起，至「誠希覯之本也」止。以下不分卷，選

抄殿本《解題》。所抄〈易類〉缺《古易》十二卷、《周易古經》十二卷、《古周易》八卷、《古易》十二卷《音訓》二卷、《古周易》十二卷、《關子明易傳》一卷、《元包》十卷、《周易啓源》十卷、《補闕周易正義略例疏》一卷、《周易窮微》一卷、《易傳解說》一卷《微旨》三卷、《周易口訣義》六卷、《易證墜簡》二卷、《新注周易》十一卷《卦德統論》一卷《略例》一卷又《易數鉤隱圖》二卷、《刪定易圖論》一卷、《易補註》十卷又《王劉易辨》一卷、《易筌》六卷、《周易意學》六卷、《易童子問》三卷、《易意蘊凡例總論》一卷、《周易義類》三卷、《周易聖斷》七卷、《乾生歸一圖》十卷、《易義海撮要》十卷、《易解》二卷、《了翁易說》一卷、《易講義》十卷、《太極傳》六卷《外傳》一卷《因說》一卷、《易正誤》一卷、《梁谿易傳》九卷《外篇》十卷、《周易外義》三卷、《廣川易學》二十四卷、《吳園易解》十卷、《周易窺餘》十五卷、《易索》十三卷、《易小傳》六卷、《先天易鈐》一卷、《讀易老人詳說》十卷、《逍遙公易解》八卷《疑問》二卷、《周易變體》十六卷、《大易粹言》十卷、《易本傳》三十三卷、《周易經傳集解》三十六卷、《數學》一卷、《易說》二卷、《易辨》三卷《淵源錄》三卷、《易總說》二卷、《易裨傳》二卷《外篇》一卷、《準齋易說》一卷各條。所抄〈書類〉缺《陳博士書解》三十卷、《無垢尚書詳說》五十卷、《尚書講義》三十卷、《潔齋家塾書抄》十卷、《袁氏家塾讀書記》二十三卷、《尚書精義》六十卷、《梅教授書集解》三冊、《柯山書解》十六卷各條。所抄〈詩類〉缺《毛詩詳解》三十六卷、《岷隱續讀詩記》三卷、《黃氏詩說》三十卷、《詩解》二十卷、《王氏詩總聞》三卷、《白石詩傳》二十卷、《詩古音辨》一卷各條。所抄〈禮類〉缺《周禮綱目》八卷《撮說》一卷、《鶴山周禮折衷》二卷、《孔子閒居講義》一卷各條。所抄〈春秋類〉缺《春秋折衷論》三十卷、《春秋加減》一卷、《春秋名號歸一圖》二卷、《春秋二十國年表》一卷、《春秋皇綱論》五卷《明例隱括圖》一卷、《春秋會義》二十六卷、《春秋邦典》二卷、《春秋傳》十二卷、《春秋得法忘例論》三十卷、《春秋列國諸臣傳》五十一卷、《春秋通訓》十六卷《五禮例宗》十卷、《春秋經解》十六卷《本例例要》一卷、《春秋指南》二卷、《春秋本旨》二十卷、《春秋正辭》二十卷《通例》十五卷、《息齋春秋集註》十四卷、《春秋經解》十二卷《指要》二卷、《春秋集傳》十五卷、《春秋比事》二十卷、《春秋經傳集解》三十三卷、《春秋考異》四卷、《春秋類事始末》五卷、《左氏發揮》六卷、《春秋直音》三卷、《左傳約說》一卷《百論》一卷、《春秋分

記》九十卷、《春秋通說》十三卷各條。所抄〈孝經類〉缺《蒙齋孝經說》三卷一條。所抄〈語孟類〉缺小序及《竹西論語感發》十卷、《論語探古》二十卷、《玉泉論語學》十卷各條。所抄〈讖緯類〉則無缺。所抄〈經解類〉缺《演聖通論》六十卷、《群經音辨》七卷、《無垢鄉黨少儀咸有一德論語孟子拾遺》共一卷、《六經圖》七卷、《畏齋經學》十二卷、《山堂疑問》一卷、《六經正誤》六卷、《西山讀書記》三十九卷、《六家諡法》二十卷、《嘉祐諡》三卷、《政和修定諡法》六卷、《鄭氏諡法》三卷各條。所抄〈小學類〉缺小序、《字始連環》二卷、《論梵書》一卷、《石鼓文考》三卷、《嘯堂集古錄》二卷、《前漢古字韻編》五卷、《附釋文互注韻略》五卷、《字通》一卷、《切韻義》一卷、《纂要圖例》一卷各條。所抄〈正史類〉缺《唐書直筆新例》四卷、《唐書音訓》四卷、《西漢決疑》五卷、《西漢刊誤補遺》十七卷各條。所抄〈別史類〉缺《東都事略》一百五十卷一條。所抄〈編年類〉缺《元經薛氏傳》十五卷、《唐曆》四十卷、《續唐曆》二十二卷、《大唐統紀》四十卷、《通曆》十五卷、《唐年補錄》六十五卷、《帝王略照》一卷、《唐史論斷》三卷、《編年通載》十五卷、《紹運圖》一卷、《歷代帝王年運詮要》十卷、《歷代紀年》十卷、《通鑑論篤》三卷、《國紀》五十八卷、《九朝通略》一百六十八卷、《中興小曆》四十一卷、《中興遺史》六十卷、《丁未錄》二百卷、《思陵大事記》三十六卷《阜陵大事記》二卷、《建炎以來繫年要錄》二百卷、《紀年統記論》一卷、《皇朝編年舉要》三十卷《備要》二十卷《中興編年舉要》十四卷《備要》十四卷、《歷代帝王纂要譜括》二卷各條。所抄〈起居注類〉缺小序，僅錄《穆天子傳》六卷一條，而以下各條全缺。所抄〈詔令類〉、〈偽史類〉各條全缺。所抄〈雜史類〉缺《九州春秋》九卷、《華陽國志》二十卷、《後魏國典》三十卷、《大業雜記》十卷、《建康實錄》二十卷、《行在河洛記》十卷、《河洛春秋》二卷、《明皇雜錄》一卷、《開天傳信記》一卷、《安祿山事迹》三卷、《開元昇平源》一卷、《盧陵王傳》一卷、《奉天錄》四卷、《燕南記》三卷、《建中河朔記》六卷、《邠志》三卷、《涼國公平蔡錄》一卷、《大唐新語》十三卷、《太和野史》三卷、《太和摧兇記》一卷、《野史甘露記》二卷、《乙卯記》一卷、《兩朝獻替記》三卷、《會昌伐叛記》一卷、《次柳氏舊聞》一卷、《四夷朝貢錄》十卷、《東觀奏記》三卷、《貞陸遺事》二卷《續》一卷、《咸通庚寅解圍錄》一卷、《金鑾密記》三卷、《廣陵妖亂志》三卷、《汴水滔天錄》一卷、《朱梁興創遺編》二十卷、《莊宗召禍記》一卷、《三朝見聞錄》八

卷、《大唐補記》三卷、《賈氏備史》六卷、《晉太康平吳記》二卷、《晉朝陷蕃記》四卷、《建隆遺事》一卷、《甘陵伐叛記》一卷、《涑水記聞》十卷、《書壬戌事》一卷、《逸史》二十卷、《林氏野史》八卷、《元和錄》三卷、《邵氏辨誣》三卷、〈邵氏聞見錄〉二十卷、《國史後補》五卷、《北征紀實》二卷、《靖康要錄》五卷、《朝野僉言》二卷、《靖康傳信錄》一卷、《靖康奉使錄》一卷、《靖康拾遺錄》一卷、《孤臣泣血錄》三卷《拾遺》一卷、《裔夷謀夏錄》七卷、《陷燕記》一卷、《南歸錄》一卷、《靖康錄》一卷、《金人犯闕記》一卷、《汴都記》一卷、《靖康遺錄》一卷、《靖康野錄》一卷、《避戎夜話》一卷、《靖康小史》一卷、《痛定錄》一卷、《悲喜記》一卷、《建炎中興記》一卷、《建炎中興日曆》五卷、《呂忠穆答客問》一卷、《呂忠穆勤王記》一卷、《渡江遭變錄》一卷、《建炎復辟記》一卷、《建炎通問錄》一卷、《北狩聞見錄》一卷、《北狩行錄》一卷、《戊申維揚錄》一卷、《維揚過江錄》一卷、《己酉航海記》一卷、《建炎假道高麗錄》一卷、《紹興講和錄》二卷、《亂華編》三十三卷、《元祐黨籍列傳譜述》一百卷、《紹興正論》二卷、《紹興正論小傳》二十卷、《三朝北盟會編》二百五十卷、《北盟集補》五十卷、《中興十三處戰功錄》一卷、《建炎以來朝野雜記》甲乙集共十四卷、《西路陞泰定錄》九十卷各條。所抄〈典故類〉缺《魏鄭公諫錄》五卷、《翰林盛事》一卷、《衣冠盛事》一卷、《李司空論事》一卷、《太和辨謗略》三卷、《秦傳玉璽譜》一卷、《國璽傳》一卷、《傳國璽記》一卷、《玉璽雜記》一卷、《楚寶傳》一卷、《八寶記》一卷、《唐文宗朝備問》一卷、《三朝訓鑑圖》十卷、《兩朝寶訓》二十卷、《歷代年號並宮殿等名》一卷、《朝制要覽》五十卷、《景德會計錄》六卷、《皇祐會計錄》六卷、《春明退朝錄》六卷、《先朝政範》一卷、《尊號錄》一卷、《輔弼名對》四十卷、《青社賑濟錄》一卷、《元豐問事錄》二卷、《官制局紀事》一卷、《中書備對》十卷、《呂申公掌記》一卷、《元祐榮觀集》五卷、《泰陵故事》二十卷、《本朝事實》三十卷、《皇朝治迹統類》七十三卷、《皇朝事類樞要》二百五十卷、《東家雜記》二卷、《長樂財賦志》十六卷、《內治聖監》二十卷、《高宗聖政草》一卷、《高宗孝宗聖政編要》二十卷、《孝宗聖政》十二卷、《會稽和買事宜錄》七卷、《劉忠肅救荒錄》五卷、《西漢會要》七十卷、《東漢會要》四十卷、《漢制叢錄》三十二卷、《平陽會》四卷、《唐昌計》二卷各條。所抄〈職官類〉缺《元和百司舉要》二卷、《具員故事》十卷、《官品纂要》十卷、《御史臺記》十二卷、《御史臺故事》三卷、《御史

臺記》五卷、《集賢注記》三卷、《史館故事錄》三卷、《翰林志》一卷、《承旨學士院記》一卷、《翰林學士記》一卷、《翰林院故事》一卷、《翰林學士院舊規》一卷、《重修翰林壁記》一卷、《金波遺事》三卷、《別集類金坡遺事》一卷、《翰苑雜記》一卷、《續翰林志》一卷《次續志》一卷、《翰苑群書》三卷、《翰林遺事》一卷、《掖垣叢志》三卷、《職林》二十卷、《職宜分紀》五十卷、《官制》《學制》各一卷、《唐職林》三十卷、《朝集院須知》一卷、《皇宋館閣錄》五卷、《蓬山志》五卷、《麟臺故事》五卷、《中興館閣錄》十卷《續》十卷、《續史館故事》一卷、《祖宗官制舊典》三卷、《官制舊典正誤》一卷、《國朝官制沿革》一卷、《職官記》一卷、《官制新典》十卷、《聖朝職略》二十卷、《宰輔拜罷錄》二十四卷、《國朝相輔年表》一卷《續》一卷、《職源》五十卷、《元輔表》一卷、《漢官考》六卷、《漢官總錄》十卷、《縣法》一卷、《縣務綱目》二十卷、《作邑自箴》十卷、《中興百官題名》五十卷、《齊齋臺諫論》二卷、《金國官制》各條。所抄〈禮注類〉缺《開元禮百問》二卷、《天聖鹵簿圖記》十卷、《閣門儀制》十二卷、《政和冠昏喪祭禮》十五卷、《范氏堂時饗禮》一卷、《賈氏家祭禮》一卷、《新定寢袷禮》一卷、《孫氏仲享儀》一卷、《杜氏四時祭享禮》一卷、《韓氏古今家祭式》一卷、《橫渠張氏祭禮》一卷、《伊川程氏祭禮》一卷、《呂氏家祭禮》一卷、《范氏家祭禮》一卷、《溫公書儀》一卷、《居家雜禮》一卷、《呂氏鄉約》一卷《鄉儀》一卷、《高氏送終禮》一卷、《四家禮範》五卷、《古今家祭禮》二十卷、《朱氏家禮》一卷、《十書類編》三卷、《廟儀》一卷、《奉常雜錄》一卷《樂章》一卷、《服飾變古元錄》三卷、《古今服飾儀》一卷各條。所抄〈時令類〉缺小序及《錦帶》一卷、《金谷園記》一卷、《秦中歲時記》一卷、《咸鎬故事》一卷、《千金月令》三卷、《韋氏月錄》一卷、《歲華紀麗》七卷、《國朝時令集解》十二卷各條。所抄〈傳記類〉缺《高士傳》十卷、《黃帝內傳》一卷、《飛燕外傳》一卷、《襄陽耆舊傳》五卷、《談藪》二卷、《梁四公記》一卷、《景龍文館記》八卷、《狄梁公家傳》三卷、《高力士外傳》一卷、《北征雜記》一卷、《唐年小錄》八卷、《陵園記》一卷、《鳳池曆》二卷、《鄞侯家傳》十卷、《牛羊日曆》一卷、《西南備邊錄》一卷、《異域歸忠傳》二卷、《蠻書》十卷、《閩川名士傳》一卷、《崔氏日錄》一卷、《入洛記》一卷、《中朝故事》二卷、《燉煌新錄》一卷、《唐末汎聞錄》一卷、《楊妃外傳》一卷、《渚宮故事》五卷、《錦里耆舊傳》八卷《續傳》十卷、《平蜀實錄》一卷、《秦王貢奉錄》二卷、

《家王故事》一卷、《戊申英政錄》一卷、《玉堂逢辰錄》二卷、《南部新書》
十卷、《乘軺錄》一卷、《奉使別錄》一卷、《劉氏西行錄》一卷、《契丹講和
記》一卷、《慶曆正旦國信語錄》一卷、《熙寧正旦國信錄》一卷、《接伴送
語錄》一卷、《使遼見聞錄》二卷、《奉使雞林志》三十卷、《宣和使金錄》
一卷、《奉使雜錄》一卷、《館伴日錄》一卷、《隆興奉使審議錄》一卷、《攬
轡錄》一卷、《北行日錄》一卷、《乾道奉使錄》一卷、《奉使執禮錄》一卷、
《使燕錄》一卷、《李公談錄》一卷、《丁晉公談錄》一卷、《賈公談錄》一
卷、《王沂公筆錄》一卷、《沂公言行錄》一卷、《王文正家錄》一卷、《寇萊
公遺事》一卷、《乖崖政行語錄》三卷、《安定先生言行錄》二卷、《曹武惠別
傳》一卷、《韓魏公家傳》十卷、《韓忠獻遺事》一卷、《魏公語錄》一卷、《魏
公別錄》四卷、《杜祁公語錄》一卷、《文潞公私記》一卷、《唐質肅遺事》一
卷、《韓莊敏遺事》一卷、《范忠宣言行錄》二十卷、《范太史遺事》一卷、《傅
獻簡佳話》一卷、《杜公談錄》一卷、《道鄉語錄》一卷、《豐清敏遺事》一卷、
《宗忠簡遺事》三卷、《呂忠穆家傳》一卷、《逢辰記》一卷、《遺事》一卷、
《褒德集》二卷《易學辨惑》一卷、《呂氏家塾記》一卷、《桐陰舊話》十卷、
《熙寧日錄》四十卷、《溫公日記》一卷、《趙康靖日記》一卷、《劉忠肅行
年記》一卷、《紹聖甲戌日錄》一卷、《元符庚辰日錄》一卷、《文昌雜錄》六
卷、《聞見近錄》一卷、《辨欺錄》一卷、《回天錄》一卷、《盡忠補過錄》一
卷、《吳丞相手錄》一卷、《岳飛事實》六卷《辨誣》五卷、《丁卯實編》一卷、
《孔子編年》五卷、《諸葛武侯傳》一卷、《韓文公歷官記》一卷、《歐公本末》
四卷、《皇祐平蠻記》二卷、《孫威敏征南錄》一卷、《唃廝囉傳》一卷、《陝
西聚米圖經》五卷、《元豐平蠻錄》三卷、《元祐分疆錄》三卷、《青唐錄》一
卷、《交趾事迹》十卷、《占城國錄》一卷、《雞林類事》三卷、《政和大理入
貢錄》一卷、《安南表狀》一卷、《邊和錄》五卷、《建炎德安守禦錄》三卷、
《淮西從軍記》一卷、《順昌破敵錄》一卷、《滕公守台錄》一卷、《二楊歸朝
錄》一卷、《逆臣劉豫傳》一卷、《許右丞行狀》一卷、《李忠定行狀》一卷、
《翟忠惠家傳》一卷、《艾軒家傳》一卷、《夾漈家傳》一卷、《葉丞相行狀》
一卷、《謝修撰行狀墓志》一卷、《朱侍講行狀》一卷、《紫陽年譜》三卷、《篤
行事實》一卷、《趙丞相行實》一卷《附錄》二卷、《趙忠定行狀》一卷、《謚
議》一卷、《倪文節言行錄》三卷《遺奏誌狀碑銘謚議》一卷、《趙華文行狀》
一卷、《八朝名臣言行錄》二十四卷、《中興忠義錄》三卷、《孝史》五十卷、

《孝行錄》三卷、《古今孝悌錄》二十四卷、《廉吏傳》十卷、《南陽先民傳》二十卷、《典刑錄》十二卷、《近世厚德錄》四卷、《救荒活民書》三卷、《仁政活民書》二卷、《折獄龜鑑》三卷、《明刑盡心錄》二卷、《好還集》一卷、《先賢施仁濟世錄》一卷、《莆陽人物志》三卷、《臥遊錄》一卷、《上庠錄》十卷、《上庠後錄》十二卷、《昭明太子事實》二卷、《祠山家世編年》一卷、《海神靈應錄》一卷、《鄂國金陀粹編》二十八卷《續編》三十卷各條。所抄〈法令類〉各條全缺。所抄〈譜牒類〉缺《李氏皇宣維城錄》一卷、《李氏房從譜》一卷、《聖唐偕日譜》一卷、《唐宰相甲族》一卷、《唐相門甲族諸郡氏譜》共一卷、《唐杜氏家譜》一卷、《天下郡望氏族譜》一卷、《陳郡袁氏譜》一卷、《陶氏家譜》一卷、《皇朝百族譜》四卷、《米氏譜》一卷各條。所抄〈目錄類〉缺《秘書省四庫闕書目》四卷、《邯鄲書目》十卷、《京北金石錄》六卷、《太宗御製御書目》一卷、《真宗御製碑頌石本目錄》一卷、《龍圖閣瑞物寶目》《六閣書籍圖書目》一卷、《群書備檢》三卷、《廣川藏書志》二十六卷、《廣川書跋》十卷《畫跋》五卷、《寶墨待訪錄》二卷、《群書會記》二十六卷、《夾漈書目》一卷《圖書志》一卷、《秦氏書目》一卷、《藏六堂書目》一卷、《吳氏書目》一卷、《隸釋》十七卷、《隸續》二十一卷、《法寶標目》十卷、《鄭氏書目》七卷、《集古系時錄》十卷《系地錄》十一卷、《寶刻叢編》二十卷、《釋書品次錄》一卷。所抄〈地理類〉缺《唐十道四蕃志》十卷、《元豐九域志》十卷、《地理指掌圖》一卷、《歷代疆域志》十卷、《輿地紀勝》二百卷、《輿地圖》十六卷、《皇朝方域志》二百卷、《東京記》三卷、《河南志》二十卷、《長安志》二十卷、《關中記》一卷、《長安圖記》一卷、《雍錄》十卷、《洛陽伽藍記》五卷、《洛陽名園記》一卷、《鄴中記》一卷、《晉陽事跡雜記》十卷、《燕吳行役記》二卷、《江行錄》一卷、《臨安志》十五卷、《吳興統記》十卷、《吳興志》二十卷、《蘇州圖經》六卷、《吳郡圖經續記》三卷、《吳地記》一卷、《吳郡志》五十卷、《鎮江志》三十卷、《新定志》八卷、《嘉禾志》五卷《故事》一卷、《毘陵志》十二卷、《越州圖經》九卷、《會稽志》二十卷、〈會稽續志〉八卷、《赤城志》四十卷、《赤城續志》八卷、《赤城三志》四卷、《四明志》二十一卷、《永嘉譜》二十四卷、《永寧編》十五卷、《東陽志》十卷、《括蒼志》七卷、《括蒼續志》一卷、《信安志》十六卷、《信安續志》二卷、《建安志》十卷、《建安續志》十卷、《六朝事跡》二卷《南朝宮苑記》二卷、《姑孰志》五卷、《新安志》十卷、《秋浦志》八卷、《秋浦

新志》十六卷、《南康志》八卷、《桐汭新志》二十卷、《豫章職方乘》三卷《後乘》十二卷、《潯陽志》十二卷、《宜春志》十卷、《盰江志》十卷《續》十卷、《富川志》六卷、《南安志》二十卷《補遺》一卷、《廣陵志》十二卷、《楚州圖經》二卷、《永陽志》三十五卷、《吳陵志》十卷、《高郵志》三卷《續修》十卷、《都梁志》八卷、《續志》一卷、《合肥志》四卷、《同安志》十卷、《歷陽志》十卷、《黃州圖經》四卷《附錄》一卷、《齊安志》二十卷、《濠梁志》三卷、《無爲志》三卷、《襄陽志》十卷、《黃州圖經》四卷《附錄》一卷、《房州圖志》三卷、《義陽志》八卷、《長沙志》五十二卷、《續長沙志》十一卷、《長沙土風碑》一卷、《衡州圖經》三卷、《零陵志》十卷、《春陵圖志》十卷、《九疑考古》二卷、《清湘志》六卷、《武昌志》三十卷、《武昌土俗編》二卷、《郢城志》十二卷、《岳陽志》甲二卷乙三卷、《岳陽風土記》一卷、《辰州風土記》六卷、《成都古今集記》三十卷、《續成都古今集記》二十二卷、《蜀記》二卷、《梁益記》十卷、《長樂志》四十卷、《閩中記》十卷、《建安志》二十四卷《續志》一卷、《清源志》七卷、《延平志》十卷、《清漳新志》十卷、《鄞江志》八卷、《莆陽志》十五卷、《武陽志》十卷、《晉江海物異名記》三卷、《廣州圖經》二卷、《南越志》七卷、《番禺雜記》一卷、《桂林志》一卷、《桂林風土記》一卷、《桂海虞衡志》二卷、《高涼志》七卷、《邕管雜記》一卷、《嶺外代答》十卷、《南方草木狀》一卷、《黃巖志》十六卷、《旌川志》八卷、《涇川志》十三卷、《新吳志》二卷、《樂清志》十卷、《修水志》十卷、《連川志》十卷、《歷代宮殿名》一卷、《五嶽諸山記》一卷、《王屋山記》一卷、《華山記》一卷、《西湖古蹟事實》一卷、《青城山記》一卷、《茅山記》一卷、《幞阜山記》一卷、《豫章西山記》一卷、《王笥山記》一卷、《湘中山水記》三卷、《天台山記》一卷、《顧渚山記》一卷、《廬山記》五卷、《續廬山記》四卷、《九華拾遺》一卷、《九華總錄》十八卷、《武夷山記》一卷、《羅浮山記》一卷、《霍山記》一卷、《鴈山行記》一卷、《廬阜紀遊》一卷、《何氏山莊次序本末》一卷、《湘江論》一卷、《海濤志》一卷、《太虛潮論》一卷、《海潮圖論》一卷、《潮說》一卷、《西南備邊志》十二卷,《北邊備對》六卷、《南北攻守類考》六十三卷、《六合掌運圖》一卷、《海外使程廣記》三卷、《大唐西域記》十二卷、《南詔錄》三卷、《至道雲南錄》三卷、《契丹疆宇圖》一卷、《遼四京記》一卷、《高麗圖經》四十卷、《諸蕃志》二卷各條。所抄〈儒家類〉缺《曾子》二卷、《說玄》一篇、《太玄釋文》一卷、《帝範》一卷、《潛

虛》一卷、《潛虛發微論》一卷、《周子通書》一卷、《太極圖說》一卷、《周子通書遺文遺事》一卷、《帝學》八卷、《正蒙書》十卷、《經學理窟》一卷、《西銘集解》一卷、《通書西銘集解》三卷、《河南師說》十卷、《山東野錄》七卷、《程氏遺書》二十五卷《附錄》一卷《外書》十三卷、《皇極經世書》十二卷、《觀物外篇》六卷、《觀物內篇》二卷、《近思錄》十四卷、《元城語錄》三卷、《劉先生談錄》一卷、《道護錄》一卷、《庭闈稿錄》一卷、《龜山別錄》二卷、《龜山語錄》五卷、《尹和靖語錄》四卷、《胡氏傳家錄》五卷、《無垢語錄》十四卷《言行論》《遺文》共一卷、《南軒語錄》十二卷、《晞顏錄》一卷、《晦庵語錄》四十六卷、《晦庵續錄》四十六卷、《節孝先生語》一卷、《童蒙訓》一卷、《師友雜志》一卷《雜說》一卷、《胡子知言》一卷、《忘筌書》二卷、《諸儒鳴道集》七十二卷、《兼山遺學》六卷、《玉泉講學》一卷、《周簡惠聖傳錄》一卷、《呂氏讀書記》七卷、《閫範》十卷、《少儀外傳》二卷、《辨志錄》一卷、《先聖大訓》六卷、《己易》一卷、《慈湖遺書》三卷、《明倫集》十卷、《心經法語》一卷、《三先生謚議》一卷、《言子》三卷各條。所抄〈道家類〉缺《老子新解》二卷、《老子解》二卷、《易老通言》十卷、《坐忘論》一卷、《天隱子》一卷、《玄真子外篇》三卷、《無能子》三卷、《莊子義》十卷、《莊子十論》一卷各條。所抄〈法家類〉各條無缺，惟《管子》二十四卷條，《慎子》一卷條、《韓子》二十卷條刪節甚多。所抄〈名家類〉缺《人物志》三卷、《廣人物志》十卷各條。所抄〈墨家類〉、〈縱橫家類〉各條均無缺。所抄〈農家類〉缺小序及《山居要術》三卷、《四時纂要》五卷、《蠶書》二卷、《秦少游蠶書》一卷、《禾譜》五卷、《農器譜》三卷《續》三卷、《農書》三卷、《耕桑治生要備》二卷、《耕織圖》一卷、《竹譜》一卷、《筍譜》一卷、《夢溪忘懷錄》三卷、《越中牡丹花品》二卷、《牡丹譜》一卷、《冀王宮花品》一卷、《吳中花品》一卷、《花譜》二卷、《牡丹芍藥花品》七卷、《洛陽貴尚錄》一卷、《芍藥譜》一卷、《芍藥圖序》一卷、《芍藥譜》一卷、《荔枝譜》一卷、《荔枝故事》一卷、《增城荔枝譜》一卷、《四時栽接花果圖》一卷、《桐譜》一卷、《何首烏傳》一卷、《海棠記》一卷、《菊譜》一卷、《菊譜》一卷、《范村梅菊譜》二卷、《橘錄》三卷、《糖霜譜》一卷、《蟹譜》二卷、《蟹略》四卷各條。所抄〈雜家類〉缺《潛夫論》十卷、《風俗通義》十卷、《蔣子萬機論》二卷、《博物志》十卷、《古今注》三卷、《孫子》十卷、《劉子》五卷、《金樓子》十卷、《子鈔》三十卷、《意林》三卷、《顏氏家訓》七

卷、《理道要訣》十卷、《祝融子兩同書》二卷、《刊誤》二卷、《資暇集》二卷、《兼明書》二卷、《蘇氏演義》十卷、《事始》三卷、《炙轂子》三卷、《伸蒙子》三卷、《中華古今註》三卷、《格言》五卷、《化書》六卷、《物類相感志》一卷、《耄智餘書》三卷、《昭德新編》一卷、《聱隅子》二卷、《宋景文筆記》二卷、《近事會元》五卷、《徽言》三卷、《泣岐書》三卷、《天保正名論》八卷、《事物紀原》二十卷、《孔氏雜說》一卷、《晁氏客語》一卷、《廣川家學》三十卷、《石林家訓》一卷、《石林過庭錄》二十七卷、《程氏廣訓》六卷、《緗素雜記》十卷、《聖賢眼目》一卷、《義林》一卷、《弟子職等五書》一卷、《演蕃露》十四卷《續》六卷、《考古編》十卷《續編》十卷、《楚澤叢語》八卷、《續顏氏家訓》八卷、《習學記言》五十卷、《準齋雜說》一卷、《灌畦暇語》一卷、《忘筌書》二卷、《袁氏世範》三卷各條。所抄〈小說家類〉缺《拾遺記》十卷、《名山記》一卷、《殷芸小說》十卷、《續齊諧記》一卷、《北齊還冤志》二卷、《古今同姓名錄》一卷、《補江總白猿傳》一卷、《冥報記》二卷、《劉餗小說》三卷、《隋唐嘉話》一卷、《博異志》一卷、《辨疑志》三卷、《宣室志》十卷、《封氏見聞記》二卷、《劉公佳話》一卷、《戎幕閒談》一卷、《聞奇錄》一卷、《柳常侍言旨》一卷、《幽閒鼓吹》一卷、《知命錄》一卷、《前定錄》一卷、《甘澤謠》一卷、《乾𦠼子》三卷、《尚書故實》一卷、《雜纂》一卷、《盧氏雜記》一卷、《廬陵官下記》二卷、《唐闕史》三卷、《北里志》一卷、《玉泉筆端》三卷又別一卷、《雲溪友議》十二卷、《傳奇》六卷、《三水小牘》三卷、《醉鄉日月》三卷、《異聞集》十卷、《卓異記》一卷、《大唐說纂》四卷、《摭言》十五卷、《廣摭言》十五卷、《金華子新編》三卷、《耳目記》一卷、《唐朝新纂》三卷、《豪異秘纂》一卷、《紀聞譚》三卷、《後史補》三卷、《野人閒話》五卷、《續野人閒話》二卷、《開顏集》三卷、《洛陽搢紳舊聞記》五卷、《秘閣閒談》五卷、《廣卓異記》二十卷、《文會談叢》一卷、《國老閒談》二卷、《洞微志》三卷、《乘異記》三卷、《補妒記》八卷、《祖異志》十卷、《括異志》十卷《後志》十卷、《郡閣雅言》二卷、《茅亭客話》十卷、《嘉祐雜志》三卷、《茗川子所記三事》一卷、《東齊記事》十卷、《該聞錄》十卷、《紀聞》一卷、《東坡手澤》三卷、《艾子》一卷、《龍川略志》六卷《別志》四卷、《玉壺清話》十卷、《張芸叟雜說》一卷、《畫墁集》一卷、《洛游子》一卷、《蘇氏談訓》十卷、《孫公談圃》三卷、《澠水燕談》十卷、《烏臺詩話》十三卷、《碧雲騢》一卷、《青箱雜記》十卷、《師友閒談》

一卷、《劍溪野語》三卷、《冷齋夜話》十卷、《墨客揮犀》十卷《續》十卷、
《搜神秘覽》三卷、《石林燕語》十卷、《燕語考異》十卷、《玉澗雜書》十卷、
《巖下放言》一卷、《柏臺雜著》一卷、《紺珠集》十二卷、《類說》五十卷、
《春渚紀聞》十卷、《曲洧舊聞》一卷《雜書》一卷《骫骳說》一卷、《南游
記舊》一卷、《翰墨叢紀》五卷、《鐵圍山叢談》五卷、《萍洲可談》三卷、《硯
岡筆志》一卷、《卻掃編》三卷、《閒燕常談》三卷、《唐語林》八卷、《道山
青話》一卷、《復齋閒話》四卷、《鄞川志》五卷、《窗間紀聞》一卷、《枕中
記》一卷、《姚氏殘語》一卷、《槁簡贅筆》二卷、《瀟湘錄》十卷、《經鋤堂
雜志》八卷、《續釋常談》二十卷、《北山記事》十二卷、《雲麓漫鈔》二十卷
《續鈔》二卷、《徼告》一卷、《夷堅志類編》三卷、《山齋愚見十書》一卷、
《枬史》十五卷、《游宦紀聞》十卷、《鼠璞》一卷、《周盧注博物志》十卷
《盧氏注》六卷、《玄怪錄》十卷、《龍城錄》一卷、《樹萱錄》一卷、《葆光
錄》三卷、《稽神錄》六卷、《啓顏錄》八卷、《歸田後錄》十卷、《王原叔談
錄》一卷、《延漏錄》一卷、《清虛居士隨手雜錄》一卷、《石渠錄》十一卷、
《避暑錄話》二卷、《臺省因話錄》一卷、《思遠筆錄》一卷、《秀水閒居錄》
三卷、《聞見後錄》二十卷、《侍兒小名錄》一卷《續》一卷、《紀談錄》十
五卷、《賢異錄》一卷、《投轄錄》一卷、《吳船錄》一卷、《瑣碎錄》二十卷
《後錄》二十卷、《鑑誡別錄》三卷、《樂善錄》十卷各條。所抄〈神仙類〉
缺《列仙傳》二卷、《參同契分章通眞義》三卷《明鏡圖訣》一卷、《金碧古
文龍虎上經》一卷、《黃庭內景經》一卷《外景經》一卷、《眞誥》十卷、《參
同契解》一卷、《內景中黃經》一卷、《靈樞金鏡神景內經》十卷、《上清天地
宮府圖經》二卷、《中誠經》一卷、《幽傳神善論》一卷、《玄綱論》一卷、《續
仙傳》三卷、《道教靈驗記》二十卷、《王氏神仙傳》一卷、《西山群仙會眞記》
五卷、《鍾呂傳道記》三卷、《養生眞訣》一卷、《靈樞道言發微》二卷、《金
液還丹圖論》一卷、《悟眞篇集注》五卷、《還丹復命篇》一卷、《道樞》二十
卷、《集仙傳》十二卷、《肘後三成篇》一卷、《日月玄樞篇》一卷、《太白還
丹篇》一卷、《太清養生上下篇》二卷、《上清金碧篇》一卷、《金虎鉛汞篇》
一卷、《鉛汞五行篇》一篇、《玉芝書》三卷、《純陽眞人金丹訣》一卷、《華
陽眞人秘訣》一卷、《呂眞人血脈論》一卷、《遠山崔公入藥鏡》三卷、《四象
論》一卷、《眞仙傳道集》一卷、《參同契》三卷、《巨勝歌》一卷、《逍遙子
通玄書》三卷、《百章集》一卷、《許先生十二時歌》一卷、《黃帝丹訣玉函秘

文》一卷、《呂公窖頭坯歌》一卷、《太上金碧經》一卷、《金鏡九眞玉書》一卷、《龍虎金液還丹通玄論》一卷、《金碧上經古文龍虎傳》、《群仙珠玉集》一卷各條。所抄〈釋氏類〉與〈兵書類〉各條全缺。所抄〈曆象類〉缺《星簿讚曆》一卷、《乙巳占》十卷、《玉曆通政經》三卷、《乾坤變異錄》一卷、《古今通古》三卷、《景祐乾象新書》三十卷、《大宋天文書》十五卷、《天經》十九卷、《天象法要》二卷、《歷代星史》一卷、《天文考異》二十五卷、《二十四氣中星日月宿度》一卷、《天象義府》九卷、《官曆刻漏圖》一卷、《蓮花漏圖》一卷、《崇天曆》一卷、《紀元曆》三卷《立成》一卷、《統元曆》一卷、《會元曆》一卷、《統天曆》一卷、《開禧曆》三卷《立成》一卷、《金大明曆》一卷、《數術大略》九卷各條。所抄〈陰陽家類〉各條全缺。所抄〈卜筮類〉缺《易傳積算法雜占條例》一卷、《周易版詞》一卷、《周易玄悟》一卷、《火珠林》一卷、《揲蓍古法》一卷、《六壬翠羽歌》一卷、《京氏參同契律曆志》一卷、《京氏易式》一卷、《六壬洞微賦》一卷各條。所抄〈形法類〉缺《八五經》一卷、《狐首經》一卷、《續葬書》一卷、《地理小□》一卷、《洞林照膽》一卷、《地理口訣》一卷、《楊公遺訣曜金歌並三十六象圖》一卷、《神龍鬼砂》一卷、《羅星妙論》一卷、《九星賦》一卷、《龍髓經》一卷、《疑龍經》一卷、《辨龍經》一卷、《龍髓別旨》一卷、《九星祖局圖》一卷、《五星龍祖》一卷、《二十八禽星圖》一卷、《雜相書》一卷、《成和子觀妙經》一卷、《希夷先生風鑑》一卷、《諸家相書》五卷、《玉管神照》一卷、《集馬相書》一卷、《相貝經》一卷各條。所抄〈醫書類〉、〈音樂類〉與〈雜藝類〉各條全缺。所抄〈類書類〉缺《語麗》十卷、《修文殿御覽》三百六十卷、《金鑰》二卷、《玉屑》十五卷、《蒙求》三卷、《戚苑纂要》十卷、《戚苑英華》十卷、《鹿門家抄詩詠》五十卷、《天和殿御覽》四十卷、《類要》七十六卷、《事類賦》三十卷、《韻類題選》一百卷、《本朝蒙求》三卷、《十七史蒙求》一卷、《書叙指南》二十卷、《實賓錄》三十卷《後集》三十卷、《史韻》四十九卷、《海錄碎事》三十三卷、《皇朝事實類苑》二十六卷、《兩漢蒙求》十卷、《補注蒙求》八卷、《群書類句》十四卷、《書林韻會》一百卷、《兩漢博聞》二十卷、《班左誨蒙》三卷、《左氏摘奇》十三卷、《諸史提要》十五卷、《文選雙字類要》三卷、《晉史屬辭》三卷、《觀史類編》六卷、《經子法語》二十四卷、《左傳法語》六卷、《史記法語》十八卷、《西漢法語》二十卷、《後漢精語》十六卷、《三國精語》六卷、《晉書精語》五卷、《南史精語》十卷、《遷史刪

改古書異辭》十二卷、《馬班異辭》三十五卷、《杜詩六帖》十八卷、《錦繡萬花谷》四十卷《續》四十卷、《趙氏家塾蒙求》二十五卷《宗室蒙求》三卷各條。所抄〈楚辭類〉缺《離騷釋文》一卷、《楚辭考異》一卷、《重定楚辭》十六卷《續楚辭》二十卷《變離騷》二十卷、《楚辭贅說》四卷、《楚辭後語》六卷、《龍岡楚辭說》五卷、《校定楚辭》十卷《翼騷》一卷《洛陽九詠》一卷各條。所抄〈總集類〉缺《古文苑》九卷、《古文章》十六卷、《西漢文類》四十卷、《三國文類》四十卷、《三謝詩》一卷、《謝氏蘭玉集》十卷、《梁詞人麗句》一卷、《玉臺後集》十卷、《篋中集》一卷、《國秀集》三卷、《搜玉小集》一卷、《竇氏聯珠集》五卷、《唐御覽詩》一卷、《河嶽英靈集》二卷、《極玄集》一卷、《中興間氣集》二卷、《唐類表》二十卷、《斷金集》一卷、《唐詩類選》二十卷、《漢上題襟集》三卷、《松陵集》十卷、《本事詩》一卷、《群書麗藻》六十五卷、《洞天集》五卷、《煙花集》五卷、《唐僧詩》三卷、《名臣贄种隱君書啓》一卷、《西崑酬唱集》二卷、《九僧詩》一卷、《寶刻叢草》三十卷、《樂府集》十卷《題解》一卷、《樂府詩集》一百卷、《和陶集》十卷、《仕塗必用集》十卷、《汝陰唱和集》一卷、《三家宮詞》三卷、《五家宮詞》五卷、《歷代碻論》一百一卷、《江西詩派》一百三十七卷《續派》十三卷、《輶軒集》一卷、《古今絕句》二卷、《玄眞子漁歌碑傳集錄》一卷、《艇齋師友尺牘》二卷、《膾炙集》一卷、《唐人絕句詩集》一百卷、《唐絕句選》五卷、《唐絕句選》四卷、《考德集》三卷、《四家胡笳詞》一卷、《選詩》七卷、《宏辭總類》四十一卷《後集》三十五卷《第三集》十卷《第四集》九卷、《迂齋古文標注》五卷、《歷代奏議》十卷、《國朝名臣奏議》十卷、《皇朝名臣奏議》一百五十卷、《續百家詩選》二十卷、《江湖集》九卷、《回文類聚》三卷、《滁陽慶曆集》十卷《後集》十卷、《吳興詩》一卷、《吳興分類詩集》三十卷、《會稽掇英集》二十卷《續集》四十五卷、《潤州類集》十卷、《京口詩集》十卷《續》二卷,《嘉禾詩集》一卷、《永嘉集》三卷、《天台集》二卷《別編》一卷《續集》三卷、《括蒼集》三卷《後集》五卷《別集》四卷《續》一卷、《釣臺新集》六卷《續集》十卷、《長樂集》十四卷、《清漳集》三十卷、《揚州詩集》二卷、《宣城集》三卷、《南州集》十卷、《南紀集》五卷《後集》三卷、《相江集》三卷、《艮嶽集》一卷、《桃花源集》二卷又二卷、《庾揚紀述》三卷《琵琶亭詩》一卷、《東陽記詠》四卷、《盤洲編》二卷、《瓊野錄》一卷、《會稽紀詠》六卷、《蕭秋詩集》一卷、《唐山集》一卷《後集》三卷、

《後典麗賦》四十卷、《指南賦箋》五十五卷《指南賦經》八卷、《指南論》十六卷又本前後二集四十六卷、《擢犀策》一百九十六卷《擢象策》一百六十八卷各條。所抄〈別集類〉上、中、下，〈詩集類〉上、下，〈歌詞類〉，〈章奏類〉各條全缺。所抄〈文史類〉缺《史例》三卷、《賦門魚鑰》十五卷、《詩格》一卷、《詩格》一卷《詩中密旨》一卷、《評詩格》一卷、《二南密旨》一卷、《文苑詩格》一卷、《詩式》五卷《詩議》一卷、《風騷指格》一卷、《詩格》一卷、《處囊訣》一卷、《流類手鑑》一卷、《詩評》一卷、《擬皎然十九字》一卷、《炙轂子詩格》一卷、《詩格要律》一卷、《緣情手鑑詩格》一卷、《風騷要式》一卷、《琉璃堂墨客圖》一卷、《雅道機要》二卷、《金針詩格》一卷、《續金針格》一卷、《詩評》一卷、《御選句圖》一卷、《唐詩主客圖》一卷、《句圖》一卷、《文章玄妙》一卷、《詩苑類格》三卷、《林和靖摘句圖》一卷、《詩三話》一卷、《詩話》一卷、《續詩話》一卷、《楊氏筆苑句圖》一卷《續》一卷、《惠崇句圖》一卷、《孔中丞句圖》一卷、《雜句圖》一卷、《吟窗雜錄》三十卷、《劉貢父詩話》一卷、《後山詩話》二卷、《潛溪詩眼》一卷、《石林詩話》一卷、《續詩話》一卷、《許彥周詩話》一卷、《天廚禁臠》三卷、《四六談麈》一卷、《四六話》一卷、《韻語陽秋》二十卷、《漁隱叢話》六十卷《後集》四十卷、《碧溪詩話》十卷、《續廣本事詩》五卷、《山陰詩話》一卷、《詩家老杜詩評》五卷《續》一卷、《選詩句圖》一卷、《杜詩發揮》一卷、《觀林詩話》一卷、《文說》一卷、《四六餘話》一卷、《艇齋詩話》一卷、《賓朋宴話》三卷、《西清詩話》三卷、《環溪詩話》一卷各條。

　　綜上所引，則此抄本所缺鈔者殊多。其中如〈詔令〉、〈偽史〉、〈法令〉、〈釋氏〉、〈兵書〉、〈陰陽家〉、〈醫書〉、〈音樂〉、〈雜藝〉、〈別集〉、〈詩集〉、〈歌詞〉、〈章奏〉等類竟全缺，〈起居注類〉僅錄一條。由是推知，其時懿榮年猶未冠，讀書雖亦兼治流略之學，然不甚重視上述諸類書籍。至於手稿本封面處既親署「癸亥孟陬觀我堂訂」字樣，則懿榮對《解題》一書，自有其訂正之用心。懿榮除對《解題》若干類刻意不加抄錄外，夷考其所謂「訂」者，以下數端，或亦可見其訂正之心意歟？

　　（一）對所抄《解題》各條每多所刪節。

　　如卷一〈易類〉「《京房易傳》三卷、《積算雜占條例》一卷」條，刪去「今世術士所用世應、飛伏、游魂、納甲之說，皆出京氏。晁景迂嘗為京氏學，用其傳為《易式》云。或作四卷，而《條例》居其首。又如《參同契》、《律

曆志》，見〈陰陽家類〉，專言占候」一大段。

又如卷二〈詩類〉「《毛詩正義》四十卷」條，刪去文末「元豐以來，廢而不行，甚亡謂也」數句。

王氏手稿本中，如上述刪節之情況甚多，無法縷述。

（二）凡遇《解題》中出現帝王年號，王氏皆作眉批，或於其旁作小注，以說明廟號爲某宗。全本皆然，且不嫌重複。

如卷一〈易類〉「《周易正義》十三卷」條云：

> 唐國子祭酒冀州孔穎達仲達撰。〈序〉作十四卷，《館閣書目》亦云。今本止十三卷。案《五經正義》，本唐貞觀中穎達與顏師古等受詔撰《五經義贊》，後改爲《正義》，博士馬嘉運駁正其失。永徽二年，中書門下于志寧等考正增損，書始布下。其實非一手一足之力，世但稱「孔疏」爾。其說專釋一家注文爲正。

王氏於此條「貞觀」旁注出「太宗」二字。又於「永徽二年」一行之上眉批「永徽，唐高宗年號」諸語。案貞觀爲太宗年號，永徽爲高宗年號，此乃治史常識，稍涉史學者當所知悉。由是更足以說明手稿本確乃懿榮少年著述，故其所作眉批及旁注，竟膚淺若此。

（三）《解題》中所有小序，手稿本一律不錄。

《解題》中如〈語孟類〉、〈小學類〉、〈起居注類〉、〈時令類〉、〈農家類〉、〈陰陽家類〉、〈音樂類〉皆有小序，乃直齋目錄分類理論之所繫，其間創見發明甚多；然手稿本一律削去，殊爲可惋。蓋懿榮其時學問未贍，識見有所不逮，未知《解題》小序之重要與價值，於斯可見一斑。

（四）手稿本往往據盧文弨所校，以訂正《四庫全書》本《解題》，然亦有未盡依照盧校者。

如卷二〈禮類〉《曲禮口義》二卷條云：

> 戴溪撰。

盧校云：

> 「《曲禮口義》二卷」下有「《學記口義》二卷」。

手稿本「《曲禮口義》二卷」下正有「《學記口義》二卷」六字，此依盧校者也。惟手稿本改訂《四庫全書》本《解題》亦有不依盧校者。如卷二〈書類〉「《拙齋書集解》五十八卷」條云：

> 校書郎三山林之奇少穎撰。從呂紫微本中居仁學，而太史祖謙則其

　　　門人也。初第，以樞密陳誠之薦徑入館，以末疾去而終。

　　盧校云：

　　　「從」上有「少穎」二字。

手稿本「少穎」作「之奇」，又刪去「初第」至末一節，則其與盧校又不盡相同。

　　（五）手稿本於《解題》中較難曉之字，有用反切法標讀音者。

　　如卷一〈易類〉「《皇極經世》十二卷、《叙篇系述》二卷」條云：

　　　處士河南邵雍堯夫撰。其學出於李之才挺之，之才受之穆修伯長，
　　　修受之种放明逸，放受之陳摶。蓋數學也。……

手稿本於「种放」之「种」字，眉批作：「种，眞弓切。音沖。」案：「种」字本非甚難曉之字，而懿榮竟須以反切標音，蓋年齒尚幼，未識「种」字，或爲他日尋溫方便計，故特標出讀音，此亦少年人讀書之良法也。

　　（六）手稿中亦偶見懿榮讀書之心得，惜皆平平無奇，甚或有錯誤者。

　　如卷三〈春秋類〉「《春秋集傳纂例》十卷、《辨疑》七卷」條云：

　　　唐給事中吳郡陸質伯沖撰。〔註25〕……質本名淳，避憲宗諱改焉。……
　　　質，梁陸澄七世孫，仕通顯，黨王叔文，侍順宗東宮，〔註26〕會卒，
　　　不及貶。然則其與不通〈春秋〉之義者，相去無幾耳。

此條於「憲宗」號上，懿榮作眉批曰：

　　　憲宗名純，在位十五年，號元和。

又於「順宗」號上眉批曰：

　　　唐德宗之子，憲宗之父，在位一年，號永貞。

如是之批語，皆屬平常知識，無甚發明。

　　又《解題》卷二〈禮類〉「《三禮圖》二十卷」條云：

　　　國子司業太常博士河南聶崇義撰。自周顯德中受詔，至建隆二年奏
　　　之。……

手稿本於「建隆」上作眉批：

　　　建隆，周恭帝年號。恭帝，世宗子，在位六月，有元年，無二年。
　　　其元年即顯德七年。

以「建隆」爲周恭帝年號，其誤殊不能原諒者。後懿榮於此處點去「周恭帝」

────────────────

〔註25〕　案：《四庫》本作「伯淳」，誤，今據盧文弨校本改正。
〔註26〕　案：《四庫》本作「憲宗」，誤，今據盧文弨校注改正。

三字，而於其旁改添「宋太祖」，惟其他錯誤文字並未完全塗抹，亦可謂失慎
之至矣。

　　綜上五點所述，當可略見懿榮訂正《解題》之用意；其治流略之學雖甚
勤劬，惜以稚齡學力所限，成績至為尋常。故懿榮此手稿本，僅可聊作圖書
館典藏，以備覬研《解題》鈔本者探覽，未足稱為善本。至此本又有筆誤，
如卷四〈編年類〉《續百官公卿表》十卷、《質疑》十卷條中之「靖康」誤寫
作「靖節」，斯則猶餘事也。

　　行文至此，忽念及國立中央圖書館編輯《臺灣公藏善本書目書名索引》雖
著錄有此手稿本，然竟不知「觀我堂」乃懿榮少年時室名，又未翻檢此本首葉
右下角所蓋方形「王懿榮印」，亦可算疏略矣。至喬衍琯較長期任職國立中央圖
書館，而《陳振孫學記》第四章《直齋書錄解題》第二節〈傳本〉中竟缺載此
本。真治學檢書甚難，至令喬氏「睫在眼前看不見」耶？噫！固足惋矣。

辰、刊　本

　　《解題》之刊本，若依各朝書目所著錄，似宋、元、明三代皆有之。惟
今人喬衍琯疑之，以為「俱不可信」，故頗生聚訟。喬氏謂「有宋刊本，好像
不太可能」，與陳樂素意見相出入；余則以樂素說為然，認為不宜輕易坐實宋
刊本之必無。

　　《解題》之明萬曆武林陳氏刊本，邵懿辰《四庫簡明目錄標注》及莫友
芝《邵亭知見傳本書目》均有著錄。惟喬氏亦不之信，且謂：「明末以來三百
餘年間，公私收藏書目，未見有著錄此本者。未審邵、莫二家何所據而云有
萬曆間武林陳氏刊本。」余亦不以喬氏說為然，故不免有所論難，詳見本章
第三節中。

　　至《解題》之元刊本，則屬子虛烏有，本章第三節已論說之矣。喬衍琯
與余所論相同，《陳振孫學記》第四章《直齋書錄解題》第二節〈傳本〉甲
〈刊本〉云：

> 《四庫簡明目錄標注》云：「抱經堂盧氏有新訂此書五十六卷，次序
> 與聚珍版不同，係從不全元刊本重為校訂，似未刻。」盧氏之跋文，
> 載《抱經堂文集》卷九，實作「丁酉（乾隆四十二年，1777）王正，
> 復得子集數門元本於知不足齋主人所」。元本意謂原本，以別於《四
> 庫全書》所輯自《大典》本。盧氏《群書拾補》即有以元本指原本

之例。〔註27〕且元代如有刊本，以文淵閣藏書之富，不應僅有一殘
　　本。

案：盧氏爲文，固有以「元本」爲「原本」之例，喬氏所見與余相同。是則
《解題》有謂元刊本者，實誤解盧文「元本」之義。惟邇者潘景鄭先生爲徐
小蠻、顧美華兩君點校本《直齋書錄解題》撰作〈前言〉，仍視盧氏「元本」
爲元抄殘本，則重蹈《四庫簡明目錄標注》之誤矣。景鄭素嫻流略之學，不
意亦有所失。故特贅辭備引喬說，以爲研治《解題》板本者告。

巳、輯　本

　　《解題》之有輯本，自清乾隆間修《四庫全書》始，館臣以此書久佚，
乃於《永樂大典》中輯出。武英殿本《解題》目錄下所附〈提要〉，詳述輯書
原委，讀〈提要〉，當備悉輯本成書之一斑。

　　惟《解題》輯本究成於何人？今人精治《解題》如陳樂素、喬衍琯等均
從未研究及之者。王欣夫《藏書紀事詩補正》卷一「〈陳振孫伯玉〉」條云：

　　《直齋書錄解題》，今武英殿聚珍本係從《永樂大典》輯出，當時任
　　搜輯者爲鄒炳泰。鄒字仲父，號曉屏，無錫人。官至協辦大學士。
　　著有《午風堂集》。此事即見〈集〉中卷一。

案：王欣夫《藏書紀事詩補正》提及之鄒炳泰，乾嘉年間人，生平事蹟見《清
史稿》及《清史列傳》。《清史稿》卷三百五十一〈列傳〉一百三十八載：

　　鄒炳泰，字仲文，江蘇無錫人。乾隆三十七年進士，選庶吉士，授
　　編修，纂修《四庫全書》，遷國子監司業。

而《清史列傳》所記年月則較《清史稿》爲詳明。該書〈大臣傳〉次編七云：

　　鄒炳泰，江蘇無錫人。乾隆三十七年進士，改庶吉士。四十年，散
　　館授編修，旋充《四庫全書》纂修官。四十三年，因纂書出力，命
　　優敍。四十五年，充文淵閣校理。四十六年，遷國子監司業。

綜上所載，則鄒氏充任《四庫全書》纂修官，似在乾隆四十至四十五年間，
惟未盡精當。聚珍本《解題》目錄後〈提要〉，文末署年作「乾隆三十八年七
月恭校上，……纂修官庶吉士臣鄒炳泰」。是鄒氏爲纂修官，應在乾隆三十八
年七月或之前已任此職，絕非如《清史列傳》所載，始於乾隆四十年也。至

〔註27〕案：此處喬氏自注曰：「《群書拾補·史部·文獻通考》部分之識語云：『嘗見
　　　　宋元舊雕本，字有誤衍者刊去，遂作空白，字有遺脫者，作小字夾寫，雖參
　　　　差不適觀，而讀者尚得見其「元本」。』此處元本，意即原本，而非元刊本。」

《四庫全書》本《解題》，則確如王氏所言，乃鄒炳泰所纂輯者。

　　王氏《藏書紀事詩補正》謂鄒氏著有《午風堂集》，其輯理《解題》事見載此〈集〉卷一。其實鄒氏所著者乃《午風堂叢談》，而非《午風堂集》。《午風堂叢談》卷一正載有：

> 宋吳興陳振孫《直齋書錄解題》，列經、史、子、集，中分五十三類，
> 視晁公武《讀書志》議論較爲精核，馬氏〈經籍考〉多援之而作。
> 其書久佚，《永樂大典》載之，余校纂成編，列入《四庫全書》，曾
> 以聚珍版印行，購者珍如星鳳。〔註28〕

觀是，則《四庫全書》本之《解題》確爲鄒炳泰據《大典》本校纂而成。

　　余又檢《叢談》卷二載：

> 翰林院所貯《永樂大典》二萬二千八百七卷、一萬一千九十一冊，
> 目錄六十卷，彙集古書，分韻散編，體例未善，卷冊亦歲久闕佚。
> 乾隆癸巳二月，上命大學士劉統勳等將《大典》內散篇纂集成書，
> 總纂則紀編修昀、陸刑部錫熊、纂修三十人。余時爲庶常，亦廁是
> 選，日於原心亭校纂。

是則翰林院當日所貯之《大典》卷帙猶富，炳泰乃得日坐原心亭中，從容校纂。惟炳泰任纂修一職，按此條記載實始自乾隆三十八年癸巳（1773），《清史列傳》謂乾隆四十年；意《清史列傳》所記，必不如鄒氏自記之得其眞。《叢談》卷一又載：

> 葉夢得《石林燕語》皆關當時掌故，於官制科目言之尤詳。陳振孫
> 謂其書成於宣和五年，其論〈館伴契丹〉一條及論〈宰相〉一條，
> 俱係建炎時事，振孫蓋據〈自序〉首四字言之耳。汪應辰嘗作《石
> 林燕語辨》，而成都宇文紹奕作《考異》以糾之，見《永樂大典》中。
> 如〈馬周御史裏行〉一條，引宋人《唐書》以駁唐人《六典》，頗類
> 劉炫之規杜預，吳縝之糾歐陽修；然詳確者實足訂石林之誤。余爲
> 史官時，以紹奕《考異》附夢得各條之下，列入《四庫全書》，於史
> 學大有裨益。

案：炳泰此條駁正陳振孫《解題》謂《石林燕語》成書於宣和五年之誤，所

〔註28〕《午風堂叢談》，凡八卷，嘉慶二年刻本，共四冊，書甚罕見。《北京師範大
　　　　學圖書館中文古籍書目・子部・雜家類》著錄。書屬善本，不准影印。余幾
　　　　番請託北京師範大學生物系徐汝梅教授倩該校圖書館館員代抄得之。

言甚符事實。惜《四庫全書》本《解題》卷十一〈小說家類〉「《石林燕語》
十卷」條下未收此項駁正文字，殊可異也。蓋《午風堂叢談》寫成於嘉慶二
年丁巳（1797），則炳泰此條殆於《四庫全書》本《解題》校纂完竣後始作乎？
故不免有遺珠之憾也。此條中炳泰又自記以宇文紹奕《考異》附於《四庫全
書》本《石林燕語》各條下，斯確大有裨益於學術。《清史列傳》中載炳泰「因
纂書出力，命優叙」，是又炳泰因功而獲賞，理固宜然矣。

　　綜上所考，固知《解題》輯本乃鄒炳泰據《大典》本校纂而成，其成書
當在乾隆三十八年後。《解題》輯本上諸案語，證以《叢談》中有駁正陳振孫
訛誤諸文字，固可推知此等案語多皆炳泰所撰。是則鄒氏乃《解題》之功臣，
亦直齋之諍友。鄒氏編理《解題》輯本完成，其於我國流略之學，勞績殊不
可沒。而王欣夫揭示鄒氏與輯本之關係。其《藏書紀事詩補正》所言雖有小
疵，惟欣夫學殖淵博，讀書至富，仍令人欽仰無已也。

　　有關《四庫全書》館臣（亦即鄒氏）如何引用資料以校訂《解題》之情
況，喬衍琯於《陳振孫學記》中言之綦詳，足資參考。〔註29〕其書第四章《直
齋書錄解題》乙〈四庫全書輯本〉云：

　　　然〈提要〉所云「詳加考核，各以案語附之」，亦非虛應故事，今就
　　　引用資料及校補考異之項目分述於下，並略記其引用次數。
　　　一、《文獻通考・經籍考》引用最多，計二百七十一次，館臣亦頗知
　　　　　《通考》之重要，而惜未能充分利用也。
　　　二、《宋史・藝文志》六十九次。
　　　三、〈唐志〉計五十六次。多不言《新書》或《舊書》，宋代《新唐
　　　　　書》通行，似多引《新唐書・藝文志》，然其中卷四〈正史類・
　　　　　後魏書〉條則明言〈兩唐志〉。
　　　四、《漢書・藝文志》僅卷十〈名家類・公孫龍子〉條引用。
　　　五、《隋書・經籍志》三次。
　　　六、晁公武《郡齋讀書志》十九次。趙希弁《附志》亦三次。
　　　七、鄭樵《通志》六次，多為〈藝文略〉。
　　　八、朱彝尊《經義考》一次，又引用其〈皇王大紀跋〉一次。
　　　九、《崇文總目》二次。

〔註29〕喬氏《陳振孫學記》僅稱「《四庫》館臣」，不知《解題》輯本乃鄒炳泰所纂
　　　　輯，亦可謂疏於考證矣。

十、《兩朝志》一次。

十一、《館閣書目》一次。以上兩書目清代不存，似係據《文獻通考》等轉引。

以上公私書目十一種，計共引用四百三十餘次。其他資料則有：

十二、《宋史》二十餘次。

十三、《唐書》引用時不言新舊，宋人多用《新書》，約十次。

十四、朱熹所論《揮塵錄》、《唐詩紀事》各二次。

十五、〈進新唐書表〉、《東都事略》、《方輿勝攬》、曾鞏〈序〉等，及《唐詩品彙》、李燾、劉向、洪興祖、徐廣諸家所論各一條。

　　以上計十四種約五十次。總計曾引據資料二十五種，近五百次。且統計時容有遺漏，而不致重出，其所參考之資料可謂豐富，而於〈經籍考〉、《宋史》、《唐書》引用為最多，以其關係最為密切。晁公武《郡齋讀書志》引用雖僅約二十次，然或補直齋之未備，或考訂異同，或糾正繆誤，所錄文字俱較多。

案：據是，鄒氏校訂《大典》本《解題》，其所徵引之資料凡二十五種，引用近五百次，真可謂繁徵博引，用力至勤矣。喬書續云：

其所校訂之項目，計有卷數、著者、書名之異同，訂補本脫誤、移正錯簡等。

一、關於卷數之異同，或訂正其錯誤者，約一百七十條，而以引用《文獻通考》為多。《通考》以《崇文總目》、《郡齋讀書志》成書在前，書名及卷數多據焉，是以每與《解題》不同。因《崇文總目》編於北宋，晁《志》雖成於南宋紹興間，所志仍多係北宋舊本。直齋所錄，則以南宋新刊者為多，卷數每有改易。《四庫全書》館臣但知引用《通考》，而未能上考《崇文總目》及晁《志》，猶未盡考訂之能事。

二、關於著者姓名之異同，或考訂其錯誤者，約四十條，亦以引用《通考》為多。著者姓名，於刊印時不得擅改，是以遠不若卷數之夥，且多係出於手民之誤。

三、書名之異同者亦有十餘條，如與《通考》及〈宋志〉等細加核校，定多異同，然其重要性遠不若著者及卷數，是以《四庫全書》館臣亦不甚留意於此。

四、用《通考》補所輯《永樂大典》本者，計四十三條，其中全據
　　《通考》補入者計九條，另卷二〈詩類〉《續讀詩記》所補十三
　　字，實據《通考》，而未言明。

五、用《通考》校訂脫誤者計十二條。

六、用《宋史》等書以訂原本之脫誤，然《文獻通考》所引不誤，
　　正與館臣校訂相合者，計十三條。《通考》係直接採自《解題》，
　　據以考訂，乃採用第一手資料，《宋史》等則係相關資料，館臣
　　實捨近而求遠。然取《通考》以校《解題》，發現異文，以考其
　　孰是孰非，其事較易。引用《宋史》等，則校訂者必具有懷疑
　　原文有誤，且能知有相關資料加以校訂之能力，方可勝任。亦
　　可見《四庫全書》館臣之博雅。

七、原文有脫錯，遽加訂補，而未云其依據者計八條。此則較前項
　　尤難。然亦有顯而易見，手民之誤，不必出其所依據者。

八、指出《解題》互見者二處。如卷九〈儒家類〉「《皇極經世書》、
　　《觀物內篇》、《觀物外篇》」條下云：「按以上三書，皆已見〈易
　　類〉，而《解題》詳略互異，今並仍之。」卷十〈雜家類〉「《博
　　物志》」條云：「按此書別有注本，互見〈小說家〉。」此亦見《四
　　庫全書》館臣之精密。

九、訂正錯簡者一處。卷二十二〈文史類〉「《文苑詩格》」條云：「按
　　自《史通析微》以下七條，原本錯簡入〈歌詞類〉《萬曲類編》
　　下，今移正。」

十、其他則校訂《解題》本文者約百條，然以瑣細而無關弘旨為多，
　　其較有價值者，二三十條耳。

《四庫全書》本有考訂精審者。如《解題》卷六〈職官類〉「《漢官
舊儀》」條云：「按陳氏因是書有漢官之名，疑非衛宏作，又以為胡
廣作。考《漢書注》中頗有稱胡廣曰者，與《漢舊儀》互引，其文
亦絕不相合。惟〈廣傳〉載廣詩、賦、銘、頌及《解詁》二十二篇，
而史注所引別有《漢書解詁》之名，蓋即廣所作。而《舊儀》之出
衛宏手，當無疑也。其稱《漢官舊儀》者，或後人因其所載官制而
妄加之耳。」

亦有不可據者。如《解題》卷八〈目錄類〉「《崇文總目》」條下云：

「按晁公武《讀書志》：是書刊正訛謬，條次之凡四十六類，計三萬
六百六十九卷。《通考》作《總目》六十四卷，此云一卷者，或因鄭
漁仲之言，以排比諸儒每書之下必出新意著說，嫌其繁蕪無用，故
紹興中從而去其序釋，僅存其目也。」

按：清錢大昕《十駕齋養新錄》卷十四云：「《崇文總目》一冊，從
范氏天一閣鈔得之。其書有目無序釋，每書之下多注闕字，陳直齋
所見蓋即此本。題云『紹興改定』，今不復見題字，或後人傳鈔去之
耳。朱錫鬯跋是書，謂因鄭漁仲之言，紹興中從而去其注釋。今考
《續宋會要》載紹興十二年云云，是今所傳者，即紹興中頒下諸州
軍搜訪之本，有目無釋，其便於尋檢耳，豈因漁仲之言而有意刪之
哉？且漁仲以薦入官，在紹興之末，未登館閣，旋即物故，名位卑
下，未能傾動一時。若紹興十二年，漁仲一閩中布衣耳，誰復傳其
言者。朱氏一時揣度，未能研究歲月。聊為辨正，以解後來之惑。」
足證《四庫全書》本按語之不可從。

案：觀喬書所述釋，則知鄒氏校訂《解題》，殊非虛應故事。故其考訂精審處
實甚多，殊非喬書所舉之例足以概括者，惜未能一一列舉表彰之耳。然鄒氏
校訂亦偶有疏失未周之處，喬書僅舉一例以說明之，遂謂「足證《四庫全書》
本按語之不可從」，則屬過甚其辭，且恐有所誤導也。

其實《解題》輯本及其校訂之勝處與缺失，前人固多言之者矣，盧文弨
《新訂直齋書錄解題》無論焉，即張宗泰《魯巖所學集》亦論及之。茲且迻
錄張著各條於後，以補喬書所未及。

《魯巖所學集》卷六〈跋陳振孫書錄解題〉云：

《書錄解題》敘述諸書源流，州分部居，議論明切，為藏書家著錄之
準，然當審正之處，正復不少。……《春秋集傳纂例》云：「唐給事
中陸質伯淳撰。質本名淳，避憲宗諱改焉。故其書但題陸淳。」按淳
既避憲宗諱改名為質，不應仍字伯淳，當依《四庫全書提要》作伯沖
為是。（「沖」、「淳」聲相近）而但題陸淳，亦當為陸質之訛也。

案：此條「伯淳」作「伯沖」，實乃鄒氏校訂之勝處，盧文弨校本亦作「伯沖」，
與《四庫全書》本同。

《魯巖所學集》同卷〈五跋書錄解題〉云：

《書錄解題》有案語數條尚待商酌者，如《新唐書》二百二十五卷

案語云：「《宋史·藝文志》作二百五十五卷，而李燾補注者仍作二百二十五卷，其互異所由不可考。」按《新唐書》二百二十五卷，中有子目二十三卷，合之共得二百四十八卷，意者《宋史》又析目錄爲七卷，故作二百五十五卷歟？《後唐廢帝實錄》張昭下案語云：「《東都事略》本傳舊名昭遠，避漢祖諱止稱昭。」按張昭「舊名昭遠」云云，全見下頁《周太祖實錄》下，此案語爲無取矣。《鄴中記》一卷案語云：「《唐書·藝文志》有陸翽《鄴中記》二卷，疑即此書。」按《解題》云：「記自魏而下僭僞鄴都者六家宮殿事跡。」而今本《鄴中記》一卷，專記石虎事，與《解題》所說不合，則非一書也。《古列女傳》案語云：「不特自程嬰母爲始也。」「程嬰」當作「陳嬰」。《公孫龍子》案語云：「《漢書》六十四篇，此云十四篇，誤。」按《公孫龍子》，〈漢志〉正作十四篇，則是《解題》本不誤，而案語反誤也。又《觀林詩話》，楚東吳聿子書撰，案語云：「《文獻通考》吳聿作張律。」按《爾雅》：「不律謂之筆。」以字子書意推之，當以作張律者爲是也。

依上引宗泰所跋，則鄒氏校訂《解題》而須審正處，確亦不少。《魯巖所學集》同卷〈四跋書錄解題〉云：

予所蓄《書錄解題》爲巾箱本，鎸刻頗精，而別風淮雨亦所時有，如《韓詩外傳》下云「作詁非」訛作「誥」。《古禮疏》下「臨洺」訛作「臨洛」。《中庸集解》下「石𡼉」訛作「塾」。《春秋皇綱論》「王晳」訛作「王哲」。《春秋傳》下「博覽」訛作「博鑒」。《兩漢會要》下「蓋未考昭之所注」訛作「著」。《御史臺故事》下「結本名構」，「結」訛作「終」。《聖唐偕日譜》下「匡义」訛「匡文」。《資暇錄》訛作「集」。《鄴中記》「僭僞」訛作「僭爲」。《法寶標目》「古，旦之曾孫」，《道院集要》「三槐王古」，二「古」字並訛作「右」。《霜糖譜》下「遂宵」訛作「送宵」。《匡俗正謬》下「揚庭」訛作「楊庭」。《極玄集》下「張祜」訛作「張佑」。《江西詩派》「二十五家」訛作「三十五家」。《天台集》林師蒧即「點」字，訛作「箴」。《陳孔璋集》下「劉楨」訛作「植」。《顏魯公集》「留元剛」訛作「劉」。《宋元憲集》下「安陸」訛作「安陵」。《演山集》下「元豐五年」訛作「二年」。《呂獻可章奏》下「呂誨」訛作「晦」。並當一爲改正者。而其中又有脫漏之字，顯

倒之字，如《周禮》下「林孝存」倒爲「林存孝」。《春秋二十國年表》
周以下云云，所列不足二十國之數，疑脫「許」字，或「越」字也。
《春秋分記》下「世譜曆法」脫「法」字。《乾坤鑿度》下《書緯》
脫「刑德放」，《樂緯》「稽曜嘉叶圖徵」倒作「稽曜叶嘉圖徵」。又「讖
緯之說起於哀平之際，王莽以此濟其篡逆」，倒作「起於哀平、王莽
之際」。《洛陽名園記》「公卿」倒作「卿公」。《數術大略》下「魯卿
秦九韶」，〔註30〕前《紀元曆》下作「蜀人秦九韶」，亦失於參考也。

案：是則輯本《解題》巾箱本，校讎未善，別風淮雨所在多有。此雖經宗泰
一一檢正，恐仍有所未盡也。然此《解題》巾箱本之有魯魚亥豕，其責或不
全在鄒氏；惟錯誤倘眞出自校訂之初，則炳泰恐亦難辭其咎。衍琯論輯本《解
題》疏失未周之處，無及於此書文字傳鈔之訛誤，用特迻錄《魯巖所學集》，
以補喬書所未及。

關於輯本《解題》之板本，喬書亦嘗有所論述，然未盡詳明。《陳振孫學
記》第四章《直齋書錄解題》第二節〈傳本〉乙〈四庫全書輯本〉云：

> 此一輯本收入《武英殿聚珍版叢書》，用木活字排印，並經浙江、江
> 西書局、福建、廣雅書局據以刊行，均收有《書錄解題》。復有再據
> 各種刻本重印者，或收入叢書。如廣文書局在民國57年，影印《武
> 英殿》本，收入《書目續編》。或單行，如清光緒間，江蘇書局復刻
> 《聚珍版》單行。民國20幾年，商務印書館據《聚珍版》用鉛字排
> 印，先後收入《叢書集成》及《國學基本叢書》，最爲通行。民國
> 66年，商務編印《四庫全書珍本別輯》，收有《書錄解題》，係據故
> 宮博物院藏文淵閣本影印，內容與《聚珍版》全同。

案：討論《解題》輯本之板本，固不自喬書始，清人書目已多著錄。如邵懿
辰《四庫簡明目錄標注·史部》十四〈目錄類〉載：

> 《直齋書錄解題》二十二卷，宋陳振孫撰。原本久佚，今從《永樂
> 大典》錄出。《大典》本附隨齋批注。隨齋蓋程大昌後人程棨，錢竹
> 汀以楊益當之，非是。
>
> 《聚珍板》本。明萬曆武林陳氏刊本。抱經堂盧氏有新訂此書五十

〔註30〕胡玉縉《四庫全書總目提要補正》引此篇，此句下有注云：「鄭翼謹案：直齋
原作『魯郡』，張〈集〉誤『郡』爲『卿』。」蓋「郡」、「卿」二字形近，故
宗泰誤作「魯卿」。

六卷，次序與《聚珍版》不同，係從不全元刊本重爲校訂，似未刻。
盧校後，吳槎客又有增校本，陳仲魚有〈跋〉。

〔附錄〕瞿氏有殘本四卷，存〈楚辭類〉一卷，〈別集類〉三卷。（星
詒）

〔續錄〕閩覆本。蘇杭縮本。昭文張氏有舊鈔殘本。盧抱經校本，
在董授經處。李氏本犀軒有傳鈔繆小山藏宋蘭揮舊殘本，次第與今
異。

《標注》所述有關《解題》輯本之板本已頗多。至今人梁子涵編《中國歷代
書目總錄》五〈藏書目錄〉亦載：

《直齋書錄解題》二十二卷，宋陳振孫編。　清乾隆間《武英殿聚
珍版全書》本。　清乾隆四十四年蘇州編刻《武英殿聚珍版全書》
本。　清乾隆間杭州編刻《武英殿聚珍版全書》本。　粵刻《武英
殿聚珍版全書》本。　清同治七年福建再修閩刻《武英殿聚珍版全
書》本。　清同治十三年江西書局重修贛刻《武英殿聚珍版全書》
本。　清光緒間福州修補本。清光緒九年江蘇書局刻本。　清光緒
乙酉攷售堂校刊本。　民國 24 年上海商務印書館鉛印《叢書集成初
編》本。

案：梁書所著錄《解題》輯本之板本，有溢出《四庫簡明目錄標注》者，惟
其所載「清光緒乙酉攷售堂校刊本」，實爲「攷雋堂」之誤。茲綜合邵、梁、
喬三家所載，去其複重，並就管見所及而補三家脫略，詳考《解題》輯本板
本如下：

（一）乾隆三十八年《武英殿聚珍版》木活字印本

案：此本即邵書所稱「《聚珍版》本」，梁之「清乾隆間《武英殿聚珍
版全書》本」，喬書之「《武英殿聚珍版叢書》用木活字排印」本。其他簿錄
書籍亦有稱爲「《聚珍》本」、「清刊（武英殿）」本、「《武英殿聚珍》本」、「《武
英殿聚珍版》」本、「清乾隆三十八年《武英殿聚珍》本」、「清乾隆三十八年
序《武英殿聚珍版》本」、「清乾隆三十八年武英殿刊《聚珍》本」、「清乾隆
間《武英殿》木活字本」、「乾隆三十八年序《武英殿》活字印本」、「乾隆三
十八年序《武英殿聚珍版》活字印本」，均即此本。此本現存海內外圖書館仍
甚多，中國方面，如北京圖書館、國立故宮博物院、北京人文科學研究所、
中央研究院歷史語言研究所、江蘇省立國學圖書館等均曾收藏，見《北京圖

書館普通古籍總目》、《國立故宮博物院善本舊籍總目》、《北京人文科學研究所藏書簡目》、《臺灣公藏普通線裝書目書名索引》、《江蘇省立國學圖書館現存書目》所著錄。日本方面，則鈴木文庫、東洋文庫、靜嘉堂文庫、天理圖書館、東京大學東洋文化研究所、京都大學人文科學研究所亦有收藏，見《鈴木文庫目錄續編》、《東洋文庫所藏漢籍分類目錄》、《靜嘉堂文庫漢籍分類目錄》、《天理圖書館圖書分類目錄》、《東京大學東洋文化研究所漢籍分類目錄》、《京都大學人文科學研究所漢籍目錄》所著錄。香港方面，學海書樓亦曾收藏，後轉詒香港大會堂圖書館。鄧文同《香港學海書樓藏書目錄・集部・藏書及目錄類》載：

> 《直齋書錄解題》，宋陳振孫撰，武英殿聚珍版，全書廿二卷，共六
> 冊，裝乙函，線裝本。大會堂圖書館編號：011.67　7551。

惟鄧氏所著錄未盡翔實，余親往大會堂參考圖書館借出此本。此本一函六冊，首冊卷首有乾隆甲午仲夏所撰〈御製題武英殿聚珍版木活字序〉，每半葉九行，行二十一字，有「信修」、「濠上艸堂藏本」、「濠堂藏本之一」、「漱玉山房」、「學海書樓所藏」諸印記。惜未能考出「信修」為誰氏，「濠上艸堂」、「濠堂」、「漱玉山房」為誰氏之室號。澳門古稱濠江，證諸「濠堂」、「濠上艸堂」二室號，疑其書原藏澳門，後由學海書樓蒐購得，今又轉詒大會堂圖書館，則此書主人，凡三易矣。

至此本之冊數，除六冊本外，又有七冊、八冊、十二冊、二十冊數種。《北京圖書館普通古籍總目》第一卷〈目錄門・圖書館・目 410 宋人〉云：

> 《直齋書錄解題》二十二卷／（宋）陳振孫撰。 ── 清乾隆間《武
> 英殿》木活字本。 ── 7 冊。 ── （《武英殿聚珍版書》／（清）
> ／內府輯：史部） 　目 410／597

此著錄七冊本者也。

《京都大學人文科學研究所漢籍目錄・史部》第十四〈書目類〉二〈家藏知見之屬〉云：

> 《直齋書錄解題》二十二卷，宋陳振孫撰，元程榮批注，乾隆三十
> 八年序《武英殿》活字印本，有盧文弨識語，吳騫、陳鱣識語圖記。
> 八（冊）。

此八冊本者也。

《北京人文科學研究所藏書簡目・史部》下〈目錄類〉二〈收藏〉三〈私

藏‧宋〉云：

> 《直齋書錄解題》二十二卷，宋陳振孫撰，《武英殿聚珍版》本，有
> 清潘伯寅批。二（函）　一二（冊）　二一三五

此十二冊者也。

《國立故宮博物院善本舊籍總目‧史部‧目錄類》云：

> 《直齋書錄解題》二十二卷，宋陳振孫撰，清乾隆三十八年武英殿
> 刊《聚珍》本，二十冊。

此二十冊者也。是則此本除六冊本外，仍有七冊本、八冊本、十二冊本、二十冊本。分冊儘管不同，而內容實屬一致。惜邵、梁、喬三家於此本，均未能詳作考證，僅簡略言之。

（二）乾隆四十二年閩覆刻《武英殿聚珍叢書》本

案：此本《四庫簡明目錄標注‧續錄》稱「閩覆本」，喬書稱「福建刊本」。《中國歷代書目總錄》五〈藏書目錄〉著錄《解題》有「清同治七年福建再修閩刻《武英殿聚珍版全書》本」，是梁氏應知《解題》輯本有閩覆本。此本海內外圖書館鮮見收藏，惟學海書樓有之，現亦轉詁大會堂圖書館。此本共七冊，記錄咭載：

> 082.74　乾隆四十二年（1177）　福建
> 3503　武英殿聚珍叢書　437～443

是此本乃編入《武英殿聚珍叢書》第四三七至四四三冊。

（三）乾隆四十四年蘇州重刻《武英殿聚珍版》木活字本

案：此本范希曾《書目答問補正》稱「蘇州局本」，梁書稱「乾隆四十四年蘇州編刻《武英殿聚珍版全書》本」，《北京圖書館普通古籍總目》稱「清蘇州重刻《武英殿》木活字本」。此本北京圖書館收藏三部，惟冊數有異同。《北京圖書館普通古籍總目》第一卷〈目錄門‧圖書館書目‧目 410 宋人〉載：

> 《直齋書錄解題》二十二卷／（宋）陳振孫撰。 ── 清蘇州重刻
> 《武英殿》木活字本。 ── 十冊。 ──（《武英殿聚珍版書》／
> （清）內府輯；史部）
>
> 部二　12 冊
> 部三　12 冊　目 410／597.1

是則此本有十冊與十二冊之不同本。

（四）乾隆間浙江重刻《武英殿聚珍版》木活字印本

案：此本《書目答問》稱「杭本」，梁書稱「清乾隆間杭州編刻《武英殿聚珍版全書》本」，葉德輝《書林清話》卷一〈古今藏書家紀板本〉條稱「浙江重刻《武英殿聚珍版》袖珍本」；惟亦有稱之爲「浙江重刻《武英殿》木活字本」。此本《解題》現存仍多，中國方面，北京圖書館藏二部，北京師範大學圖書館藏一部，見《北京圖書館普通古籍總目》及《北京師範大學圖書館中文古籍書目》著錄。日本方面，京都大學及大阪府立圖書館各藏一部，見《京都大學文學部漢籍分類目錄》、《大阪府立圖書館藏漢籍目錄》著錄。此本冊數有六冊者。《京都大學文學部漢籍分類目錄·史部·書目類·家藏知見之屬》云：

> 《直齋書錄解題》二十二卷，宋陳振孫撰，元程榮批注，浙江覆《聚珍版叢書》本六（冊）。

惟亦有分爲十二冊與十六冊者。《北京圖書館普通古籍總目》第一卷〈目錄門·圖書館·目410宋人〉云：

> 《直齋書錄解題》二十二卷／（宋）陳振孫撰。 —— 清浙江重刻《武英殿》木活字本。 —— 16 冊（2 函）。 —— （《武英殿聚珍版書》／（清）內府輯：史部）
>
> 部二　12 冊　目 410／597.2

是此書有六冊、十二冊、十六冊三種之不同本矣。

（五）同治七年福建再修閩刻《武英殿聚珍版全書》本

案：此本梁書即作此稱。檢曾影靖《中國歷史研究工具書叙錄》《直齋書錄解題》二十二卷條下列有「（1）福建 1868 年石印板」，正屬此本。曾氏所編《叙錄》，多據馮平山圖書館藏書編就，今馮平山圖書館藏閩刻《解題》一套，凡十二冊，校者爲王福清、項家達、朱攸、裴謙四氏。此本未見其他圖書館收藏，殊珍貴矣。

（六）同治十三年江西書局重刻《武英殿聚珍版》木活字本

案：此本《書目答問補正》稱「南昌局重刻《聚珍》本」，梁書稱「清同治十三年江西書局重修贛刻《武英殿聚珍版全書》本」，喬書稱「江西書局」本，亦即曾影靖《中國歷史研究工具書叙錄》《直齋書錄解題》二十二卷條下所列之「（2）江西書局 1874 年石印板」本。此本北京圖書館藏二部，惟分冊不同。《北京圖書館普通古籍總目》第一卷〈目錄門·圖書館書目·目 410 宋人〉載：

《直齋書錄解題》二十二卷／（宋）陳振孫撰。 —— 清同治十三
年（甲戌 1874）江西書局重刻《武英殿》木活字本。12 冊（2 函）。
—— （《武英殿聚珍版書》／（清）內府輯：史部）
部二 16 冊 卷 1 抄配 目 410／597.3
是此本分十二冊、十六冊不同本矣。

（七）光緒九年江蘇書局覆刻《聚珍版》本

案：此本一般目錄書籍僅稱為「清光緒九年江蘇書局刻本」，海內外圖書
館多有藏之。中國方面，北京圖書館共藏五部，北京師範大學圖書館、臺灣
大學圖書館、臺灣大學研究所圖書館、江蘇省立國學圖書館均各藏一部，見
《北京圖書館普通古籍總目》、《北京師範大學圖書館中文古籍書目》、《國立
臺灣大學普通本線裝書目》、《臺灣公藏普通本線裝書目書名索引》、《江蘇省
立國學圖書館現存書目》著錄。日本方面，東洋文庫、京都大學人文科學研
究所、東京大學東洋文化研究所、天理圖書館、大谷大學圖書館亦收藏，見
《東洋文庫所藏漢籍分類目錄》、《京都大學人文科學研究所漢籍目錄》、《東
京大學東洋文化研究所漢籍分類目錄》、《天理圖書館圖書分類目錄》、《神田
鬯盦博士寄贈圖書目錄》著錄。美國方面，普林斯頓大學葛思德東方圖書館
藏一部，見《普林斯頓大學葛思德東方圖書館中文舊籍書目》著錄。而香港
方面，香港大學馮平山圖書館藏一部，記錄咭著錄：「光緒九年八月江蘇書局
刊版，六冊。」是此本今存海內外圖書館，不少於十五部。

（八）光緒十一年富順考隽堂覆《武英殿聚珍版》重刊本

案：此本《書目答問補正》稱「光緒間富順考隽堂刻巾箱本」，梁書稱「清
光緒乙酉攷售（隽）堂校刊本」。今此本僅日本東洋文庫有藏，《東洋文庫所
藏漢籍分類目錄‧史部》第十七〈書目類〉二〈家藏知見之屬〉載：

《直齋書錄解題》二十二卷，宋陳振孫撰，□隨齋批注。清光緒十
一年富順攷隽堂《武英殿聚珍版》重刊本。藤 一二（冊）II－17
－B－6

是此本凡十二冊，巾箱本，《東洋文庫所藏漢籍分類目錄》未注明。范希曾《書
目答問補正》所載，足補《東洋文庫所藏漢籍分類目錄》之未及。

（九）光緒二十一年福州重刊《武英殿聚珍版叢書》本

案：此本《書目答問》稱「福本」，梁書稱「清光緒福州修補本」，亦即

曾影靖《中國歷史研究工具書敘錄》《直齋書錄解題》二十二卷條下之「（3）福建1895年石印版」。北京圖書館藏此本凡二部，《北京圖書館普通古籍總目》第一卷〈目錄門・圖書館・目410宋人〉載：

> 《直齋書錄解題》二十二卷／（宋）陳振孫撰。——清光緒二十——
> ——二十一年（甲午1894——乙未1895）福建重刻《武英殿》木活字
> 本。——12冊。——（《武英殿聚珍版書》／（清）內府輯；史部）
> 部二　12冊　目416／597.5

香港大學馮平山圖書館藏此本一部。

（十）光緒二十五年廣雅書局重編《武英殿聚珍版書》校刊本

　　案：梁書稱此本爲「粵刻《武英殿聚珍版全書》本」。此本今僅見藏大阪府立圖書館及香港大會堂圖書館，各藏一部；大會堂圖書館所藏，亦學海書樓見詒者。《大阪府立圖書館藏漢籍目錄・叢書之部》第一〈雜叢類〉三〈清之屬〉載：

> 《武英殿聚珍版書》，五二六冊，清乾隆中敕編。清光緒二五年廣雅
> 書局重編校刊本。第187～194冊《直齋書錄解題》，二二卷，宋陳
> 振孫撰，元程榮批注。

（十一）民國26年商務印書館據《聚珍版叢書》排印《叢書集成初編》本

　　案：此本梁書稱「民國24年上海商務印書館鉛印《叢書集成初編》本」，記年有小失。日本東京大學東洋文化研究所藏此本。《東京大學東洋文化研究所漢籍分類目錄・史部》第十四〈書目類〉二〈家藏知見之屬〉載：

> 《直齋書錄解題》二十二卷，宋陳振孫撰，元程榮批注。覆《聚珍
> 版叢書》本，《叢書集成》初編所收。

香港大學馮平山圖書館及香港大會堂圖書館亦有收藏。馮平山圖書館所藏本除蓋「香港大學馮平山中文圖書館」圓印外，另蓋有「簡東浦陳瑞琪先生合贈」長方印，可識此書來源。此本扉頁後載：

> 本館據《聚珍版叢書》本排印，《初編》各叢書僅有此本。

　　書後之版權頁又載：

> 王雲五主編《叢書集成》初編。《直齋書錄解題》五冊。中華民國
> 26年12月初版。

是此本凡五冊，初版在民國26年，梁書作「24」，亦失檢矣。

（十二）民國 28 年商務印書館據《叢書集成初編》排印《國學基本叢
　　　書》本

　　案：曾影靖《中國歷史研究工具書叙錄》《直齋書錄解題》二十二卷條下
著錄之「（4）商務書局《國學基本叢書》」，即此本，香港大學馮平山圖書館
有藏。此本書後版權頁載：

　　　中華民國 28 年 3 月初版，《國學基本叢書》，《直齋書錄解題》二冊。

是此本凡二冊，與《叢書集成初編》本不同也。

（十三）民國 57 年廣文書局據《武英殿聚珍版》影印《書目續編》本

　　案：臺北廣文書局刊行之《書目叢編》，初由喬衍琯主編，《解題》輯本
收入該《續編》第二十四種。《書目叢編》海內外圖書館多有採購，香港大會
堂圖書館有此編，日本愛媛大學亦收藏。《愛媛大學附屬圖書館漢籍目錄》第
十四〈書目類〉二〈家藏知見之屬〉載：

　　　《直齋書錄解題》二十二卷，宋陳振孫撰，元程榮批注。民國 57
　　　年臺北廣文書局用《武英殿聚珍版》景印，68 年再刷本。《書目續
　　　編》，三冊。二・一四・一五

是此本凡三冊，民國 57 年初版，68 年再版，愛媛大學所藏者乃再版本。

（十四）民國 64 年商務印書館編印《四庫全書珍本別輯》本

　　案：此本香港大學馮平山圖書館有藏，版權頁載：

　　　王雲五主編《四庫全書珍本別輯》，民國 64 年據文淵閣本影印。

對《四庫全書珍本別輯》本《解題》，喬衍琯《陳振孫學記》第四章〈直齋書
錄解題〉、第二節〈傳本〉謂：

　　　民國 66 年，商務編印《四庫全書珍本別輯》，收有《書錄解題》，係
　　　據故宮博物院藏《文淵閣》本影印，內容與《聚珍版》全同。

所言大體允當，惟編印歲月誤署「民國 66 年」，則未見精審耳。

　　以上綜合邵懿辰、梁子涵、喬衍琯三家所言及《解題》輯本之板本，計
十四種，並予考釋；然《解題》輯本板刻固不止此。茲就見聞所及，略補邵、
梁、喬三氏之闕略。

（一）道光八年閩刻《武英殿聚珍版全書》本

　　案：此本僅見日本京都大學收藏，至足珍也。《京都大學文學部漢籍分類
目錄・叢書部・雜叢類・清順康雍乾朝之屬》載：

閩刻《武英殿聚珍版全書》存一百七十種。清乾隆中敕輯，道光八
年福建布政使南海吳榮光重修刊，十年、二十七年補修本。《直齋書
錄解題》二十二卷，宋陳振孫撰，元程棨批注。

是此本既有道光八年重修本，又有十年及二十七年補修本；惜此本冊數若干，
未見著錄耳。

（二）金陵書局重刊《武英殿聚珍版》本

案：此本曾藏北京人文科學研究所，民國 27 年 5 月北京人文科學研究所
編印之《北京人文科學研究所藏書簡目・史部》下《目錄》三〈私藏・宋〉
載：

《直齋書錄解題》二十二卷，宋陳振孫撰。金陵書局重刊《武英殿
聚珍版》本。一（函），一二（冊），一九

則此本固非「乾隆四十四年蘇州重刻《武英殿聚珍版》木活字本」，因金陵與
蘇州顯為二地，不能混同；而此本亦非「光緒九年江蘇書局覆刻《聚珍版》
本」，因此本十二冊，而江蘇書局本僅為六冊，二者顯有所不同。惜此本今已
無所蹤跡耳。

（三）民國 57 年藝文印書館原刻景印《百部叢書集成》本

案：此本實據《聚珍版叢書》影印，書首有云：

本館《百部叢書集成》據清乾隆敕刊《聚珍版叢書》本影印，並附
杭世駿〈直齋書錄解題跋〉、余嘉錫《四庫提要辨證》、胡玉縉《提
要補正》於後。所選《百部叢書》，僅有此本。

此本凡十冊，所增資料可作參研之用；然所增者亦非罕見者也。

（四）民國 75 年商務印書館景印《文淵閣四庫全書》本

案：此本與《四庫全書珍本別輯》本全同，內容亦與《聚珍版》無異。《解
題》收入〈史類・目錄類〉一〈經籍之屬〉第六七四冊。

以上補邵、梁、喬三書未著錄之《解題》輯本，板本凡四。余另見《內
閣文庫漢籍分類目錄・史》十六〈目錄類・書目〉載：

《直齋書錄解題》二十二卷，宋陳振孫，清刊。一二（冊），二九七
（函），四四（號）

又《尊經閣文庫漢籍分類目錄・雜部・目錄類》一載：

《直齋書錄解題》二十二卷，宋陳振孫，清光緒版。六（冊）

內閣大庫所藏《解題》，僅注「清刊」二字，未見原書，無從推知所屬何種板本。而尊經閣所藏，既注明「清光緒版，六（冊）」，疑即爲江蘇書局本；江蘇書局於光緒九年覆刻《聚珍版叢書》，其本正六冊，而其餘光緒版，則絕無裝訂作六冊者，故知屬此本。

綜上所述，《解題》輯本之板本，邵、梁、喬三書著錄者凡十四種；而管見所及可補三家之闕者凡四種；又未見原書，無由推知版刻者一種。是則《解題》輯本之板本，當不少於十八種。

午、鉛印本與影印本

《解題》之有鉛印本，自民國 26 年商務印書館據《聚珍版叢書》用鉛字排印《叢書集成》初編始。嗣後，民國 28 年商務印書館印行《國學基本叢書》本《解題》，亦屬鉛印本。

1987 年 12 月，上海古籍出版社出版徐小蠻、顧美華點校之《直齋書錄解題》精裝一大冊。此本以《聚珍版叢書》爲底本，而校以元抄本、盧文弨校本，並參校《郡齋讀書志》、《文獻通考》、各史〈藝文志〉等，全書以點校爲主，鉛字排印，是亦鉛印本矣。

至《解題》影印本，凡四種。第一種爲民國 57 年廣文書局據《聚珍版》影印之《書目續編》本，此本於民國 68 年曾再版。第二種爲民國 57 年藝文印書館影印之《百部叢書集成》本。第三種爲民國 64 年商務印書館編印之《四庫全書珍本別輯》本。第四種爲民國 75 年商務印書館景印之《文淵閣四庫全書》本。是可知《解題》影印本，凡四種矣。

未、校　本

《解題》校本，據喬衍琯《陳振孫學記》第四章《直齋書錄解題》第二節〈傳本〉丁〈各家校本〉所考，計有：
　　一、清盧文弨校本
　　二、清吳騫校本
　　三、清陳鱣校本
　　四、清潘祖蔭校本
　　五、近人王國維校本
　　六、傅增湘傳錄〈直齋書錄解題校記〉
其實，喬氏此處所考未盡完備，而其所列第六種亦未能稱爲《解題》校

本。茲仍略參喬說，並就管見補其未及，考述《解題》校本如下。

（一）盧文弨校本

梁子涵《中國歷代書目總錄》五〈藏書目錄〉載：

> 《直齋書錄解題》二十二卷，宋陳振孫編。江蘇省立國學圖書館藏
> 丁氏善本書室舊藏盧抱經批校巾箱本。（按有盧文弨弓父手校二印）

案：吳壽暘〈拜經樓藏書題跋記〉卷三載：

> 《書錄解題》二十二卷，武英殿聚珍本，盧學士借校，多所補正，
> 凡字畫之不合六書者，悉皆更定，彌見前輩讀書之精審，深可寶愛。
> 簡莊徵君復校補十數條，內卷十二至十四，卷十九至二十二，先君
> 子曾得舊鈔殘本，手校於上，後以贈嘉興陳梅軒進士。嘉慶乙丑，
> 簡莊得陳鄉人從梅軒借錄本一冊，以示先君子，因復錄於是本，並
> 書十四卷後云：「予向有舊《書錄解題》殘本，後以贈橋李陳進士效
> 曾。效曾官楚中十餘年，移疾而歸，所患乃失心之疾。此書予未有
> 副，求前書一校此本亦不可得。頃簡莊從吳中購得一本，則有效曾
> 鄉人曾與效曾借予殘本而手校者，惜不知姓氏，考其所校時，迄今
> 已二十有五年矣。因復從簡莊借錄於此本，不禁閣筆為之三歎！嘉
> 慶乙丑兔床志。」

又陳鱣《簡莊綴文》卷三〈直齋書錄解題跋〉亦云：

> 近客吳中，從書賈購得《書錄解題》，係《聚珍》本，間有朱筆校語，
> 初不知為何人，及閱卷之十二上，有標題云：「借同鄉陳進士贈所藏
> 海寧吳葵里鈔本殘帙校。」始知吾鄉槎客明經曾有舊鈔以遺秀水家
> 效曾進士，而此君復轉錄於此本者也。惜乎僅題年月，不著姓名，
> 觀其書法秀麗，精心好古，定屬雅人。會余歸里，携示槎客，一見
> 心喜，如逢故人，既為重錄於盧抱經學士手校本上。余復借盧校本
> 傳寫對勘一過，又改正數百字，並從《文獻通考》補得十餘條，凡
> 黃筆者皆是。今而後庶幾可為善本。因念抱經學士已歸道山，效曾
> 進士久患心疾，而槎客之年七十三矣，余得挾書往來，賞奇析義，
> 能不欣感交至哉！

觀上引〈拜經樓藏書題跋記〉及《簡莊綴文》所記，是抱經沒後，其手校《聚
珍》本《解題》，初由吳騫收藏。惟此校本後則輾轉於董康及丁丙處，而終藏
南京圖書館。邵懿辰《四庫簡明目錄標注・史部》十四〈目錄類〉載：

《直齋書錄解題》二十二卷，宋陳振孫撰。……〔續錄〕盧抱經校
本，在董授經處。

又丁丙《善本書室藏書志》卷十四〈史部〉十四載：

《直齋書錄解題》二十二卷，盧抱經校藏巾箱本。……有「盧文弨
弓父手校」印。

另《江南圖書館善本書目・目錄類・經籍之屬》載：

《直齋書錄解題》二十二卷，宋安吉陳振孫，盧抱經校藏巾箱本，
八本。

《江蘇省立國學圖書館現存書目》卷六〈史部・目錄類・解題考訂之屬〉
亦載：

《直齋書錄解題》二十二卷，宋安吉陳振孫，盧抱經校藏巾箱本。
丁書，善甲。八冊。

至徐小蠻、顧美華點校《直齋書錄解題》，其〈點校說明〉則云：

南京圖書館藏丁丙跋盧文弨校本。

綜上所引資料，固可推知盧校本《解題》乃校於《聚珍版》巾箱本上，凡八
冊。初藏拜經樓吳騫處，後流落人間，爲董授經所得。授經名康，武進人，
平生訪書與校書，鑑賞極精，收藏甚富；所著書有《書舶庸議》六卷，記東
渡日本所見官私善本圖書。盧氏校本亦由丁氏善本書室收藏，丁丙詳跋之。
其後丁氏書亦散出，爲江南圖書館擁有。江南圖書館易名江蘇省立國學圖書
館，再易名南京圖書館，此校本至今仍得以收藏南京圖書館中。余曾幾番請
託友朋如上海師範大學古籍整理研究所朱瑞熙教授代爲影印，迄今未能逐願
也。據丁氏跋語，此校上有「盧文弨弓父手校」印，梁子涵寫作「二印」，恐
未必確當，且梁氏亦未知此校本已改藏南京圖書館。

有關抱經校理《解題》輯本，其過程《抱經堂文集》卷九〈新訂直齋書
錄解題跋〉頗有記述。該〈跋〉略云：

直齋陳氏《書錄解題》二十二卷，《四庫全書》館新從《永樂大典》
中鈔出以行。……乾隆己卯，余讀〈禮〉家居，友人見示此書，僅
自〈楚辭〉、〈別集〉以下，而其他咸缺焉，乃秀水朱氏曝書亭鈔本
也。今距曩時十八年而始見全書，殊爲晚年之幸。館閣校勘精矣，《大
典》中有失載者，以《通考》所引補入之，舊所有隨齋批注，亦附
錄焉。然所補入者，亦尚有漏誤，而所附錄與其所加案語，頗似有

可省者。蓋陳氏未嘗入館閣，僅錄其所有以爲是書，故卷數或多或少，不必盡合於國史。又晁氏《讀書志》有袁本、衢本之異，《通考》所載乃衢本，而海寧陳氏所梓者乃袁本。又《通考》有元至大間本，本朝有《武英殿》本，兩者皆勝他本。今校者似但據俗間本而議其未合，毋仍千慮之一失與？大抵官中校勘，不出一手，而又迫以期限，其勢固無如之何也。余客居鍾山，幸以課讀餘閒，檢尋是正，疏爲若干條，不足別行。倘有學者相助，爲鈔此書，即依余之所增刪者，使夫後之人並觀而有得焉，不其善乎！乾隆四十一年十一月盧文弨書。

案：盧氏此〈跋〉中之「乾隆己卯」，乃乾隆二十四年（1759），是年文弨得讀朱彝尊曝書亭鈔本《解題》。後十八年，即作此〈跋〉之年——乾隆四十一年丙申（1776），盧氏始得讀《聚珍版》全書。惟《四庫全書》館臣校勘是書有種種「千慮一失」之缺憾，盧氏乃以客居鍾山課讀餘閒，檢尋是正，疏爲若干條。惜所得未富，不足以別行，遂僅將撰就之校語迻錄巾箱本上。校本現藏南京圖書館，未能借出影印。盧氏校理《解題》，所用之《聚珍版》巾箱本，凡八冊，即乾隆三十八年序《武英殿》活字印本。書不經見，祇日本京都大學人文科學研究所藏一套，亦碩果僅存者矣。是則吾國南京圖書館所藏「丁丙跋盧文弨校本」《解題》，更應珍同拱璧矣。

（二）陳熷鄉人校本

陳熷，字效曾，號梅軒，浙江嘉興人，進士及第。吳騫有校藏《解題》舊鈔殘本，效曾曾借得之，後更轉借鄉人某氏。鄉人用朱筆將吳氏校語轉錄《聚珍》本上，此本可稱之爲「陳熷鄉人校本」。此校本之所以獲得，陳鱣《簡莊綴文》卷三〈直齋書錄解題跋〉記之云：

> 近客吳中，從書賈購得《書錄解題》，係《聚珍》本，間有朱筆校語，初不知爲何人，及閱卷之十二上，有標題云：「借同鄉陳進士熷所藏海寧吳葵里鈔本殘帙校。」始知吾鄉槎客明經曾有舊鈔以遺秀水家效曾進士，而此君復轉錄於此本者也。惜乎僅題年月，不著姓名，觀其書法秀麗，精心好古，定屬雅人。

觀簡莊所記，則此鄉人某氏亦嘉興人。其所標題文字既在卷十二上，則當寫於〈神仙類〉上也。至其朱筆校語，不過僅轉錄吳槎客所校舊鈔殘本之資料，用以校《聚珍》本異同，恐無甚發明。故簡莊〈跋〉但言其「書法秀麗，精

心好古，定屬雅人」，其餘均無涉及。又此校本究寫成於何時，簡莊於此問題未嘗一考。考吳壽暘〈拜經樓藏書題跋記〉卷三云：

> 先君子曾得舊鈔殘本，手校於上，後以贈嘉興陳梅軒進士。嘉慶乙丑，簡莊得陳鄉人從梅軒借錄本一冊，以示先君子，因復錄於是本，並書十四卷後云：「予向有舊《書錄解題》殘本，後以贈橋李陳進士效曾。效曾官楚中十餘年，移疾而歸，所患乃失心之疾。此書予未有副，求前書一校此本，亦不可得。頃簡莊從吳中購得一本，則有效曾鄉人曾與效曾借予殘本而手校者，惜不知姓氏，考其所校時，迄今已二十有五年矣。因復從簡莊借錄於此本，不禁閣筆為之三歎！嘉慶乙丑兔床志。」

據〈題跋記〉所述，則簡莊得書及槎客作志均同在嘉慶乙丑歲，亦即嘉慶十年（1805），由是而上溯二十五年，即乾隆四十六年辛丑（1781），是可考知陳鐘鄉人此一校本，當過錄於乾隆四十六年也。

（三）吳騫校本

　　吳騫，字葵里，號槎客，又號兔床，浙江海寧人，其校讎《解題》，先後達二次，第一次乃校於舊鈔殘本上，另一次則校於盧文弨校本上。吳壽暘〈拜經樓藏書題跋記〉卷三云：

> 《書錄解題》二十二卷，《武英殿聚珍》本，盧學士借校，多所補正，凡字畫之不合六書者，悉皆更定，彌見前輩讀書之精審，深可寶愛。簡莊徵君復校補十數條，內卷十二至卷十四，卷十九至二十二。先君子曾得舊鈔殘本，手校於上，後以贈嘉興陳梅軒進士。嘉慶乙丑，簡莊得陳鄉人從梅軒借錄本一冊，以示先君子，因復錄於是本，並書十四卷後云：「予向有舊《書錄解題》殘本，後以贈橋李陳進士效曾。效曾官楚中十餘年，移疾而歸，所患乃失心之疾。此書予未有副，求前書一校此本，亦不可得。頃簡莊從吳中購得一本，則有效曾鄉人曾與效曾借予殘本而手校者，惜不知姓氏，考其所校時，迄今已二十有五年矣。因復從簡莊借錄於此本，不禁閣筆為之三歎！嘉慶乙丑兔床志。」又書廿二卷末云：「嘉慶丁卯仲秋，秀水王稼洲茂才過訪，予出此書示之，其十二卷中所云：『從同郡陳效曾所借。』效曾之姓名，稼洲亦不辨。稼洲名尚繩，尊甫省齋大令元啟，禾中

篤學士也，於效曾爲前輩。」

據此〈題跋記〉所載，「先君子曾得舊鈔殘本，手校其上」，乃指槎客首次校《解題》，惜此舊鈔殘本自贈與陳鱣後，鱣一度借與鄉人，嗣後即無所蹤跡矣。至〈題跋記〉所載：「簡莊得陳鄉人從梅軒借錄本一冊，以示先君子，因復錄於是本。」及槎客自識：「因復從簡莊借錄於此本。」此爲槎客第二次校《解題》，乃迻錄陳鱣鄉人手校之資料於盧文弨校本上。〈題跋記〉於此條中一再提及之「此本」，乃指盧校本。盧校本今藏南京圖書館，他日倘能借出觀覽，當可證明鄙說之不虛也。槎客此本第十四卷後有識語，則其所識者乃在〈形法類〉後，其時爲嘉慶十年乙丑（1805）；槎客又於嘉慶十二年丁卯（1807）另書識語於卷二十二〈文史類〉卷末；是則槎客校錄此本，其始固在嘉慶十年，而其末則在嘉慶十二年，此皆讀〈題跋記〉可推而知之者也。

（四）陳鱣校本

陳鱣，字仲魚，號簡莊，與吳槎客同鄉，生平酷嗜藏書，購置不遺餘力，得善本輒手自校勘，數十年如一日。所校《解題》，凡十數條，以黃筆迻錄於陳鱣鄉人校本之上。《簡莊綴文》卷三〈直齋書錄解題跋〉云：

> 近客吳中，從書賈購得《書錄解題》，係《聚珍》本，間有朱筆校語，初不知爲何人，及閱卷之十二上，有標題云：「借同鄉陳進士鱣所藏海寧吳葵里鈔本殘帙校。」始知吾鄉槎客明經曾有舊鈔以遺秀水家效曾進士，而此君復轉錄於此本者也。惜乎僅題年月，不著姓名，觀其書法秀麗，精心好古，定屬雅人。會余歸里，携示槎客，一見心喜，如逢故人，既爲重錄於盧抱經學士手校本上。余復借盧校本傳寫對勘一過，又改正數百字，並從《文獻通考》補得十餘條，凡黃筆者皆是。今而後庶幾可爲善本。……嘉慶十年秋日。

案：余前已謂槎客所校《解題》，乃迻校於盧校本上，觀此〈跋〉有「既爲重錄於盧抱經學士手校本上」之語，所料果然。簡莊校《解題》，則校於陳鱣鄉人校本上，即此〈跋〉所云「而此君復轉錄於此本者也」之鄉人校本。據《簡莊綴文》所載，以考簡莊校本，則此本首爲陳鱣鄉人校語，乃據吳槎客所藏鈔本殘帙，以朱筆校出者；次則爲傳寫盧文弨校語，並參考槎客所校，有所過錄；其三則爲簡莊改正《聚珍》本《解題》數百字，及從《通考》所補得之十餘條。其中二、三兩項校語，皆以黃筆寫出。此本所包含校讎材料至宏富，「庶幾可爲善本」。至簡莊校成此本之日期，乃嘉慶十年，讀〈跋〉語固可知也。

簡莊校本，今仍可略考其蹤跡。梁子涵《中國歷代書目總錄》五〈藏書目錄〉載：

> 國立清華大學圖書館藏陳仲魚手校乾隆年間《武英殿聚珍版》原印
> 本八冊。

觀是，則陳鱣鄉人所用之本亦爲《聚珍版》巾箱本，此本八冊，與盧文弨所用者爲同一板本。惟簡莊校本，現並不藏於北京國立清華大學圖書館。余友劉桂生教授，任教清華大學，爲校務委員會委員兼文科工作委員會委員，據劉教授函告，謂清華大學圖書館絕無藏此書。余又檢《京都大學人文科學研究所漢籍目錄·史部》第四十〈書目類〉二〈家藏知見之屬〉載：

> 《直齋書錄解題》二十二卷，宋陳振孫撰，元程榮批注。乾隆三十
> 八年《武英殿》活字印本，有盧文弨識語，吳騫、陳鱣識語、圖記。
> 八（冊）

則日本京都大學人文科學研究所應藏有此書。京都大學此〈漢籍目錄〉編成於昭和五十四年三月卅一日，即西元 1979 年。是則陳鱣校本《解題》，亦如陸心源皕宋樓藏書乘艫東渡，爲京都大學人文科學研究所圖書館所據有，國寶淪亡異域，思之令人長號不自禁。

（五）潘祖蔭批校本

潘祖蔭，字伯寅，號文勤，江蘇吳縣人。藏書之館曰滂喜齋，所貯圖書金石之富，甲於吳下。每閱一書，輒作解題，成《滂喜齋讀書記》二卷，有稱於時。其所校《解題》，余未之見，惟《北京人文科學研究所藏書簡目·史部》下〈目錄類〉二〈收藏〉三〈私藏·宋〉載：

> 《直齋書錄解題》二十二卷，宋陳振孫撰。《武英殿聚珍版》本，有
> 清潘伯寅批。二（函）、一二（冊）、二一三五

案：此《藏書簡目》乃民國 27 年 5 月由北京人文科學研究所編印，當直至此年，該研究所仍藏有此書。伯寅所用之本，疑爲乾隆三十八年序《武英殿聚珍版》木活字印之十二冊本。《藏書簡目》既稱爲「潘伯寅批」，此本或非作詳校者也。此批校本梁子涵《中國歷代書目總錄》五〈藏書目錄〉亦著錄，謂：

> 國立中央研究院藏北京人文科學研究所舊藏清潘伯寅批《武英殿聚
> 珍版》本。

是北京人文科學研究所藏書後歸國立中央研究院，則此批校本亦應隨之而轉移。梁氏《總錄》乃民國 42 年 3 月由中華文化出版事業委員會刊行，此條所

記或梁氏親見書後而著錄者。是則此批校本應仍藏存中研院。檢《臺灣公藏普通本線裝書目書名索引》載：

> 《直齋書錄解題》二十二卷，宋陳振孫撰。清乾隆三十八年《武英殿聚珍》本。故宮 205　史語所 4

觀是，則中央研究院歷史語言研究所收藏者疑即此本，惜此著錄未注明冊數，又未標示有否潘伯寅批語。余曾懇請任職中央研究院友人閻琴南博士代爲借出影印，迄今未獲賜福音也。〔註31〕

（六）繆荃孫批校本

繆荃孫，字筱珊，號藝風，江蘇江陰人，晚清著名學者。平生好藏書，從事校讎之業甚勤。所著有《藝風堂藏書記》八卷、《續記》八卷及《宋元本留眞譜》、《京師圖書館善本書目》等書，皆足以津逮學林。繆氏批校本《解題》，余未之見，徐小蠻、顧美華點校《直齋書錄解題》，〈點校說明〉一謂：

> 青海師範學院藏繆荃孫批校本。

〈點校說明〉四又謂：

> 除盧（文弨）校本外，還參校了《郡齋讀書志》、《文獻通考》、各史〈藝文志〉，其他有關《直齋書錄解題》的校本、校語，間亦有所採錄。

惟細閱徐、顧點校之本，其中絕無片言隻字引用繆批校本者，意徐、顧二氏亦未嘗見及繆批校本也，〈點校說明〉所述，蓋誑言耳。是故，余嘗函請北京大學歷史系榮新江副教授設法代爲影印此本，惜榮氏未幾赴日本京都大學作研究，本年（1991）2月又應英國國會圖書館邀請，改赴倫敦作斯坦因（Stein）收集品之整理工作，故影印事乃不得不擱下，惟有期諸他日矣。

因徐、顧二氏未曾見及繆批校本，故余頗懷疑〈點校說明〉此處所謂「繆荃孫批校本」者，或爲藝風老人得之宋蘭揮所藏舊鈔殘本，此本曾經王先謙以《四庫全書》輯本相校，本上之校語亦出自王氏之手，其後由藝風轉錄。意青海師範學院不察，僅見此批校本上有繆氏印記，不暇細考，遂遽標「繆荃孫批校本」。試觀《藝風堂藏書記》卷五〈類書〉十七〈目錄類〉「《直齋書錄解題》二十卷舊鈔本」條，繆氏未嘗自言其有批校此書事，僅於篇末謂：

> 荃孫另撰〈考證〉。

〔註31〕民國80年暑期，余嘗親往中央研究院傅斯年圖書館借出此本，首尾細閱一過，其上並無潘伯寅批語，是則潘批本恐亦作〈廣陵散〉矣。

惟荃孫〈考證〉之本，今亦不之見。梁子涵《中國歷代書目總錄》五〈藏書目錄〉云：

> 《直齋書錄解題考證》，繆荃孫撰。江安傅氏雙鑑樓藏藝風堂舊藏鈔
> 本。

是則繆氏確有《考證》之作，其鈔本曾藏傅增湘雙鑑樓，惜今亦無所蹤跡矣。倘余所疑者不誤，則所謂繆批校本《解題》，殊屬子虛烏有，青海師範學院固張冠李戴，徐、顧二君則以耳代目，治學態度均未甚矜慎也。至愚見之當否，是耶非耶，惟有俟諸他日目驗耳。

（七）王國維手批本

王國維，字靜安，號觀堂，浙江海寧人，當代著名學者。學問博大精深，於經史、文學、哲學、教育、文字、聲韻、訓詁、目錄、校讎、金石、輿地諸學，咸有嶄新之貢獻。所著《觀堂集林》諸書，享譽中外。所編目錄學著作，如〈兩浙古刊本考〉、〈五代兩宋監本考〉、《烏程蔣氏密韻樓藏書志》，皆爲重要之參考文獻。王氏有手批本《解題》，余未之見，梁子涵《中國歷代書目總錄》五〈藏書目錄〉載：

> 《直齋書錄解題》二十二卷，宋陳振孫撰。國立北平圖書館藏清乾
> 隆間欽定《四庫全書》文津閣本十二冊、王國維手批清光緒九年江
> 蘇書局刻本六冊。

是條所謂王氏手批本，乃批於光緒九年江蘇書局刻本《解題》上。此本曾藏國立北平圖書館。北平圖書館後更名北京圖書館。惟此本是否仍藏北京圖書館，則未可知也。《北京圖書館普通古籍總目》第一卷〈目錄門・圖書館書目・目 410 宋人〉著錄：

> 《直齋書錄解題》二十二卷　（宋）陳振孫撰。──清光緒九年（癸
> 未 1883）江蘇書局刻本。　6 冊
> 部二　6 冊
> 部三　6 冊
> 部四　6 冊
> 部五　6 冊　西諦藏書　　目 410／597.4

是北京圖書館藏有光緒九年江蘇書局刻本《解題》多達五部，且於第五部項下注明爲「西諦藏書」，倘他本乃有王國維手批本，自不容不細加注出而疏漏

若是！故余甚疑北京圖書館未必藏有王手批本。近讀華東師範大學出版社刊行《王國維學術研究論集》第三輯，內有周啓付教授所撰〈王國維對圖書館學目錄學的貢獻〉一文，其文曰：

> 王國維在 1910 年繆荃孫來京師任圖書館監督時，與之定交。繆爲著名目錄學家，二人交往，對王深入研究目錄學大有禆益。王國維曾認眞校勘了一批重要的書目，對目錄遺產的整理做出了很大的貢獻。據統計，他所校勘的書目有：《直齋書錄解題》二十二卷，光緒九年江蘇書局刻本，有眉注十餘則。

觀周文所載，當可推知者：一、王手批本《解題》約批校於宣統二年（1910）繆、王定交之後；二、王手批本僅有眉注十餘則；三、周啓付教授曾閱讀王手批本，惜未說明此書收藏現況。

余曾因是航郵華東師範大學出版社一函，請代轉周氏，請教有關王手批本現藏處及眉注十餘則之內容，乞予見告及轉錄。惟音訊全無。洪喬既有誤，其事亦無可如何者矣！〔註32〕

（八）傅增湘〈直齋書錄解題校記〉

傅增湘，字沅叔，號藏園，四川江安人。平生好藏書，嘗得宋、元《通鑑》二部，因題館曰雙鑑樓。壯歲南遊江浙，東泛日本，海內外公私圖籍，靡不涉目。又好校讎，每遇宋、元本或明鈔本，必以他本過校，日以三十葉爲度，所校過八千卷。此〈校記〉刊見民國 30 年北平圖書館編《圖書季刊》上，題目下雙行小注云：

> 用盧抱弓校本，校《武英殿聚珍》本。

案：傅氏此文由〈目錄〉至卷十五校記，載《圖書季刊》新第三卷第一期；其卷十六至卷二十二之校記，載新第三卷第四期。末附盧抱弓〈跋〉及〈書新定書錄解題後〉二文。惟沅叔於盧氏所校，僅作過錄，而未作任何說明，故喬衍琯視此〈校記〉爲傅氏校本，余則未以爲然也。惟沅叔〈校記〉，保存盧校本材料，其後徐小蠻、顧美華點校《解題》亦取資於其中，〔註33〕 始成

〔註32〕周教授於 1991 年 6 月 14 日覆函略謂：「先生所需王國維手批《直齋書錄解題》，手頭並無，乃引自一份紀念文章。近詢數位先生，皆言未見。適逢我校有人至京，託至北京圖書館善本部代查，據言原爲王國維之《直齋書錄解題》並無手批。結果仍無。因候回音，故延覆函，請諒！容後查得再報。」據此函，則王國維校本上並無批語，或所轉告者容有誤也。

〔註33〕案：徐、顧點校本《解題》〈點校說明〉第二條云：「盧校本自〈讖緯類〉起

完璧；是則沅叔固有功於《解題》與盧氏，而此〈校記〉亦不能以其僅作過錄而小視之也。

申、重輯本

重輯本《解題》者，即今仍由上海圖書館所藏盧文弨《新訂直齋書錄解題》稿本是也。此重輯本，徐小蠻、顧美華點校《直齋書錄解題》，稱之爲「盧文弨重輯稿本《直齋書錄解題》」，又簡稱之爲「盧校本」。竊意以爲稱爲「重輯本」或「重輯稿本」均無不可；惟如徐、顧二氏簡稱爲「盧校本」，則易與盧文弨所校之《聚珍版》巾箱本相混。盧校巾箱本《解題》凡八冊，現藏南京圖書館，此本固應稱爲「盧校本」；而重輯稿本，若又簡稱「盧校本」，則易相混也。案：盧文弨，字紹弓，號磯漁，又號檠齋，晚更號弓父，「抱經」則其堂顏也，人稱之曰抱經先生。家藏圖籍數萬卷，均手自校勘，凡經披覽之書，無不丹黃滿紙，所校亦精審無誤。抱經自乾隆二十四年己卯歲（1759）即得讀曝書亭鈔本《解題》，惜此鈔本「僅自〈楚辭〉、〈別集〉以下，而其他咸缺焉」。乾隆四十一年丙申歲（1776），盧氏得讀《聚珍版》巾箱本，惟以巾箱本有「千慮之一失」，乃初步作讎校，疏爲若干條，且撰一〈跋〉以述校勘顚末。乾隆四十二年丁酉（1777），盧氏又於知不足齋主人所復得另一鈔本子、集數門，「乃更取而細訂之」，而編就此重輯本。有關盧氏編理重輯本過程，盧氏所撰〈書新訂直齋書錄解題後〉頗詳言之，茲迻錄如下：

> 此書外間無全本久矣。《四庫全書》館新從《永樂大典》中鈔出，分爲二十二卷，余既識其後矣。丁酉王正，復得此書子、集數門元本於知不足齋主人所，乃更取而細訂之。知此書唯〈別集〉分三卷，〈詩集〉分兩卷，而其餘每類各自爲卷，雖篇幅最少者，亦不相爲聯屬，余得據之定爲五十六卷。元第〈詩集〉之後，次以〈總集〉，又〈章奏〉，又〈歌詞〉，而以〈文史〉終焉。其他次第，並與館本無不同者。（案：此處盧氏眉注曰：「經、史元本未見，恐尚有不同，如〈釋氏〉、〈道家〉、〈神仙〉之類，因陳氏語而後知今本次第之誤。」）其〈雜藝〉一類，較館本獨爲完善，余遂稍加訂正而更鈔之。余自己卯先見集部元本，越十九年而更見子部中數門，則安知將來不更有

至〈僞史類〉，缺（〈雜史類〉不全）缺處有關盧校本及盧校注的情況均據《圖書季刊》新第三卷第一到四期傅增湘〈直齋書錄解題校記〉過錄。」讀此可證。

並得經、史諸類者乎？取以證吾所鈔者，庶有以明吾之不妄爲紛更
也已。乾隆四十三年正月二十九日，東里盧文弨書。

讀此〈書後〉，則可推知抱經編理重輯本，蓋始自乾隆四十二年丁酉正月，
而全書整理完竣則在乾隆四十三年正月，費時僅一年耳。抱經重輯此書，發
明至多，貢獻殊鉅，惜未能得讀其原書，茲僅就盧氏〈書後〉而疏論之。重
輯本之成就爲：

一、恢復《解題》本爲五十六卷之舊。

二、糾正《四庫全書》輯本次第之誤，依《解題》原第，將其集部編次
改爲：〈楚辭類〉、〈別集類〉、〈詩集類〉、〈總集類〉、〈歌詞類〉、〈章奏類〉、〈文
史類〉，蓋依《解題》原第，〈總集類〉應在〈詩集類〉之後；今《四庫全書》
輯本將之移於〈別集類〉前，是編次失誤矣。至子部次第，抱經亦有所訂正，
容後詳述。

三、〈雜藝類〉中，重輯本據《解題》原本，補出《四庫全書》輯本所
闕者凡十一條，茲據徐、顧點校本所收重輯本資料迻錄如次：

《唐朝名畫錄》一卷，即《畫斷》也。前有目錄，後有天聖三年商
宗儒〈後序〉，與前本大同小異。

《北海公硯錄》一卷，唐詢彥猷撰。專以青州紅絲石爲貴。

《南蕃香錄》一卷，知泉州葉廷珪撰。

《北苑茶錄》三卷，三司戶部判官丁謂謂之撰。咸平中進。

《茶錄》二卷，右正言修起居注莆田蔡襄君謨撰。皇祐中進。

《東溪試茶錄》一卷，宋子安撰。

《北苑總錄》十二卷，興化軍判官曾伉錄《茶經》諸書，而益以詩
歌二首。

《北苑別錄》一卷，趙汝礪撰。

《品茶要錄》一卷，建安黃儒道父撰。元祐中東坡嘗跋其後。

《鼎錄》一卷，梁中書侍郎虞荔纂。

《古今刀劍錄》一卷，梁陶弘景撰。

觀是，則《解題》重輯本不惟保存五十六卷及其編次原第，且材料富贍，有
溢出館本者；與《四庫全書》本相勘，眞「較館本獨爲完善」矣。

至重《解題》輯本各卷之次第，上海圖書館所藏稿本中有抱經自撰〈直
齋書錄解題新定目錄〉一篇，徐、顧點校本《解題》予以輯載，見該書「附

錄四」。〈直齋書錄解題新定目錄〉云：

> 卷一〈易類〉、卷二〈書類〉、卷三〈詩類〉、卷四〈禮類〉、卷五〈春秋類〉、卷六〈孝經類〉、卷七〈語孟類〉、卷八〈經解類〉、卷九〈讖緯類〉、卷十〈小學類〉、卷十一〈正史類〉、卷十二〈別史類〉、卷十三〈編年類〉、卷十四〈起居注類〉、卷十五〈詔令類〉、卷十六〈偽史類〉、卷十七〈雜史類〉、卷十八〈典故類〉、卷十九〈職官類〉、卷二十〈禮注類〉、卷二十一〈時令類〉、卷二十二〈傳記類〉、卷二十三〈法令類〉、卷二十四〈譜牒類〉、卷二十五〈目錄類〉、卷二十六〈地理類〉、卷二十七〈儒家類〉、卷二十八〈道家類〉、卷二十九〈法家類〉、卷三十〈名家類〉、卷三十一〈墨家類〉、卷三十二〈縱橫家類〉、卷三十三〈農家類〉、卷三十四〈雜家類〉、卷三十五〈小說家類〉、卷三十六〈神仙類〉、卷三十七〈釋氏類〉、卷三十八〈兵書類〉、卷三十九〈曆家類〉、卷四十〈陰陽家類〉、卷四十一〈卜筮類〉、卷四十二〈形法類〉、卷四十三〈醫書類〉、卷四十四〈音樂類〉、卷四十五〈雜藝類〉、卷四十六〈類書類〉、卷四十七〈楚辭類〉、卷四十八〈別集類〉上、卷四十九〈別集類〉中、卷五十〈別集類〉下、卷五十一〈詩集類〉上、卷五十二〈詩集類〉下、卷五十三〈總集類〉、卷五十四〈章奏類〉、卷五十五〈歌詞類〉、卷五十六〈文史類〉

> 上目錄依元本定，杭東里人盧文弨校錄於鍾山書院。

案：盧氏〈新定目錄〉以每類各自為卷，其五十三類之次第與館本微有不同。其經錄則先〈經解〉而後〈讖緯〉；其集錄則〈總集類〉反在〈詩集類〉之後。盧氏自言「目錄依元本定」，則其集錄之卷次固依原本，惟經錄則無原本可循，其先〈經解〉而後〈讖緯〉之故，蓋抱經或以〈經解〉固應在〈讖緯〉前耶？惜今已無法揣知其真正用心矣。惟此〈新定目錄〉訂成未久，抱經又略作更正。徐、顧二氏親見上海圖書館所藏盧氏重輯本，故將抱經所更正者，出案語而言之，曰：

> 今案：盧校本又在〈新定目錄〉「卷二十八」上寫「三十六」、「卷二十九」上寫「二十八」，「卷三十」上寫「二十九」，「卷三十一」上寫「三十」，「卷三十二」上寫「三十一」，「卷三十三」上寫「三十二」，「卷三十四」上寫「三十三」，「卷三十五」上寫「三十四」，

「卷三十六」上寫「三十七」，「卷三十七」上寫「三十五」。校注
曰：「〈神仙類〉中有陳氏語云：『各已見〈釋氏〉、〈道家〉類。』
則知其序當如此也。」

案：是盧抱經所更正，全在《解題》子部一錄。依抱經更正之結果，子部卷
第應爲卷二十七〈儒家類〉、卷二十八〈法家類〉、卷二十九〈名家類〉、卷三
十〈墨家類〉、卷三十一〈縱橫家類〉、卷三十二〈農家類〉、卷三十三〈雜家
類〉、卷三十四〈小說家類〉、卷三十五〈釋氏類〉、卷三十六〈道家類〉、卷
三十七〈神仙類〉、卷三十八〈兵書類〉、卷三十九〈曆家類〉、卷四十〈陰陽
家類〉、卷四十一〈卜筮類〉、卷四十二〈形法類〉、卷四十三〈醫書類〉、卷
四十四〈音樂類〉、卷四十五〈雜藝類〉、卷四十六〈類書類〉。疑抱經所以將
〈釋氏類〉置於卷三十五，〈道家類〉置卷三十六，又將〈神仙類〉置卷三十
七，在〈釋氏〉、〈道家〉二類之後，蓋抱經見〈神仙類〉「《金碧上經古文龍
虎傳》」條所載：

長白山人元陽子注。皆莫知何人。已上十八種共爲一集，其中有《龍
牙頌》及《天隱子》，各已見〈釋氏〉、〈道家〉類。

此條所載乃抱經更正子部卷第，並將〈釋氏〉、〈道家〉二類置於〈神仙類〉前
之依據。竊意抱經此一更正至爲無謂，倘若依照《解題》此條所載，則將〈釋
氏類〉置於〈神仙類〉前即可，而無須將〈道家類〉移於〈釋氏類〉之後。統
觀自《漢書・藝文志》以來各朝簿錄書籍，均鮮有將〈道家類〉置於如是之後
者，直齋〈釋氏〉、〈道家〉之排列，蓋無意而言之者，恐非《解題》原本卷帙
竟將〈道家〉排於〈釋氏〉之後，如抱經所言「其序當如此也」。是故，余以爲
《解題》五十六卷卷第，仍依〈新定目錄〉所定爲適宜；非不得已，則不妨改
卷三十六爲〈釋氏類〉，卷三十七爲〈神仙類〉，以副《金碧上經古文龍虎傳》
條語意，斯或近於《解題》原本卷帙次第矣。

抱經重輯本，入藏上海圖書館前，邵懿辰曾見之，《四庫簡明目錄標注・
史部》十四〈目錄類〉云：

《直齋書錄解題》二十二卷，宋陳振孫撰。……抱經堂盧氏有新訂
此書五十六卷，次序與《聚珍版》不同，係從不全元刊本重爲校訂，
似未刻。

案：懿辰謂重輯本「似未刻」，推判甚是。惟以其未刻之故，乃書易有所殘缺。
余考得重輯本於入藏上海圖書館前，曾爲葉景葵所購得。葉字揆初，號卷盦，

浙江仁和人，喜讀書，富收藏，晚歲在滬與張元濟等設立合眾圖書館，是故
重輯本亦曾爲該館所珍藏。今觀顧廷龍編《杭州葉氏卷盦藏書目錄》卷二〈史
部・目錄類・解題考訂之屬〉云：

> 《新訂直齋書錄解題》五十六卷，闕卷八至十六。宋吳興陳振孫（伯
> 玉）撰，清餘姚盧文弨（召弓）重編，稿本，存十六冊。

是則重輯本自經邵位西目睹後，輾轉落入揆初之手。位西見時此本猶完整，
揆初購得時已闕卷八至卷十六，殘存十六冊耳。後合眾圖書館之書，先歸上
海市歷史文獻圖書館，後歸上海圖書館，此間經過，徐、顧二君似未知之。
故點校本《解題》〈點校說明〉僅曰：

> 上海圖書館所藏盧文弨的《（新訂）直齋書錄解題》稿本五十六卷，
> （缺卷八——十六。以下簡稱盧校本）以館本爲基礎，取校原本（盧
> 氏寫作「元本」）殘卷二種，並據以恢復原第。

又曰：

> 盧校本自〈讖緯類〉起至〈僞史類〉缺，（〈雜史類〉不全）缺處有
> 關盧校本及盧校注的情況，均據《圖書季刊》新第三卷第一到四期
> 傅增湘〈直齋書錄解題校記〉過錄。

是今藏上海圖書館之《解題》重輯本，其所缺者爲卷八〈經解類〉、卷九〈讖
緯類〉、卷十〈小學類〉、卷十一〈正史類〉、卷十二〈別史類〉、卷十三〈編
年類〉、卷十四〈起居注類〉、卷十五〈詔令類〉、卷十六〈僞史類〉；而卷十
七〈雜史類〉亦不全。余年前嘗倩上海師範大學古籍整理研究所朱瑞熙教授
設法代爲影印重輯本，想來困難重重，迄今未有福音。無可奈何，惟查檢相
關書目，並爬梳徐、顧點校本，且重溫抱經校語，略予申述，俾瞭解此本流
播及闕失情況。

酉、彙校本

彙校本《解題》者，乃喬衍琯擬以廣文書局《書目續編》影印《聚珍》
本爲底本，而自行搜尋資料，以彙校《解題》者也。喬氏彙校此書詳情，讀
《陳振孫學記》第四章《直齋書錄解題》第二節〈傳本〉戊〈彙校本〉條殆
能知之。茲略事徵引，以見彙校本之一斑。喬氏曰：

> 筆者利用《書錄解題》，十餘年撰文九篇，深感《聚珍版》不足據，
> 而前賢校本，又不可見。因而自行搜尋資料，如有所見，隻字不遺，
> 日積月累，彙校成帙。底本用廣文書局《書目續編》影印《聚珍》

本，據校資料，有為前人所未及者。分述於下：

一、傅增湘傳錄盧文弨〈校記〉。

　　已詳上文，傅氏所錄雖細，而無說明文字。頗疑係據傳寫本轉錄。

二、《文獻通考》，佚文二十四條，部分與盧校重複，其他異同甚多。

　　《四庫全書》輯本利用《宋史》紀傳及〈藝文志〉等校訂，常與《通考》所引陳氏曰相合。如充分利用《通考》，可省力不少也。

　　《通考》有脫誤處，苟稍疏忽，必因而致誤。

　　1. 引陳志而不標明陳氏曰者，計二十九條。

　　2. 誤標晁氏曰者八條，誤標晁氏又曰者一條。

　　3. 誤標張氏曰者一條。

　　4. 引用晁《志》而誤標陳氏曰者一條。

三、《經義考》，朱氏所引「陳振孫曰」多條，多據〈經籍考〉。

　　曝書亭所藏舊鈔殘帙，後人且據以校訂《聚珍》版，朱氏自先採用。朱氏引用《解題》不限經部各書，或綜合多種書之資料，撰為小傳。如：

　　胡宏《易外傳》，所引陳振孫曰，出自《解題‧皇天大紀》、《胡子知言》、《五峰集》各條。

　　馬總《論語樞要》，出自《通曆》、《唐年小錄》、《意林》等條，合撰而成。

四、《四庫珍本別輯》影印文淵閣本《四庫全書》。

　　文字極少出入，偶有亦無關考訂。

五、《四庫全書考證》。

　　《文獻通考‧經籍考》部分，訂正《四庫全書》本數十條。當初官修，成於眾手，盧應故事耳。

六、清張宗泰〈書錄解題跋〉。

　　凡五篇、拾遺糾繆，甚為精審，其〈四跋〉專校勘文字之脫誤。

七、《偽書通考》。

　　僅卷九〈道家類〉「《關尹子》」條較《聚珍版》多百餘字，文字與上文一貫。《偽書通考》引陳志凡數十條，文字極少有出入。

　　著者張心澂為近人，序文及凡例中未說明依據為何本。此半條
　　頗疑自他書混入。

　　然既未見舊鈔本及校本，所能利用資料，自覺有限，惟盼博雅
　　之士糾繆補闕。

所校凡千餘條，然多文字出入，無關考訂，曾輯其佚文五十三條先
行刊布，全書另謀印行。雖未能與清王先謙校訂之衢本《郡齋讀書
志》相比，然勝《四庫全書》輯《永樂大典》本多矣。

案：喬氏彙校本未嘗印行，原稿仍藏喬氏望雲樓處。然喬氏所撰〈直齋書錄
解題札記〉及〈書錄解題佚文──論輯佚與目錄學之關係〉，〔註34〕則曾拜
讀之矣，雖有所發明，然較館臣據《大典》以輯《解題》固有所未逮，而較
王益吾校《郡齋讀書志》，更無論矣。考喬氏彙校本，所據以校之資料僅為
七種，既名之為「彙校」，則不免名大於實矣。喬氏自謂：「前賢校本，又不
可見。」其實非盡不可見也，喬氏訪書未盡力耳。如余前所考者，北京圖書
館有元抄本四卷，北京大學圖書館有李盛鐸傳鈔宋蘭揮舊藏本，南京圖書館
有丁丙跋盧文弨校本，青海師範學院有繆荃孫批校本（疑即王先謙所校者），
上海圖書館有盧文弨重輯本，另有王國維手批本，前藏於北平圖書館，周啓
付教授近仍撰文道及，惜未說明收藏之所耳。上述諸本既藏於中國大陸，訪
借為難，猶可說也；惟如陳鱣校本，現藏日本京都大學人文科學研究所，當
可設法影印或錄副，然喬氏似未知此本之在東瀛也。最不能理解者，喬氏久
居寶島，且長期任職國立中央圖書館，該館藏有王懿榮手稿本，亦竟未善加
利用；另如潘祖蔭批校本，前藏北京人文科學研究所，後改藏中央研究院，
今史語所傅斯年圖書館或有此書，而喬氏亦未能就近訪求，則殊疏失之甚
矣。綜上所述，則此彙校本，因於前賢校讎業績未多加利用，故雖自言「所
校凡千餘條，然多文字出入，無關考訂」，究其成就應甚有限，是所彙校之
本，固難與王益吾所校《郡齋讀書志》相捋；然竟自炫謂勝館臣之輯《大典》
本多矣，聞之，則尤覺其不自量也。

戊、點校本

　　《解題》點校本，徐小蠻、顧美華所合撰，1987 年 12 月上海古籍出版社

〔註34〕　案：喬氏〈直齋書錄解題札記〉，載見民國 59 年 9 月《國立中央圖書館館刊》
　　　　　新四卷三期；〈書錄解題佚文──論輯佚與目錄學之關係〉，載見民國 69 年 2
　　　　　月《國立中央圖書館館刊》新十二卷二期。

版行。書首有書影六幅，計爲：元鈔殘本《直齋書錄解題》首頁（北京圖書館藏）、盧文弨重輯稿本《直齋書錄解題》首頁（上海圖書館藏）、盧文弨重輯稿本《直齋書錄解題》首、末各一頁（上海圖書館藏）、丁丙〈盧文弨巾箱本直齋書錄解題跋〉（南京圖書館藏）、《武英殿聚珍》本《直齋書錄解題》首頁（上海圖書館藏）。繼則爲潘景鄭所撰〈前言〉，於徐、顧點校此書，頗加推譽，其辭云：

> 余少嗜流略之學，每慮斯書攸待訂正，四十餘年書城執掌，不暇問津。今者徐小蠻、顧美華兩同志，以《大典》本爲主，參校《郡齋讀書志》及《文獻通考》，又據抱經重訂稿，正其脫譌。博採前人校本，臚列異同，分別標注。兼取有關陳氏事跡及各家記載文字資料附後，勒爲一編，集陳書之大成，金聲玉振，無間然矣。余深仰二君勤業之深，而又幸斯書觀成有日，爰忘其耄荒，率繫數語，藉申鄙衷。

案：潘氏獎掖後學，褒譽過隆，其言過其實處，容後表出之。至徐、顧點校《解題》，所據資料及點校之法，其書〈點校說明〉嘗分五點列述曰：

> 一、《直齋書錄解題》原本五十六卷，相傳明毛晉有宋刻本半部。北京圖書館藏有抄本四卷（四十七～五十），著錄爲元抄。北京大學圖書館有李盛鐸舊藏傳抄宋蘭揮舊藏本，亦爲五十六卷本，存二十卷。五十六卷本之全本已不可見，《四庫全書》館臣從《永樂大典》輯出重編爲二十二卷，刻入武英殿《聚珍版叢書》中。對館本作過批校的人很多：上海圖書館所藏盧文弨的《（新訂）直齋書錄解題》稿本五十六卷（缺卷八～十六。以下簡稱盧校本），以館本爲基礎，取校原本（盧氏寫作「元本」）殘卷兩種，並據以恢復原第；南京圖書館藏丁丙跋盧文弨校本；青海師範學院藏繆荃孫批校本，北京圖書館藏傅增湘錄盧文弨校跋本等均稱爲善本。我們即以武英殿《聚珍版叢書》本（盧文弨稱爲「館本」）作爲點校的底本，元抄本及盧校本作爲主要校本。館本中館臣所加案語，予以保留。凡元抄本、盧校本與館本的不同處，以及盧文弨在校本中的批注均錄入本書校記中。標以「今案」之校記，則爲點校者所增。
>
> 二、盧校本自〈讖緯類〉起至〈僞史類〉缺（〈雜史類〉不全），缺

處有關盧校本及盧校注的情況均據《圖書季刊》新第三卷第一
到四期傅增湘〈直齋書錄解題校記〉過錄。

三、盧校本卷次目錄與館本不同。茲將盧本目錄照抄附於書末，以
供參考。

四、除盧校本外，還參校了《郡齋讀書志》、《文獻通考》、各史〈藝
文志〉，其他有關《直齋書錄解題》的校本、校語，間亦有所
採錄。

五、凡所見到有關《直齋書錄解題》的評論文字及有關《直齋書錄
解題》作者陳振孫的事跡等，作爲附錄分三部分附在書後。附
錄資料收到 1949 年止。

案：余讀徐、顧〈點校說明〉，頗有所感；即以其第一點所示，點校者所可利
用而現仍藏於中國大陸各圖書館之校本，至少應爲六種。今觀其所點校《解
題》，雖以《聚珍版》爲底本，而僅校以北京圖書館所藏元抄本四卷、上海圖
書館藏盧文弨《新訂直齋書錄解題》稿本、及北京圖書館所藏傅增湘錄盧文
弨校跋；然其對於北京大學圖書館所藏李盛鐸傳鈔宋蘭揮舊藏本、南京圖書
館藏丁丙跋盧文弨校本、及青海師範學院藏繆荃孫批校本，均未善加利用。
至今或仍藏於日本京都大學人文科學研究所含有盧文弨、吳騫、陳鱣三家識
語之陳鱣校本，藏於臺灣中央研究院之潘祖蔭批校本，藏於中央圖書館之王
懿榮手稿本，徐、顧二氏均不之知；即仍藏於中國大陸之王國維手批本，周
啓付教授撰文已提及之，然以點校《解題》爲職志之徐、顧二君亦似茫然無
聞，是則潘景鄭先生推譽二人「勤業之深」未必是，又謂其書「集陳書之大
成，金聲玉振，無間然矣」，恐亦未必然也。余又觀徐、顧之點校，全書逐錄
元抄本、盧校本與館本不同之處者多，且間錄盧氏批注之文；而所謂「今案」
者，皆屬板本文字之出入，而少有發明，較之館臣及盧文弨所詣，相距眞不
可道里計。又如〈點校說明〉第五點，言附錄《解題》評論文字及陳振孫事
跡等資料，照其方法處理，意本至善，惟所輯錄不免有嚴重遺漏。例如錢大
昕《十駕齋養新錄》卷十四《直齋書錄解題》一條，考證振孫生平宦歷甚詳，
兼及直齋之子陳周士與《解題》批注者隨齋。《養新錄》此條對研究直齋與《解
題》均至爲重要，竟未之收，則不能不謂之疏失已甚者矣。又如葉昌熾《藏
書紀事詩》卷一有詠《陳振孫伯玉、程棨儀甫》一詩，其下附有葉氏自注該
詩資料，殊有價值；亦未之收，是又不能不謂爲掛一漏萬矣，故自點校本面

世約一載，曹濟平即撰〈直齋書錄解題點校商榷〉一文，﹝註35﹞其言曰：

南宋陳振孫《直齋書錄解題》是一部私人編纂的藏書目錄提要，敍述極其精詳，對探索宋代圖書傳布情況具有重要的參考價值，向爲後世所重。然原書五十六卷本久已散佚，至今流傳的是《四庫全書》從《永樂大典》中輯錄的二十二卷本，但不甚完備。今徐小蠻和顧美華同志據北京圖書館、北京大學圖書館藏舊抄殘本和上海圖書館藏清著名學者盧文弨校訂《直齋書錄解題》稿本，並參用其他有關資料進行標點、校勘整理，由上海古籍出版社出版，成爲目前較爲完備的校點本。最近讀了這部點校本〈歌詞類〉，發現其中有些地方欠妥，因不揣淺陋，摘取數例，與點校者商榷。

一、關於考辨按斷問題

在古籍整理中常常會遇到一些眞僞舛誤等問題，需要進行考訂辨證，審核可信者應以按語論斷出之。倘若信手拈來，不加考辨，難免會出現以訛傳訛。如：

該書 624 頁：《書丹詞》一卷〔註1〕　眉山程垓正伯撰，王稱季平爲作〈序〉。

〔註1〕張〈跋〉云：垓與東坡爲中表，而其詞乃編入南宋諸家中，時代舛矣。垓家有擬坊名曰「書舟」，故以名集，此作「書丹」亦誤。

按：張〈跋〉乃指張宗泰作〈再跋書錄解題〉。張宗泰爲清乾隆拔貢，此〈跋〉見所著《魯巖所學集》卷六。〈跋〉中所謂「垓與東坡爲中表」云云，乃沿襲明楊慎《詞品》之誤。後毛晉〈書舟詞跋〉和沈雄《古今詞話‧詞繹》上卷均相沿其訛而莫辨。嗣後葉申薌《本事詞》亦承襲其誤。至近代況周頤始作深考，其《蕙風詞話》卷四〈程正伯非東坡中表〉條（《蕙風詞話》木刻本無小標題，此據中華書局出版《詞話叢編》本）云：

楊升庵（慎）《詞品》云：「程正伯，東坡中表之戚也。」毛子晉〈書舟詞跋〉云：「正伯與子瞻，中表兄弟也。」二家之說，於他書未經見。據王季平〈書舟詞序〉，季平實與正伯同時。東坡卒於建中靖國元年辛巳（1101），季平〈書舟詞序〉作於紹熙五年甲寅（1195）。

〔註35〕案：曹氏此文載見國務院古籍整理出版規劃小組編《古籍整理出版與情況簡報》1988 年 10 月 20 日第 199 期。

－338－

上距東坡之卒，凡九十三年。正伯與東坡，安得爲中表兄弟乎？考
《東坡詩集‧送表弟程六之楚州》一首，施元之注云：「東坡母成國
太夫人程氏，眉山著姓。其侄之才，字正輔，第二。之元，字德孺，
第六，即楚州。之邵，字懿叔，第七。」正伯之字與懿叔約略近似，
殆即中表之戚之說所由來歟？子晉不考，遂沿其誤。

此考辨極爲精富，「惟以正輔之字屬其弟懿叔，則偶誤也」。（見夏承
燾先生《唐宋詞論叢》第 245 頁）唐圭璋先生《讀詞札記‧程垓非
東坡中表》條亦謂：「予案況（周頤）說極是，且檢〈書舟詞序〉，
有云：『正伯方爲當塗諸公以制舉論薦。』是正伯與季平同時，更爲
可信，良足以證況說之成立。」（《詞學論叢》第 650 頁）可見此問
題已經解決，點校者即應改正張宗泰〈跋〉文之沿訛，並以按語論
斷出之，庶不致以訛傳訛。

二、關於底本有誤問題

整理古籍所採用之底本，大都爲善本、足本，並與他本比勘對校。然
而即使宋版善本，也並非毫無差錯。倘底本有誤而改正有據者，則應
改動底本，並出示校記根據。如果底本有疑誤，而改正根據不足者，
則不宜改動，可徑出校記。但該書點校者對底本明顯錯誤者未作改
動。如該書 626 頁：

《金石遺音》〔註 1〕一卷　石孝文〔註 2〕次仲撰。

〔註 1〕盧校本「石」作「谷」。

〔註 2〕盧校本「文」作「友」。

按：《四庫全書總目‧詞曲類‧存目》已著錄「《金谷遺音》一卷，
宋石孝友撰」。此乃原底本之誤，盧校可信而有據，應改動底本出校
記。

又如 630 頁：

《梅溪詞》一卷　汴人史達祖邦卿撰。張約齋磁作〈序〉，不詳何人。

按：張約齋磁乃鎡之誤，原本誤，應改正。

此外還有個別地方排印錯誤而失校，如該書 615 頁。

《張子野詞》一卷　都官郎中吳興張先子野撰。……死葬弁山下，
在今多寶寺。

按：《聚珍版叢書》本作「死葬弁山下」。宋周密《齊東野語》卷十

五云：「子野之墓在卞山多寶寺。」卞山即弁山。可見「幷山」乃「弁山」之誤。

案：以上曹文僅就點校本《解題・歌詞類》有欠妥處，指出其中考辨按斷以訛傳訛者，所據底本明顯有誤而未作改動者，又個別地方排印錯誤而失校者；均詳列例證以予論說，所評皆極精當。其實徐、顧之點校，幾全據張宗泰《魯巖所學集》卷六〈跋陳振孫書錄解題〉及其餘諸〈跋〉之成果，然每「信手拈來，不加考辨」，是故以訛傳訛，在所難免。至底本有誤未作改動，排印錯誤而偶失其校，則全書二十二卷中仍多有之。是則其書再版之時，亟宜費神一一糾正之。

又書末所附〈直齋書錄解題書名索引〉及〈直齋書錄解題著者索引〉，用以查檢《解題》，甚便利用，惟其間亦偶有遺漏與小疵，是則有待將來之修正矣。

第六章　陳振孫之其他著作

　　振孫以目錄學名家，其主要著作——《直齋書錄解題》於上章已備論之矣。此章則擬論述直齋其他著作。

第一節　《白文公年譜》

　　直齋其他著作中，要以《白文公年譜》文字最多，內容最富，故先行論述之。案：《解題》卷十六〈別集類〉上「《白氏長慶集》七十一卷、《年譜》一卷、又《新譜》一卷」條云：

> 唐太子少傅太原白居易樂天撰。案：〈集後記〉稱前著《長慶集》五十卷，元微之爲〈序〉；《後集》二十卷，自爲〈序〉；今又《續後集》五卷，自爲〈記〉：前後七十五卷，時會昌五年也。〈墓志〉乃云「集前後七十卷」。當時預爲〈志〉時，未有《續後集》。今本七十一卷，蘇本、蜀本編次亦不同，蜀本又有《外集》一卷，往往皆非樂天自記之舊矣。《年譜》，維揚李璜德劭所作，樓大防參政得之，以遺吳郡守李伯珍諫議刻之。余嘗病其疏略牴牾，且號爲《年譜》而不繫年，乃別爲《新譜》，刊附《集》首。

又同卷同類「《白集年譜》一卷」條云：

> 知忠州漢嘉何友諒以居易舊治既刊其《文集》，又作《年譜》，刊之《集首》。始余爲《譜》既成，妹夫王楙叔永守忠錄寄，則忠已有此《譜》，視余《譜》詳略互見，亦各有發明。其辨李崖州三絕非樂天作，乃載晁子止之語；謂與楊虞卿爲姻家，與牛僧孺爲師生，而不

－341－

陷牛李黨中，與余暗合，因並存之。詳見《新譜》末章。

觀上述二條，則知有宋之世，直齋於《解題》中所述及白樂天年譜凡三種。維揚李璜德劭所撰者，載於吳門所刊《白氏長慶集》卷首，直齋稱之為《舊譜》；惟此《譜》疏略牴牾殊甚。知忠州漢嘉何友諒所撰者，載於忠州所刊《文集》卷首，亦即《白集年譜》；何《譜》與直齋所撰者詳略互見，而各有發明。至直齋所撰者，則稱為《新譜》，而於《舊譜》多所駁正。

直齋所以撰此《新譜》之故，其《新譜》之後有〈跋〉語，言之甚詳。其辭曰：

> 白公《文集》行於世者，皆有《年譜》，與《集》並行，得以考其平生之出處、歲月之後先。吳門所刊《白氏長慶集》，首載李璜德劭所為《譜》，參政樓公稱之，以屬諫議李公訪求而刻焉。紹定庚寅，余始得其本而觀之，既曰「譜」矣，而不繫年，其疏略牴牾，有不可枚舉者；攻媿號博洽，不知何獨取此。家居無事，因取《新》、《舊史》、《實錄》等書，及諸家傳記所載，參稽互考，別為此《譜》。自其始生之年，以及考終之歲，次第審訂，粗得詳確。猶恨孤學謏聞，未必能逃目睫之譏，不敢傳之他人，惟以自備觀覽而已。孟夏十有二日《譜》成，直齋陳振孫伯玉父。

觀〈跋〉之所述，則《新譜》蓋成於宋理宗紹定三年庚寅（1230）四月十二日。直齋所以撰《新譜》，乃以《舊譜》既稱「譜」而不繫年，名實不符已甚；又疏略牴牾至不可枚舉。茲不妨爬梳《新譜》材料，並略下案語，以見直齋駁正《舊譜》之一斑。

《白文公年譜》「（貞元）十六年庚辰」條下載：

> 李璜《舊譜》云：「樂天年二十九，猶未第，故有詩云：『此生知負少年春，不展愁眉欲三十。』時貞元十五年也，明年始登第。」按：十五年，公方二十八，其曰「欲三十」者，大約言之，便以為二十九，亦誤矣。

案：貞元十五年（799），居易實為二十八歲，《舊譜》因「欲三十」一語，便以為二十九歲。此《舊譜》伸算年歲之誤也。

同書「（貞元）十八年壬午」條載：

> 有詩云：「何況鏡中年，又逼三十二。」時年三十一也。《舊譜》以為校書時作，非是。

案：此詩居易三十一歲時所作，「又逼三十二」者，正謂年已三十一也。考居
易貞元十九年癸未（830）始仕爲校書郎，時年三十二，故知《舊譜》爲誤也。

　　又「（元和）二年丁亥」條載：

　　　　入院後，有〈寄題盩厔雙松詩〉云：「忽奉宣室召，徵爲文苑臣。」
　　　　《舊譜》以爲與哥舒大詩，不知何據？

案：此詩二句，明用漢文帝、賈誼召見宣室故事，而《舊譜》謂與哥舒大者，
是不知白用典出處也。正如直齋所言，《舊譜》論白詩，確有明顯乏據者。

　　又「（元和）三年戊子」條載：

　　　　四月二十八日，授左拾遺，有〈謝官狀〉。與學士崔羣同進，羣時遷
　　　　庫部員外郎。五月，有〈初授拾遺獻書〉。《舊譜》云：「二年上書，
　　　　授拾遺。又一年，年三十七，公時在諫省，命寓直集賢殿。月中召
　　　　爲學士。」按：公二年自校理入翰林，明年爲諫官，既拜乃上書，
　　　　不知《譜》所云何爲乖誤若此。

案：《舊唐書》卷一百六十六〈列傳〉第一百十六〈白居易〉明載：「（元和）
二年十一月召入翰林爲學士，三年五月拜左拾遺。」《舊譜》全失所據，眞乖
誤矣。

　　又「（元和）五年庚寅」條載：

　　　　有〈論元稹左降狀〉、〈請罷恆州兵〉二狀。四月，求京兆府判司，
　　　　得士曹參軍，有〈謝官狀〉。公在諫省數言事，忤憲宗意。其論吐突
　　　　承璀，尤不悅，至有「小子無禮」之語，賴李絳救解。及當改官，
　　　　諭崔羣使求自便，又俾中人梁守謙宣旨，於是有〈陳情狀〉，蓋亦承
　　　　上意爾。《舊譜》謂「在翰苑久不遷，故求補外」者，非也。

案：《新譜》此條所記，一依《唐書》，言之有據。《舊譜》與史實不符，非是。

　　又「（元和）九年甲午」條載：

　　　　冬，除右贊善大夫，有〈酬盧秘書早朝〉、〈寄季二十助教〉詩。《舊
　　　　譜》云：「自渭南丁憂，至十年喪除，爲贊善。」按：丁憂在六年，
　　　　八年除喪，又拜官耳。

案：《新譜》元和六年辛卯載：「四月五日，太夫人陳氏卒。」元和八年癸巳
載：「二月有〈陳府君夫人白氏〉及〈弟金剛奴墓誌〉，夫人，公之祖姑且外
祖母也。……是歲除喪。」又元和十年乙未載：「有〈贈杓直詩〉云：『已年
四十四，又爲五品官。』杓直，李建也。」《舊唐書》樂天本傳亦載：「（元和）

六年四月，丁母陳夫人之喪，退居下邽。九年冬，入朝授太子左贊善大夫。」
是丁憂確在六年，除喪在八年，九年冬則爲贊善。《舊譜》作十年，與《唐書》
本傳相異，顯誤。

又「（元和）十年乙未」條載：

> 六月，盜殺宰相武元衡，公首上疏請急捕賊，以雪國恥。宰相以非
> 諫職言事，惡之。會有惡公者，言其母看花墮井死，而作〈賞花〉
> 及〈新井〉詩，貶江州刺史；中書舍人王涯言其新犯，不可復理郡，
> 又改司馬。宰相韋貫之、張弘靖也。《舊譜》併及裴度，非是。度方
> 爲中丞，亦遇盜，不死，既愈乃相耳。

案：《舊唐書》卷一百七十〈列傳〉第一百二十〈裴度〉載：「裴度，字中立，
河東聞喜人。……（元和）十年六月，王承宗、李師道俱遣刺客，刺宰相武
元衡，亦令刺度。是日，度出通化里，盜三以劍擊度，初斷靴帶，次中背，
纔絕單衣，後微傷其首，度墮馬。會度帶氈帽，故瘡不至深。賊又揮刀追度，
度從人王義乃持賊，連呼甚急。賊反刃斷義手，乃得去。度已墮溝中，賊謂
度已死，乃捨去。居三日，詔以度爲門下侍郎、同中書門下平章事。度勁正
而言辯，尤長於政體，凡所陳諭，感動物情，自魏博使還，宣達稱旨，帝深
嘉屬。」據是，則裴中立亦以是日遇刺而傷首，墮溝幾死。至裴之爲相，在
遇刺三日後；其未相前，不過御史中丞兼刑部侍郎耳。宰相以非諫職言事惡
樂天，《舊譜》併及裴度，無怪直齋嫌其疏略牴牾也。

又「（長慶）三年癸卯」條載：

> 九月，有〈遊恩德寺泉洞詩〉。是時元稹自同州至浙東，有〈喜爲鄰
> 郡先寄微之詩〉。過杭，有〈席上及留別贈答詩〉。既至越，微之有
> 〈誇州宅詩〉，所謂「謫居猶得住蓬萊」者。公答之云：「知君暗數
> 江南郡，除却錢塘總不如。」自是兩郡常以詩筒往來，故有詩云：「爲
> 向兩川郵吏道，莫辭來往遞詩筒。」《舊譜》謂「元九已在越」者，
> 非也。

案：《舊唐書》樂天本傳謂樂天長慶三年「七月，除杭州刺史。俄而元稹罷相，
自馮翊轉浙東觀察使」。而《舊譜》謂「元九已在越」，顯誤。

又「（寶曆）二年丙午」條載：

> 有〈百日假滿時〉，蓋欲移病歸洛故也。劉禹錫有〈白太守行〉云：
> 「聞有白太守，拋官歸舊谿。」公答云：「昨乞百日告，起吟五篇詩。

去年到郡時，麥穗黃離離。今年去郡日，稻花白霏霏。」《舊譜》云：

「劉與公爲代。」非也。夢得時在和州，歲莫罷歸洛，與公相遇於

揚、楚間；其爲蘇州，乃在大和六年。

案：據《新譜》，樂天寶歷元年三月刺蘇，九月以貢橘爲名遊太湖，至此假滿

移病歸洛。《舊譜》謂「劉與公爲代」，誤，無待辨矣。

又「太和元年丁未」條載：

三月，召爲秘書監，有〈初除賜金紫詩〉。《舊譜》云「秘丞」，大悞。

案：《舊唐書》樂天本傳謂：「文宗即位，徵拜秘書監，賜金紫。」是《舊譜》

云「秘丞」者，大誤矣。

又「（開成）五年庚申」條載：

三月三十日有〈燕罷感事吟詩〉云：「病與樂天相伴住，春隨樊子一

時歸。」按〈不能忘情吟序〉云：「妓有樊素者，年二十餘，綽綽

有歌舞態，善唱〈楊柳曲〉，人多以曲名之。」其辭曰：「素事主十

年，凡三千有六百日。」公年五十八，自刑部侍郎分司歸洛，至六

十八而得疾，於是十年矣，當是初歸洛時得之。公嘗有〈楊柳枝詞〉

八首，又有〈楊柳枝二十韻〉，自注云：「〈楊柳枝〉，洛下新聲也。

洛之小妓，有善歌者，詞章音韻，聽可動人，故賦之。」《本事集》

云：「白尚書姬人樊素善歌，小蠻善舞，嘗爲詩云：『櫻桃樊素口，

楊柳小蠻腰。』白公年邁，而小蠻方豐艷，因爲〈楊柳枝〉以寄意，

曰：『一樹春風萬萬枝，嫩於金色軟於絲。永豐坊裏東南角，盡日無

言屬阿誰。』」如《本事集》之說，則樊素、小蠻爲二人；以《集》

考之，不見此二句詩，亦無所謂小蠻者，而「柳枝」即樊素也。《舊

譜》引公詩：「兩枝楊柳小樓中，嫋娜多半伴醉翁。」兩枝楊柳，必

非一人。又有〈九日代羅樊二妓招舒著作〉云：「羅敷斂雙袂，楚姬

獻一盃。」意所謂兩枝楊柳者。然皆臆説，未必然也。

案：直齋此條中已屢徵引樂天詩、詩序及詩中自注以證明「楊柳」即樊素一

人，固無與於小蠻者。《本事集》所引「櫻桃樊素口，楊柳小蠻腰」二句，不

見樂天詩集，或後人所杜撰。《舊譜》牽合《本事集》，謂「兩枝楊柳」必非

一人，惜無確證。故直齋《新譜》以爲「臆説，未必然也」，所見甚是。

又「會昌元年辛酉」條載：

是歲，李程爲留守，過公，池上汎舟，話及翰林舊事。公有詩云：「同

時六學士，五相一漁翁。」五相，謂李吉、裴坦、崔群及程也，與公皆元和初學士。《舊譜》以爲李逢吉，非是。考《翰林記》，逢吉未嘗爲學士；考《河南志》，其爲留守，乃大和中也。

案：李逢吉未嘗爲學士，爲留守又在大和中，是《舊譜》之誤甚明。惟直齋所舉「五相」之名，亦誤，容後辨之。

又「（會昌）六年丙寅」條載：

八月，公薨，贈尚書左僕射，有自爲〈墓誌銘〉。……《舊譜》云：「李德裕貶崖州，公有詩三首。其一云：『樂天嘗任蘇州日，要勒須教用禮儀。從此結成千萬恨，這回果中白家詩。』六年四月，德裕貶崖，而公之卒，不記其月。」按：此蓋未嘗見〈神道碑〉，而此詩，《集》中無有，見於《漁隱叢話》，謂：「考之《元和錄》，居易年長於德裕，視德裕爲晚進。德裕爲浙西觀察使，居易刺蘇州。德裕以使職自居，不少假借；居易不得已，以軍禮見。及其貶也，故爲詩云。」《元和錄》者，世不見其書，不知漁隱從何得之也？德裕以四月罷相，爲江陵尹；其自潮貶崖，蓋在明年之冬，公薨固已久矣。審如詩意，則爲幸災快怨，非青山獨往之比；故穎濱蘇公力辨之，以爲刻核太甚，樂天不至此也。蓋不待考其年月，而可知其僞矣，況年月復甚明白，《舊譜》何其不深考耶！要之，小說所載自難盡信。公與德裕本無深怨，蓋自元和中，其父吉甫爲相，而牛僧孺、李宗閔對策切直，吉甫泣訴於憲宗，考官坐貶，而公嘗上書救之。李絳與吉甫叶，而公又與絳善。其後牛、李與德裕迭爲相，其黨亦迭爲軒輊，楊虞卿汝士與宗閔尤厚，號黨魁；而公夫人，虞卿從妹矣，故德裕惡公。武宗聞公名，欲召以爲相；德裕言居易衰病，其弟敏中，文詞不減居易，且有器識，遂以爲翰林學士。孫光憲《北夢瑣言》云：「劉禹錫大和中，與德裕同在東都分司，禹錫謁德裕曰：『曾得白居易《文集》否？』德裕曰：『累有相示，未嘗一披，今爲吾子覽之。』既啓，復卷曰：『吾於斯人不足久矣，其文章精絕，何必覽之！但恐回吾之心。』其見抑也如此。」楊虞卿、牛僧孺，公皆密友也，其不引翼，義在於斯。按：唐朋黨之禍，始於元和之初，而極於大和、開成、會昌之際。三十年間，士大夫無賢不肖，出此必入彼，未有能自脫者。權位逼軋，福禍伏倚，大則身死家滅，小亦

不免萬里投荒，獨公超然利害之外，雖不登大位，而能以名節始終，
惟其在朋黨之時，不累於朋黨故也。故元稹，裴度之深仇也；公雖
厚於稹，而亦親於晉公。晉公在位，公爲丞郎。李宗閔，牛僧孺之
死黨也；公雖厚於僧孺，而未嘗昵於宗閔，僧孺當國，公方自杭州
求分司。李紳，德裕之至交也；公雖惡於德裕，而與紳唱酬往來，
情分極不薄。公於交遊無適莫，可見於此矣。然則公之論牛、李，
自是舉諫爭之職，而非以内私交；其與皋慕巢厚善；自是篤姻婭之
好，而非以徇權勢。公能信於裴度、李紳，而不能信於德裕，何哉？
晉公之德量，固非公垂之比，而文饒之忌刻，又在公垂之上；其進
敏中，以抑居易，自以爲得策；及其失勢，擠之而下石焉者，乃其
所謂有器識者也。自古朋黨，雖起於小人之傾危，而成於小人之剛
褊。以文饒之才略，號稱賢相，而不免禍者，其心未能休休有容故
也。然文饒雖惡公，不過使之不爲相，而公亦卒無他禍。《詩》云：
「既明且哲，以保其身。」白公有焉，嗚呼！可不謂賢乎。

案：此條論《舊譜》記事「不深考」之誤。蓋李德裕貶崖乃在大中元年丁卯
（847）之冬，而樂天卒在會昌六年（846）八月，實無可能作詩以諷。此不
深考者一也。《舊譜》所引居易詩，《集》中無有，僅見胡仔《苕溪漁隱叢話》，
而《叢話》所據者《元和錄》，世不見此書，未知胡仔從何得之？此不深考者
二也。所引白詩，詩意幸災快忿，刻核太甚，非青山獨往之比，樂天必不如
此。此不深考者三也。此條之末，直齋又慨論樂天身處牛、李黨爭之間，而
能超然利害之外，以名節始終；繼又攻訐有唐朋黨爲禍之烈，語語鞭辟入裏，
痛快淋漓。其見解之獨到，與考證之精鑿，殊非李德劭《舊譜》所能及也；
況《舊譜》又「疏略抵捂，有不可枚舉者」乎？觀是，則直齋另撰《新譜》，
殆有由矣。

　　《新譜》見解獨到，考證精鑿者，固不止於上述各點。《新譜》中，尤多
審訂詳確、突過前人之例。茲試刺取若干事，評介如下：

　　《新譜》首論樂天之先世及祖系曰：

公名居易，字樂天。白氏系出白起，爲秦將，死杜郵。始皇思其功，
封其子於太原，故子孫世爲太原人。二十三世孫邕，爲後魏太原太
守。邕五世孫建，北齊五兵尚書，賜田於韓城，因家焉，始移籍同
州。建生士通，唐利州都督。生志善，尚衣奉御。生溫，檢校都官

郎中，徙華州下邽，遂爲下邽人。生鍠，鞏縣令。生季庚，襄州別
駕，公皇考也。見《舊史·傳》、《新史·宰相世系表》，及公所述〈鞏
縣府君事狀〉。其不同者，〈表〉稱虞公族百里奚媵，秦穆姬，生孟
明視。視生二子，曰西乞術、白乙丙，其後以爲氏。而〈事狀〉稱
楚太子建之子勝，號白公；其子奔秦，白乙以降是也。如〈表〉言，
則白出姬姓；如〈狀〉言，則出芊姓。按：《左氏傳》，晉敗秦于殽，
獲百里孟明視、西乞術、白乙丙。孟明氏百里，謂爲奚之子可也；
術、丙與孟明，號爲三帥，烏知其爲孟明之子邪？且萬無父子三人
並將之理。此其爲說，固已疏矣。若〈事狀〉則又合白乙、白勝爲
一族，白乙爲秦穆將，去白勝幾二百年，而云白乙以降，則反以爲
白勝之後裔，又何其考之不詳也。《元和姓纂》載《風俗通》以白乙
爲嬴姓。蓋亦以其爲秦人意云爾。《姓纂》復舉白起、楚白勝、周白
圭、漢白生等數人，而皆不能言其自出。大抵世祀綿邈，譜牒散亡，
惟當用《春秋》見聞、傳聞之義，斷自近始。若必遠推古昔，傅會
本支，則固不能亡牴牾矣。

案：直齋之論白氏世系，認爲係出白起，而不以《新唐書·宰相世系表》「白
出姬姓」之說爲然。即樂天所撰之〈鞏縣府君事狀〉，謂白氏「出芊姓」，直
齋亦不肯盡信。蓋二者皆「遠推古昔，傅會本支」，其間錯謬牴牾之處，一目
瞭然。至《元和姓纂》亦不能言白氏所自出。直齋考出樂天系出白起，所用
乃「《春秋》見聞、傳聞之義，斷自近始」之法也。

《新譜》「（貞元）十九年癸未」條載：

以拔萃選登科，時鄭珣瑜爲吏部。李商隱撰公〈墓碑〉云：「前進士
避祖諱，選書判拔萃。」蓋公祖名鍠，與「宏」同音，言所以不應
宏辭也。《摭言》云：「白公試宏詞賦，考落，以賦有『不知我者謂
我斬白蛇，知我者謂我斬白帝也。』登科之人賦皆無聞，白公之賦，
傳於天下。」按：公未嘗試宏詞，此賦或是行卷所作，《摭言》誤也。

案：據義山所撰樂天〈墓誌〉，則樂天必無應宏辭者，故直齋謂賦乃行卷之作，
可備一說。而王定保《摭言》，乃小說家言，道聽塗說，未克盡信。

又「（貞元）二十年甲申」條載：

又〈燕子樓詩序〉云：「予爲校書郎，時遊徐、泗間。張尚書宴予，
酒酣，出盼盼以佐歡。歡甚，予因贈詩云：『醉嬌勝不得，風裊牡丹

花。』」意亦在此年。燕子樓事，世傳爲張建封。按：建封死在貞元
十六年，且其官爲司空，非尚書也。尚書乃其子愔，《麗情集》誤以
爲建封爾。此雖細事，亦可以正千載傳聞之謬。

案：此條據樂天〈燕子樓詩序〉以正《麗情集》之誤。蓋樂天爲校書郎時，
張建封已逝，且建封生前無任尚書者，其子愔始任耳。直齋此考，鑿破鴻濛，
足正千載傳聞之謬。

　　又「（元和）十年乙未」條載：

　　　　曾有惡公者，言其母者看花墮井死，而作〈賞花〉及〈新井〉詩，
　　　　貶江州刺史。中書舍人王涯言其新犯，不可復理郡，又改司馬。……
　　　　新井之事，世莫知其實，史氏亦不辨其有無，獨高彥休《闕史》言
　　　　之甚詳。公母有心疾，因悍妒得之。及嫠，家苦貧，公與弟不獲安
　　　　居，常索米丐衣於鄰郡邑，母晝夜念之，病益甚。公隨計宣州，母
　　　　因憂憤發狂，以葦刀自刲，人救之得免。後徧訪醫藥，或發或瘥，
　　　　常恃二壯婢厚給衣食，俾扶衛之。一旦稍怠，斃於坎井。時裴晉公
　　　　爲三省，本廳對客，京兆府申堂狀至四，四坐驚愕。薛給事存誠曰：
　　　　「某所居與白鄰，聞其母久苦心疾，叫呼往往達於鄰里。」坐客意
　　　　稍釋。他日，晉公獨見夕拜，謂曰：「前時眾中之言，可謂存朝廷大
　　　　體矣！」夕拜正色曰：「言其實也，非大體也。」由是晉公信其事，
　　　　後除河南尹、刑部侍郎，皆晉公所擬。凡曰墜井，必恚恨也，隕穫
　　　　也；凡曰看花，必怡暢也，閒適也。安有怡暢閒適之際，遽致顛沛
　　　　廢墜之事？樂天長於情，無一春無詠花之什，因欲黻藻其罪。又驗
　　　　〈新井〉篇，是尉盩厔時作，隔官三政，不同時矣。彥休所記，大
　　　　略如此。聞之東都聖善寺老僧，僧，故佛光和尚弟子也。今考《集》
　　　　中，亦無所謂〈新井〉詩者，意其刪去。然則公母死以心疾，固人
　　　　倫之大不幸；而傅致詩篇，以成讒謗，則憸壬媚嫉者爲之也。故刪
　　　　述彥休之語，以告來者。

案：此條乃直齋刪述高彥休《闕史》之語，以爲樂天辨誣，列證詳確。蓋樂
天母固非看花墮井死，而〈新井〉詩實小人所捏造。直齋末云：「公母死以心
疾，固人倫之大不幸；而傅致詩篇，以成讒謗，則憸壬媚嫉者爲之也。」所
論誠振聾發瞶。樂天九原之下，得彥休、直齋爲之辨白，當可含笑瞑目矣。

　　又「（開成）三年戊午」條載：

《北夢瑣言》云：「白公與元相友善，《集》有詩云：『相看掩淚俱無語，別有傷心事豈知。想得咸陽原上樹，已抽三丈白楊枝。』洎自撰〈墓誌〉云：『與彭城劉夢得爲詩友。』不言元公，時人疑其隙終也。」按此非〈墓誌〉語，乃〈醉吟傳〉中語，時元之亡久矣。其言與僧如滿爲空門友，韋楚爲山水友，皇甫朗之爲酒友，皆一時見在人，則其於詩友，自不應復及死者。又嘗爲〈劉白唱和集序〉，且與劉書云：「微之先我去矣，詩敵之勍者，非夢得而誰？」此尤可證公與元同升科第，俱負直聲；中歲復俱蹇連；晚而元撓節速化，得罪清議，公獨終始如一。二人賢否固不可概論，而其交情死生不渝，觀〈香山寺記〉，尚欲結他生緣，風誼之美，可厲薄俗。「掩淚」、「傷心」之句，旨意甚哀；而或者臆度疑似，而有隙終之論，小人之不樂成人之美如是哉！。

案：孫光憲《北夢瑣言》謂唐時人有疑元、白二人交情凶終隙末，所據者乃「與彭城劉夢得爲詩友」一語，蓋不及元公。「與彭城」云云，出〈醉吟先生傳〉，而非出〈墓誌〉，《瑣言》顯誤。直齋又力述樂天與元九間感情死生不渝，風誼之美，足以厲薄俗。故隙終之論，乃時人所臆測，或小人不樂成人之美有以致之。直齋所論，有若暮鼓晨鐘，發人深省者多矣。

《新譜》之審訂詳確，上述舉例評介既竟。以下略述《白文公年譜》一書流傳及其有關板本。

直齋此《譜》既撰就於宋理宗紹定三年庚寅（1230）孟夏十二日，至付梓行世，可考見者，最早在理宗端平元年甲午（1234）。趙善書〈白文公年譜跋〉云：

香山居士《長慶集》，舊刊於郡之思白堂，因以一帙遺湖南林漕。復書乃以陳直齋所編《年譜》見囑，謂有《文集》而無《年譜》，不幾於缺典乎？得此喜爲完書，鋟梓以冠於《集》首，亦可以訂香山之出處云。端平甲午重午，漢國趙善書。

趙〈跋〉撰就於端平甲午歲端午節，《長慶集》與《年譜》應均當年鋟梓。再據趙〈跋〉所載考之，蓋直齋《新譜》寫成未及四年，即爲湖南林漕所得，惟此與前引直齋自跋所謂「不敢傳之他人，惟以備觀覽而已」諸語，甚有矛盾。考紹定三年，直齋任軍器監簿，其作《新譜》即在此時。端平元年，直齋改任諸王宮大小學教授，仍於臨安任職，其《新譜》手稿似無由爲林漕所

得。若謂湖南林氏輾轉錄得《新譜》，則顯與直齋〈跋〉語相互衝突。其間應有種種未揭之秘，惜文獻無徵，姑懸此案，以備他日之續考焉。

綜上所述，則《白文公年譜》有稿本，乃直齋所鈔。林漘所得者，不可能爲稿本，只可能爲過錄本。林漘所遺趙善書者，或即此過錄本，亦可能爲另一再過錄本。至趙善書鋟梓冠於《長慶集》首者，則爲刊本。惟此刊本，明、清間已不多見。康熙時汪立名編《白香山詩集》，初亦未見此刊本，後藉朱彝尊臂助始假得。朱彝尊〈白香山詩集序〉云：

> 公《集》自宋李伯珍刊之，吳郡何友諒刊之，忠州二本均有《年譜》，其後坊刻雜出，漸失其舊。或以《譜》非其要，置而不錄，迄於今，紕繆轉甚。余友汪君西亭氏患之，既定其卷次，正其愆譌。因仿《國史表》補撰《年譜》一卷，書成，既鏤板以行。余聞常熟毛氏藏有陳伯玉氏《白文公譜》，假而觀之，則君所編悉與陳氏合，而〈海國屏風〉一篇，君力辯非討淮蔡時事，驗之陳《譜》亦同；於是，人皆服君之考證。余乃勸君並刊陳《譜》，示諸學者。陳氏有言：維揚李德劭作爲《年譜》而不編年，疏略牴牾。今者李氏《譜》亡，而陳氏《譜》復出，與君所撰，一經一緯，互相發明，不可謂非斯文之厚幸矣。康熙四十二年夏六月幾望，南書房舊史、秀水朱彝尊序，時年七十有五。

汪立名爲《年譜舊本》作〈記〉亦謂：

> 歲在玄黓敦牂四月，余方編刻白香山詩，購宋槧《年譜》未得，乃妄爲考據，譔次《年譜》一卷。明年五月，剞劂既竣，復從朱檢討竹垞先生所得琴川汲古閣毛氏故所藏《香山宋譜》，即直齋陳氏撰本；不特編年繫事與余《譜》略同，而其辨論〈海圖屏風〉詩爲諷王承宗事作，及元、白隙終之繆之類，無不暗合。相去數百年，如與古人晤對質疑，亦大快事也。始余爲《譜》，頗極駁《史傳》、《紀事》諸書譌誤，或者怪之。獲見是書，自幸可藉以白穿鑿杜譔之疑。遂欲削去所撰，獨留陳本；而竹垞先生以爲二《譜》一縱一橫，體格本異，且互有詳略，不嫌並存。又因其得之既刻之後，遂附次《新譜》，非敢進今而退古也。《譜》既曰未嘗賜諡而猶稱《白文公年譜》者，從《新史》耳。若其引據詩話，雖已采錄，重惜古本，未忍裁節，並仍其舊。康熙癸未六月，汪立名記。

觀朱〈序〉及汪〈記〉，則朱假而汪得之常熟毛氏所藏直齋《白文公年譜》，
其時均在康熙四十二年癸未（1703）五月。毛氏所藏之本，疑即趙善書所刊
本，蓋今見汪氏本《白文公年譜》後亦載趙〈跋〉，是其證也。汪本《白香山
詩集》，即一隅草堂本，乾隆間館臣修《四庫全書》，所收白居易詩，即據此
本。《提要》云：

> 臣等謹案：《白香山詩集》四十卷，附錄《年譜》二卷，國朝汪立
> 名編。唐白居易《長慶集》七十五卷，今存七十一卷。其中〈文〉
> 三十四卷，〈詩〉三十七卷。立名引宋祁之言，謂「居易長於詩，
> 而他文未能稱是，因別刊其詩，以成是集」。又據元稹〈序〉，謂「長
> 慶時所作僅前五十卷，其實歷以後所作，不應概名以《長慶》，因即
> 其歸老之地，題曰《香山》」。參互眾本，重加編次，定為《長慶集》
> 二十卷、《後集》十七卷、《別集》一卷，又采撫諸書為《補遺》二
> 卷，而新定《年譜》一卷、陳振孫《舊本年譜》一卷，併元稹〈長
> 慶集序〉一篇，及《舊唐書》本傳冠於首，復采諸書之有關居易詩
> 者，各箋註於其下」。《居易集》舊有明武定侯家刻本，今已罕見；
> 世所行者，惟蘇州錢氏、松江馬氏二本，皆頗有顛倒訛舛。胡震亨
> 《唐音丁籤》所錄，又分體瑣屑，往往以一題割隸二卷，殊為叢脞。
> 立名此本，考證編排，特為精審。其所箋釋，雖不能篇篇皆備，而
> 引據典核，亦勝於注書諸家漫衍支離，徒洇耳目，蓋於諸刻之中，
> 特為善本焉。立名號西亭，歙縣人。其書成於康熙壬午，朱彝尊、
> 宋犖皆為之〈序〉云。乾隆四十二年八月恭校上。

讀《提要》，則知《四庫全書》本《白香山詩集》，所據者為汪氏刊本，亦即一
隅草堂本，是則直齋所撰《白文公年譜》，除趙善書刊本外，又有一隅草堂本及
《四庫全書》本。入民國後，上海中華書局嘗影印一隅草堂本，而《四部備要》
本又據一隅草堂本鉛字排印者也。民國 24 年（1935）上海國學整理社及民國
50 年（1961）臺北世界書局亦各有鉛印本。由是觀之，直齋所撰《白文公年譜》，
其板本亦可云繁富矣。

國立中央圖書館編印《臺灣公藏善本書目人名索引》十一畫「陳振孫（宋）」
條項下載：

> 《白文公年譜》一卷（編），清稿本，《歷代名人年譜大成》之一。
> 中圖 230。

是中央圖書館藏有清人手鈔稿本《白文公年譜》一卷，惟未注明誰氏所鈔。
案：喬衍琯《陳振孫學記》第三章〈著述〉第二節〈白居易年譜〉云：

　　又有劉師培編《歷代名人年譜大成》本，附〈新譜補錄〉，見《國立
　　中央圖書館善本書目》增訂本卷二〈傳記類〉。〈補錄〉摘陳、汪兩
　　《譜》異同二十八事，多係時事，而涉及白居易生平者甚少。

據此，則喬氏以《歷代名人年譜大成》中《白文公年譜》乃劉師培所編。余
因是嘗倩蘇瑩輝教授代爲影印。此《譜》影印所得凡四十一頁，每半頁九行，
行二十字。首頁有「儀徵劉師培印」、「左庵」、「國立中央圖書館所藏」諸印
記。左庵乃師培號，蓋《春秋左氏傳》實儀徵劉氏世代相傳之家學也。此《譜》
書法工整，而師培素拙於書，固知非劉氏所自爲。又此《譜》多有刪節，或
出師培之意，余嘗將此本與《四庫全書》本細勘，頗有異同。惟喬氏所謂〈新
譜補錄〉凡二十八事，則未之見，或影印者無意遺漏也。雖然，此二十八事
既多繫時事，而涉及白氏生平者甚少，則似不太重要，惟稍後仍須向中央圖
書館商借研閱，俾知儀徵劉氏補錄本之梗概焉。師培劉氏此《譜》，固繼《四
庫全書》本後又另一手鈔本矣。

　　直齋《白文公年譜》之源流與板本已略如上述。直齋此《譜》，與汪氏所
撰《年譜》及詩注，每多暗合，尤以論〈題海圖屏風〉詩爲然。考〈題海國
屏風〉詩，載見汪本《白香山詩集》卷一〈長慶集〉，題下小注：「元和己丑
年作」，其詩云：

　　海水無風時，波濤安悠悠。鱗介無小大，逐性各沉浮。突兀海底鼇，
　　首冠三神丘。釣網不能制，其來非一秋。或者不量力，謂茲鼇可求。
　　矗矗牽不動，繘絕沉其鈎。一鼇既頓領，諸鼇齊掉頭。白濤與黑浪，
　　呼吸繞咽喉。噴風激飛廉，鼓波怒陽侯。鯨鯢得其便，張口欲吞舟。
　　萬里無活麟，百川多倒流。遂使江漢水，朝宗意亦休。蒼然屏風上，
　　此畫良有由。

此詩之後，附汪氏按語曰：

　　立名按：此詩於題下注年，必有爲而作。己丑爲元和四年。四月，
　　憲宗欲乘王士眞死，除人代之，不從，則興師討，以革河北諸鎮世
　　襲之弊。裴垍不可。李絳言：「武俊父子相承四十餘年，今承宗又已
　　總軍務，一旦易之，恐未即奉詔。又河北諸鎮，事體正同，必不自
　　安，陰相黨阻。」中尉吐突承璀欲奪垍權，自請將兵討之，未行。

九月，憲宗又欲以承宗爲成德留後，割其德、棣二州，更爲一鎮，命王氏壻薛昌朝領之。承宗果囚昌朝，抗不奉詔。遂命承璀統兵討承宗，自此兵連禍結，師久無功。公《集》有〈狀〉論其事云：「臣伏以河北事體，本不宜用兵。」此詩當因是託諷也。東坡云：「吳元濟以蔡叛，犯許、汝，以驚東都，此不可不討者也。當時議者欲置之，固爲非策，然不得武、裴二傑士，亦未易辦也。白樂天豈庸人哉！然其議論亦似屬置之者。其詩有〈海圖屏風〉者，可見其意。且注云：『時方討淮、蔡叛。』吾以是知仁人君子之於兵，蓋不忍輕用如此。淮、蔡且欲以德懷，況欲弊所恃，以勤無用乎？悲乎！此未易與俗士談也。」東坡此語定有爲，特借是以發之耳！然今本並無淮、蔡叛之注，況元濟反在元和十年，縱兵侵掠，不容不討者。詩中「不量力」、「鼈可求」等語，殊不相涉。是詩之作，確是元和四年。然則宋本亦有繆誤，東坡以注爲據，遂不復推考也。

觀是，汪氏固不以東坡之說爲然，不以此詩爲論吳元濟以淮、蔡叛者。直齋《白文公年譜》「（元和）四年己丑」條則載：

有〈海圖屏風〉詩，時方討王承宗，公意不然，故借巨鼈以風。

讀直齋此條，則知汪氏按語，固與直齋《年譜》暗合也。

然直齋所譜，汪氏亦有嫌其疏略者。一隅草堂本《白香山詩集》於〈年譜舊本〉後有汪氏按語，云：

立名按：今《白集》錢考功本，並依吳門宋刊，獨無李璜《譜》，不知何時刪去，就直齋所訾，可以概見其舛謬，豈特目不知有《史傳》，即《白文公集》，亦似從未省覽者。吳本之《年譜》如此，無怪其編次之荒唐乃爾也。近世購書家但重宋本，略不鑒別，幸而李《譜》不傳，陳氏駁正之書尚在：設以彼易此，亦將據宋刻而信之否乎？顧白公以元和五年庚寅除京兆戶曹，六年辛卯丁母陳太君喪，始歸渭村，時年四十，故〈歸田詩〉云「四十爲野夫」也。直齋乃以此詩係之五年，且云：「移疾求退。」然陳太君以六年卒於長安宣平里第，猶自京兆府申堂狀，安得先一年歸渭村。又香山九老不及如滿、李爽，及七十致仕，並略有異同，語詳《新譜》及〈九老圖詩〉後。

要之，直齋考據精確，多詳人所不能詳，其他自不嫌疏略也。

案：直齋《白文公年譜》「（元和）五年庚寅」條云：「〈寒食詩〉云：『忽因時

節驚年幾，四時如今欠一年。』」是直齋以居易此年三十九歲。《年譜》又云：「四月，求京兆府判司，得士曹參軍，有〈謝官狀〉。公在諫省數言事，忤憲宗意。其論吐突承璀，尤不悅；至有『小子無禮』之語，賴李絳救解。及當改官，諭崔群使求自便，又俾中人梁守謙宣旨，於是有〈陳情狀〉，蓋亦承上意爾。……有〈知除戶曹喜而言志詩〉，未幾，退居渭上。……又有〈適意詩〉云：『三年作諫官，復多尸素羞。一朝歸渭上，泛如不繫舟。』又〈隱几詩〉云：『行年三十九，歲暮日斜時。』又〈歸田詩〉云：『三十爲近臣，腰間鳴佩玉。四十爲野夫，田中學鋤穀。』蓋自小諫爲戶曹，但解諫職而已；至是，則併翰苑皆解去，是必移疾求退，而《史》失載爾。」是直齋以樂天退居渭上，〈適意〉、〈歸田〉等詩均作於元和五年，然「四十爲野夫」一句甚費解，〈歸田詩〉必非居易三十九歲之作也。《年譜》「（元和）六年辛卯」條云：「有〈沐浴詩〉云：『自問今年幾？春秋四十初。』又〈栽松詩〉云：『如何過四十，種此數寸枝？』又〈白髮詩〉云：『況今我四十。』……四月五日，太夫人陳氏卒。始鞏縣府君窆新鄭，襄州府君窆襄陽，至是皆遷護於下邽，以十一月八日襄事，而陳夫人祔焉。有〈白氏事狀〉二道。」考此處所謂〈白氏事狀〉二道，即〈故鞏縣令白府君事狀〉與〈襄州別駕府君事狀〉，見載《白氏長慶集》卷二十九。鞏縣令乃白鍠，樂天之祖；襄州別駕乃季庚，樂天父也。〈襄州別駕府君事狀〉云：「夫人陳氏，陳朝宜都之後。祖諱璋，利州刺史。考諱潤，坊州鄜城縣令。妣太原白氏。夫人無兄姊弟妹，八歲丁鄜城府君之憂，十五歲事舅姑；建中初以府君彭城之功，封潁川縣君；元和六年四月三白歿於長安宣平里第，享年五十七。有子四人，次曰居易，次曰行簡。」據〈襄州別駕府君事狀〉所記，樂天母陳氏固以元和六年四月三日歿於長安宣平里第；直齋《年譜》記卒日作「四月五日」不但有誤，且樂天亦絕不會其母未喪而早一年退居渭上之理，故汪氏按語可信。汪氏《新譜》「元和六元辛卯」條又載：「四月，公丁母陳縣君喪，退居渭上。〈潁川縣君事狀〉云：『元和六年四月三日沒於長安宣平里第。』元稹〈祭文〉亦作六年，李〈碑〉作五年，誤。」是汪氏《新譜》此條所考甚精確矣。至直齋《白文公年譜》「（會昌）五年乙丑」條謂：「三月二十一日，與前懷州司馬胡杲、衛尉卿吉皎、前右觀武軍長史鄭據、慈州刺史劉眞、御史盧貞、永州刺史張渾及公共七人，爲齒會於履道宅。〈詩〉云：『七人五百七十歲。』秘書監狄兼謩、河南尹盧貞，以年未七十，雖預會而不及列，故又稱『九老會』，是會蓋有兩盧貞也。」

是直齋所譜之香山九老，不及如滿、李爽之名。考汪氏所編《白香山詩集補遺》卷一有〈九老圖詩並序〉，云：「會昌五年三月，胡、吉、劉、鄭、盧、張等六賢，於東都敝居履道坊合尚齒之會。其年夏，又有二老，年貌絕倫，同歸故鄉，亦來斯會，續命書姓名、年齒，寫其形貌，附於圖右，與前七老題爲〈九老圖〉，仍以一絕贈之。」又載：「洛中遺老李元爽，年一百三十六。歸洛僧如滿，年九十五。」其詩云：「雪作鬚眉雲作衣，遼東華表暮雙歸。當時一鶴猶希有，何況今逢兩令威。」詩後附汪氏注云：「《新唐書》本傳：『白居易居東都履道里，疏沼種樹，構石樓香山，鑿八節灘，經月不食葷，自號香山居士。與胡杲、吉皎、劉眞、盧貞、張渾、狄兼謩、盧貞輩燕集，皆高年不事者。人慕之，繪爲〈九老圖〉。』立名按：《新書》多約略意會之誤，紀述頗失實，如遺卻李元爽及如滿僧，而以狄、盧爲九老，謬矣。《白集》今本雖遺〈九老圖〉一絕句，然而狄、盧年未七十，雖與會而不及列。及詩中七人、七賢等語具在，則狄、盧自不與九老之數，明矣。此香山千古佳話，乃《集》中僅存公詩，因從各本蒐考六老詩，及後題絕句一首，以歸補遺集。」是〈九老圖詩並序〉，乃以公與胡杲、吉皎、鄭據、劉眞、盧貞、張渾、李元爽、如滿等爲九老也。汪氏按語寫作「李爽」者亦微誤，惟其所撰《新譜》「會昌五年乙丑」條載：「三月，於洛中爲七老會。夏，又合如滿僧、李元爽，爲〈九老圖〉。」所言九老名氏，則較直齋爲精當矣。又樂天致仕之年，直齋與西亭所考亦略有不同。《白文公年譜》「武宗會昌元年辛酉」條云：「春，有〈病後喜過劉家〉等五絕。又〈偶吟呈夢得〉云：『且喜開年滿七旬。』……有〈百日假滿少傅官停自喜言懷詩〉，除刑部尚書致仕，時李德裕初用事也。」是直齋以會昌元年居易七十歲爲致仕之年。惟西亭《新譜》「會昌二年壬戌」條則曰：「公年七十一，罷太子少傅，以刑部尚書致仕。《紀事》作元年致仕。按公詩有『七年爲少傅』。又〈寫眞詩序〉：『會昌二年，罷太子少傅，爲白衣居士。』又〈刑部尚書致仕詩〉：『十五年來洛下居。』以年考之，自是會昌二年。」案：西亭之言是也。樂天大和三年己酉（820）稱病居洛，開成元年丙辰（837）遷太子少傅分司，計其歲月皆應以會昌二年壬戌（842）致仕爲合。且《舊唐書》本傳云：「會昌中，請罷太子少傅，以刑部尚書致仕。」若致仕爲會昌元年，《舊唐書》不應言「會昌中」。是直齋偶失檢，所譜樂天致仕之年，不足據也。

直齋所撰《白文公年譜》偶有疏略，固不止汪氏所述。樂天有〈李留守

相公見過池上汎舟舉酒話及翰林舊事因成四韻以獻之〉詩，詩云：

　　　引棹尋池岸，移樽就菊叢。何言濟川後，相訪釣船中。白首故情在，

　　　青雲往事空。同時六學士，五相一漁翁。

案：《白文公年譜》「會昌元年辛酉」條，直齋釋曰：「五相謂李吉、裴坦、崔群及程也。」所舉僅四人，且人名亦有誤。今人朱金城《白居易集箋校》卷第三十六載此詩，朱氏箋「同時六學士，五相一漁翁」二句謂：

　　　《容齋隨筆》卷二：「白樂天分司東都，有詩上李留守相公，其〈序〉
　　　言：公見過池上，汎舟舉酒，話及翰林舊事，因成四韻。後兩聯云：
　　　『白首故情在，青雲往事空。同時六學士，五相一漁翁。』此詩蓋
　　　與李絳者，其詞正記元和二年至六年事。予以其時考之，所謂五相
　　　者：裴坦、王涯、杜元穎、崔群及絳也。」城按：洪氏所考有誤。
　　　詩云「同時」，非指二年至六年，乃居易初入院之時也。五相者無杜
　　　元穎，乃李程、王涯、裴坦、李絳、崔群。留守相公非李絳，乃李
　　　程，蓋李絳爲東都留守在長慶時，時間不合。詳見岑仲勉《唐集質
　　　疑》。又按：陳《譜》會昌元年云：「五相謂李吉、裴坦、崔群及程
　　　也。」宋長白《柳亭詩話》卷一謂係裴度、崔群、裴坦、王播、李
　　　絳。俱誤。

是則五相之姓名，不惟直齋有誤，洪容齋、宋長白亦誤，應以朱氏所箋者爲合。

第二節　〈華勝寺碑記〉

　　　直齋之著述，以作年考之，當以〈華勝寺碑記〉爲較早。余已於第三章〈陳振孫之仕履與行誼〉第一節〈任溧水縣教授〉中詳爲考證，蓋此〈碑記〉乃直齋三十三歲所撰，時爲宋寧宗嘉定四年辛未（1211），直齋卸任溧水縣教授後也。〈碑記〉載見《溧水縣志》卷二十〈二氏志·寺觀類〉，宋、元以來研治陳振孫者，如鄭元慶、厲鶚、盧文弨、陸心源諸賢均未知有此文。今人陳樂素知有此〈碑記〉矣，惟未加深研，《溧水縣志》固非罕見之書，余頗竊怪治學顓精如樂素者，竟忍令失之於眉睫也。喬衍琯爲臺灣研究直齋專家，然於《解題》板本多種，喬氏類無所知；即此〈碑記〉而言，喬氏《陳振孫學記》及其所撰論文，亦無一語涉及之也，故知〈碑記〉爲甚可貴矣。〈華勝

寺碑記〉全文，余已載之第三章第一節中，茲不贅錄，僅略評述〈碑記〉成就及價值如下。

案：直齋撰作此〈碑記〉，行文謹嚴而有法度，確具匠心。文首寫華勝寺周遭景物，筆法雄奇雅健，得柳子厚模山範水意趣。繼述華勝寺建置本末，由主僧宗應絮絮道來，娓娓可聽。文末夾敘夾議，所記浙右僧徒與信眾，捐金建寺，飛檐傑棟，談笑而成。是段文字，直可作南宋佛教建築史觀。至直齋所論釋氏「以空攝有」之義，亦深入肯綮。蓋直齋博極群書，兼通內典，《解題》卷十二〈釋氏類〉所收佛教典籍甚富，讀此〈碑記〉，更足證直齋既冠後，已涵泳浮屠典籍，故此篇議論風發，造意精微，且不墜釋氏宗旨。不意直齋年未及壯，為文成就已能如此，難能可貴矣。〈碑記〉文中提及如日、志常、宗應三僧，脫脫《宋史》、柯維騏《宋史新編》、陸心源《宋史翼》、比丘明復《中國佛教人名辭典》及昌彼得等《宋人傳記資料索引》，均無三僧資料。拾遺補闕，容俟他日矣。

第三節　〈玉臺新詠集後序〉

《玉臺新詠》，南朝陳徐陵編。《解題》卷十五〈總集類〉著錄此書，曰：

> 《玉臺新詠》十卷，陳徐陵孝穆集，且為作〈序〉。

惟《解題》並未附載〈後序〉。直齋〈後序〉，最早見於明人趙均小宛堂覆宋本《玉臺新詠》，而陸心源《皕宋樓藏書志》卷一百十二〈總集類〉一轉錄之，曰：

> 右《玉臺新詠集》十卷，幼時至外家李氏，於廢書中得之，舊京本也。宋失一葉，間復多錯謬，版亦時有刓者，欲求他本是正，多不獲。嘉定乙亥在會稽，始從人借得豫章刻本，財五卷，蓋至刻者中徙，故弗畢也。又聞有得石氏所藏錄本者，復求觀之，以補亡校脫，於是其書復全，可繕寫。夫詩者，情之發也。征戍之勞苦，室家之怨思，動於中而形於言，先王不能禁也。豈惟不能禁，且逆探其情而著之，〈東山〉、〈杕杜〉之詩是矣。若其他變風化雅，謂「豈無膏沐，誰適為容」、「終朝采綠，不盈一掬」之類，以此《集》揆之，語意未大異也。顧其發乎情則同，而止乎禮義者蓋鮮矣！然其間僅合者亦一二焉。其措詞託興高古，要非後世樂府所能及。自唐《花

間集》已不足道，而況近代狹邪之說，號爲以筆墨動淫者乎！又自

漢魏以來，作者皆在焉，多蕭統《文選》所不載，覽者可以睹歷世

文章盛衰之變云。是歲十月旦日書其後，永嘉陳玉父。

案：「永嘉陳玉父」，乃「永嘉陳振孫伯玉父」之誤，文字有訛脫。余已於第三章〈陳振孫之仕履與行誼〉第二節〈補紹興府教授〉中詳考之矣，茲不贅。直齋〈後序〉撰就於宋寧宗嘉定八年乙亥（1215），時年三十七歲，正紹興府教授任也。據〈後序〉所記，直齋整治《玉臺新詠》，最初所得之本，乃舊京本（即北宋汴京本），書取自外家李氏。考《解題》卷十七〈別集類〉中載：

> 《丁永州集》三卷，知永州吳興丁注葆光撰。元豐中余中榜進士。
> 喜爲歌詞，世所傳〈催雪・無悶〉及〈重午・慶清朝〉，皆有承平閒
> 雅氣象。有女適樂清令富春李素見素，實先妣之大父母也。

觀《解題》此條，是李素爲直齋外曾祖父，其妻丁氏乃直齋外曾祖母也。〈後序〉所言「外家李氏」者，即富春李素家，《玉臺新詠集》十卷舊京本，當取自李素後人。惜此本竟「宋失一葉」，所失之葉在卷第四也。又此本多錯謬，版亦時有刓者，直齋不得已乃從人借得豫章刻本，才五卷；又求觀於石氏所藏錄本，補亡校脫，《玉臺新詠集》始得復全，可繕寫。直齋所校《玉臺新詠》，後有宋本刊行，明崇禎六年癸酉（1633）趙均小宛堂有覆宋本，即據直齋此本，故覆宋本書後仍附直齋〈後序〉也。直齋刊本，嘉慶、咸豐間仍見流傳。北京圖書館所藏小宛堂覆宋本上載有汪正鋆〈跋〉云：

> 《玉臺新詠》推南宋陳玉父本爲第一，予從得一本於青江舟次，精
> 神充足，古艷照人。嘗携之以行，戴金溪比部勸予仿刻行之，予以
> 爲恐貽譏效顰也。伊揚州見之，歎爲百金之直。持古書與徐俟齋畫
> 冊求易，徘徊久之，終不能忍。丙子夏，挾之入都，爲陳秋舫所窺，
> 盛譽之於葉東卿。東卿，予親家，亦秋舫親家也，藏書富逾王侯，
> 聞秋舫言，笑而不答。越日，秋舫生日，東卿出此本爲壽，秋舫乃
> 狂喜，馳以示予，予亦驚歎。諦審之，終若神氣不足。出藏本方之，
> 此迺紙略新，墨亦少輕，其爲玉父本可寶愛一也。秋舫言：「東卿遂
> 能捨此，均之不如東卿達觀。」予言：「東卿遂能捨此，均之不能如
> 東卿忍情也。」秋舫大笑，東卿亦大笑，屬予記之。是日酷熱，越
> 二日大雨驟涼，展對灑然，乃爲書其簡首。嘉慶丙子六月廿一日，
> 桐城汪正鋆均之氏記於蓮花寺寓舍。

觀是，則嘉慶二十一年丙子（1816）歲，直齋宋刊本爲汪正鋆得之胥江舟次；其書「精神充足，古艷照人」，固善本矣；而葉東卿所贈與陳秋舫之本，疑爲小宛堂覆宋本，故其書「酒紙略新，墨亦少輕」，「終若神氣不足」者。北京圖書館所藏小宛堂覆宋本上有許乃普一〈跋〉，云：

> 《玉臺新詠》自南宋已有兩本，明人重刻，竄亂彌多。張嗣修、茅國縉本更非其□，唯南宋永嘉陳玉父本爲佳，此本是也。爲徐星伯前輩所藏，今歸於子，實近今不多見之秘笈。卷帙如新，而墓有宿草，安得起故人於地下而欣賞之也。噫！咸豐紀元辛亥秋，滇翁手識。

案：此〈跋〉所言之徐星伯，即徐松，乃整治《宋會要稿》見稱者。滇翁即許乃普。意星伯初得直齋宋刊本《玉臺新詠》於汪正鋆所，咸豐紀元辛亥（1851），其書又轉爲滇翁所收藏，然自後則泯其蹤跡矣。今人穆克宏 1985 年間點校吳兆宜《玉臺新詠箋註》，所用參校之書，亦無此本，〔註 1〕是知宋刊本作《廣陵散》矣，惟此書宋刊本之行款，猶略可考見其彷彿。湖南省圖書館藏小宛堂覆宋本上載有葉啓發一〈跋〉，中有言：

> 崇禎六年癸酉，寒山趙宧光小宛堂得宋嘉定乙亥陳玉父本，據以翻雕，行款一仍舊式，半葉十五行，行三十字。葉次通連，計七十四番。宋諱「殷」、「玄」、「弦」、「法」、「匡」、「筐」、「敬」、「驚」、「鏡」、「竟」、「慎」、「貞」等字均闕筆。前有徐陵〈序〉，後有陳玉父〈後序〉，板刻古雅，規矩謹嚴，無明人刻書竄亂臆改惡習。徐書原本賴以復見人間，宜其見重藝林，藏書家均推爲善本也。

案：小宛堂覆宋本既據宋刊本翻雕，用知宋刊本行款及宋諱闕筆諸字，均與小宛堂覆宋本全同。北京圖書館及湖南省圖書館既藏有小宛堂覆宋本，是宋刊本雖不存，幸賴覆宋之本，仍可考見宋本行款之彷彿。

至直齋〈後序〉評價《玉臺新詠》，以爲《玉臺》語意與《詩經》之變風變雅未大異；且稱「其措辭託興高古，要非後世樂府所能及」；又謂「自漢魏以來，作者皆在焉，多蕭統《文選》所不載，覽者可以睹歷代文章盛衰之變」。〈後序〉揄揚此書，誠徵實之論。余略考清人評《玉臺新詠》，如朱彝尊、紀昀、梁啓超諸氏所持論，頗受直齋影響，茲略加迻錄，以作比觀。至朱彝尊

〔註 1〕 《玉臺新詠箋註》，清吳兆宜注、程琰刪補，穆克宏有點校本，1985 年北京中華書局印行，收入《中國古典文學基本叢書》。惟穆氏參校書目，無直齋之宋刊本。

諸人所撰，偶亦有突過之處，斯則可視爲發皇直齋之學也。

　　朱彝尊評《玉臺新詠》之文，見載吳兆宜《玉臺新詠箋註》，其文曰：

　　　　《昭明文選》初成，聞有千卷。既而略其蕪穢，集其清英，存三十
　　　　卷，擇之可謂精矣。然入選之文，不無僞製。所錄〈古詩十九首〉，
　　　　以徐陵《玉臺新詠》勘之，枚乘詩居其八。至〈驅車上東門行〉，載
　　　　《樂府雜曲歌辭》，其餘六首，《玉臺》不錄。就《文選》本第十五
　　　　首而論，「生年不滿百，長懷千載憂。晝短而夜長，何不秉燭遊。」
　　　　則〈西門行〉古辭也。古辭：「夫爲樂，爲樂當及時。何時坐愁怫鬱，
　　　　當復來茲。」而《文選》更之曰：「爲樂當及時，何能待來茲。」古
　　　　辭：「貪財愛惜費，但爲後世嗤。」而《文選》更之曰：「愚者愛惜
　　　　費，但爲後世嗤。」古辭：「自非仙人王子喬，計會壽命難與期。」
　　　　而《文選》更之曰：「仙人王子喬，難可與等期。」裁剪長短句作五
　　　　言，移易其前後，雜糅置〈十九首〉中，沒枚乘等姓名，概題曰〈古
　　　　詩〉，要之皆出文選樓中諸學士之手也。徐陵少仕於梁，爲昭明諸臣
　　　　後進，不敢明言其非，乃別著一書，列枚乘姓名，還之作者，殆有
　　　　微意焉。劉知幾疑李陵〈答蘇武書〉爲齊梁文士擬作，蘇子瞻疑陵、
　　　　武〈贈答〉五言亦後人所擬，而統不能辨。非不能辨也，昭明優禮
　　　　儒臣，容其作僞。今《文選》盛行，作僞者心不徒勞也已。或者以
　　　　爲《文選》闕疑，《玉臺》實之以人，非是。當其時，昭明聚書三萬
　　　　卷，大集群儒討論，豈不知五言始自枚乘。而〈序〉所云：「退傅有
　　　　『在鄒』之作，降將有『河梁』之篇，四言五言，區以別矣。」注
　　　　《文選》者，遂謂「河梁」之別，五言始此。鍾嶸《詩品》亦云：「逮
　　　　漢李陵，始著五言之目。」抑何謬歟！然則，誦詩論世者，宜取《玉
　　　　臺》並觀，毋偏信《文選》可爾。

案：朱氏之評，右徐陵而左蕭統，其意甚明。惟考其所論，不過陰用直齋「自
漢魏以來，作者皆在焉，多蕭統《文選》所不載，覽者可以睹歷代文章盛衰
之變」一說，而作揮霍發皇耳。

　　紀昀之評，載見紀氏自撰《玉臺新詠校正》稿，稿本現藏北京圖書館。
紀氏之言曰：

　　　　孔子論《詩》曰「思無邪」，孟子論說《詩》曰「以意逆志」，聖賢
　　　　宏旨，具於斯矣。學者取古人之詩，究其正變，以求所謂發乎情而

止乎禮義者，或法或戒，皆可以上溯風雅也。否則，橫生意見，以
博名高，本淺者務深言之，本小者務大言之，本通者務執言之，附
會經義，動引聖人，是之謂理障。舊說既無師承，古籍亦鮮明證，
鉤稽史傳，以倖其姓名年月之偶合，是之謂事障。矜一韻之奇，爭
一字之巧，所謂好色不淫、怨誹不亂者弗講也；所謂鋪陳終始、排
比聲韻者弗講也；所謂思表纖旨、文外曲致者弗講也；是之謂詞障。
三障作而詩教晦矣。是非俗士之弊，而通人之弊也。《玉臺新詠》雖
宮體，而由漢及梁文章升降之故，亦略見於斯。譬之古碑、舊帖，
不必盡合於六書，而前人行筆結字之法，則往往因是而可悟。余既
粗爲校正，勒爲《考異》十卷，汾陽曹子受之問詩於余，屬爲評點，
以便省覽，因雜書簡端以應之，與《考異》各自爲書，不相雜也。
曹子如平心靜氣以言詩，則管蠡之見或不無小補；如欲高論以駭俗，
則僕不敏焉。癸巳正月二十七日，觀奕道人記。」〔註2〕

案：紀氏此〈記〉，文末所署「觀奕道人」即紀昀，文乃紀昀乾隆三十八年癸
巳（1773）所作。直齋論《玉臺》，謂其近於變風化雅，並謂「顧其發乎情則
同」於《詩》之雅頌，「而止乎禮義者蓋鮮矣」；又謂《玉臺》一書，「自漢魏
以來，作者皆在焉」，「覽者可以睹歷世文章盛衰之變云」。而此〈記〉則曰：
「學者取古人之詩，究其正變，以求所謂發乎情而止乎禮義者，或法或戒，
皆可以上溯風雅也。」又曰：「《玉臺新詠》雖宮體，而由漢及梁文章升降之
故，亦略見於斯。」直齋與紀氏之論，前後相承，何顯著彰明若是也。

　　梁啓超評《玉臺》，見所撰〈南陵徐氏覆小宛堂景宋本《玉臺新詠》序〉，
其〈序〉云：

總集之選，貴有範圍；否則，既失諸氾濫，又失諸罣漏。〈隋志〉總
集百四十七部，今存者《文選》及《玉臺新詠》而已。《文心雕龍》亦入
總集，實不當也。然《文選》之於詩，去取殊不當人意。《新詠》爲孝穆
承梁簡文意旨所編，目的在專提倡一種詩風，即所謂宮情綺靡之作
是也。其風格固卑卑不足道，其甄錄古人之作，尤不免強彼以就我。
雖然，能成一家言，欲觀六代哀艷之作及其淵源所自，必於是焉；
故雖漏略，而不爲病。且如魏武帝、謝康樂詩，一首不錄；阮詩僅
錄二首，陶詩僅錄一首；然而不能議其隘陋者，彼所宗不在是。譬

<hr>

〔註 2〕紀文收入穆克宏點校本《玉臺新詠箋注》。

諸刻楠之匠，則梗枏豫章之合抱者，無所用之也。故吾於此二選，
寧右孝穆而左昭明，右其善志流別而已。趙氏小宛堂本據宋刻審校，
汰其羼續，積餘重刻，更並讎諸本，附以札記，蓋人間最善本矣。

屬當草《韻文史》，輒點讀一過，記所感焉。甲子十一月二日。

梁氏此〈序〉，蓋撰於民國 13 年甲子（1924）。此〈序〉既謂《新詠》所收皆
「言情綺靡之作」，「其風格固卑卑不足道」；然又推譽《新詠》「能成一家言」，
並謂「欲觀六代哀艷之作及其淵源所自，必於是焉」。此與直齋之既評《玉臺》
「止乎禮義者蓋鮮矣」，惟又揄揚《玉臺》「措辭託興高古，要非後世樂府所
能及」。一褒一貶，又抑又揚，是梁氏評《新詠》，其法式固與直齋無以異也。

綜上言之，直齋年僅逾壯，即補亡校脫《新詠》一書，其後且付梓刊行，
則其對徐書之流傳，貢獻殊偉。至其評論此書，或抑或揚，均核實公允；對
後人評價此書，涵蓋牢籠，其影響殊足多者。

第四節　〈關尹子跋〉

直齋《解題》卷九〈道家類〉著錄：

> 《關尹子》九卷，周關令尹喜，蓋與老子同時，啓老子著書言道德
> 者。案〈漢志〉有《關尹子》九篇，而〈隋〉、〈唐〉及〈國史志〉
> 皆不著錄，意其書亡久矣。徐藏子禮得之於永嘉孫定，首載劉向校
> 定〈序〉，篇末有葛洪〈後序〉。未知孫定從何傳授，殆皆依託也。〈序〉
> 亦不類向文。

案：今人張心澂撰《偽書通考》，其書 1957 年 11 月三版修訂本〈子部‧道家
類〉亦徵引此條，惟較《解題》多出一百一十二字，所惜張氏未注明其依據
與出處。本書第五章〈陳振孫之主要著作——直齋書錄解題〉第三節〈直齋
書錄解題之成書與流傳〉已全錄其文，不再贅引，僅略論此〈跋〉價值如下。

直齋此〈跋〉，末署「丁丑夏日」。丁丑為宋寧宗嘉定十年（1217），是年
直齋三十九歲，蓋在紹興教授任也。《偽書通考》徵引此條，不惟較館本文字
為多，且多出者正全篇精華所在，乃直齋辨《關尹子》為偽書之考證也，微
此一節，全文真黯然失色矣！此段文字，余嘗考明人宋濂《文憲集》卷二十
七〈諸子辨‧關尹子〉條，確知宋濂得讀之《關尹子》亦有此節，故《偽書
通考》所載，殊非杜撰。拙考已見第五章第三節中，不另論。

　　至直齋考證《關尹子》之譌，後世沿其說而增補者甚多，宋濂〈諸子辨〉勿論矣，清人姚際恆《古今偽書考・子類・關尹子》條，胡韞玉〈讀關尹子〉亦嘗說之。今人黃雲眉《古今偽書考補證・子類・關尹子》條更發皇至富，茲僅引黃氏說，以見直齋影響之一斑。黃氏之《補證》云：

　　韞玉以此書雜出儒家之言，證非尹喜所作，甚當。然其言又謂「《關尹子》九章，一語蔽之，闡明老子虛無之旨耳」，則未敢謂是。此書蓋雜糅儒釋仙技之說而成，無所謂「一家言」也。一家言亦胡語。王世貞〈讀關尹子〉曰：「《關尹子》九篇，劉向所進，云其人即老子所與留著五千言者。其持論抑塞支離而小近實，非深於師老子者也。其辭《潛夫》、《論衡》之流耳，不敢望西京，何論《莊》、《列》？」至云：「人之厭生死者，超生死者，皆是大患也。譬如化人，若有厭生死心，超生死心，止名為妖，不名為道。則昭然摩騰入洛後語耳！俞樾《湖樓筆談》七：『《關尹子・三極篇》曰：「蟋蛆食蛇，蛇食蛙，蛙食蟋蛆。」此五行相克之理，佛家果報之說所從出歟？佛氏無襲《關尹子》之理，則《關尹子》之襲佛氏也明矣。』譚獻《復堂日記》卷五：「《關尹子》句意凡猥，雖間有精語，已在唐譯佛經之後，多有與《圓覺》、《楞嚴》相出入者。」姚瑩《識小錄》卷三〈關尹子近釋氏〉條，亦舉其文甚多，可參閱。豈向自有別本耶？抑向本遺錯，後人妄益之耶？夫老子而不為關尹子著五千言已耳，老子而為關尹子著五千言，此其非關尹語也無疑。」《讀書後》卷五。又楊慎曰：「今世有《關尹子》，其文出於後人偽撰，不類春秋時文也。按《列子・仲尼篇》引《關尹子》曰：『在己無居，形物其著，其動若水，其靜若鏡，其應若響，故其道若物者也。物自違道，道不違物。善若道者，亦不用耳，亦不用目，亦不用力，亦不用心。欲若道而用視聽形智以求之，弗當矣。瞻之在前，忽焉在後，用之彌滿六虛，廢之莫知其所，亦非有心者所能得遠，亦非無心者所能得近，惟默而性成者得之。知而仁情，能而不為，真知真能也。』又〈說符篇〉引關尹子謂列子曰：『言美則響美，言惡則響惡，身長則影長，身短則影短。名也者響也，身也者氣也。故曰：慎爾言，將有和之；慎爾行，將有隨之。是故聖人見出以知入，觀往以知來，此其所以先知之理也。度在身，稽在人。人愛我，我必愛人；人惡我，我必惡人。湯武愛天下，故王；桀紂惡天下，故亡；此所稽也。稽度皆明而不道也，譬之出不由門，行不從徑也。

以是求非由此道者，未之有也。」按此二條，皆精義格言，今之僞撰者，曾無一語類是，可證矣。」《升庵全集》卷四十六。蓋皆不以此書爲得老子之傳。《列子》亦僞書，所引《關尹子》語，不足代表老子，然由此可見造《關尹子》者，即魏晉人所著書亦未遍涉。蓋其說不專主老子，文體又類《楞嚴》譯筆，而嫁名《關尹》，可怪也！《四庫總目提要》曰：「劉向〈序〉稱『蓋公授曹參，參薨書葬。孝武帝時，有方士來上，淮南王秘而不出。向父德治淮南王事，得之』，其說頗誕，與《漢書》所載得《淮南鴻寶秘書》言作黃金事者不同，疑即假借此事以附會之。故宋濂《諸子辨》以爲文既與向不類，事亦無據，疑即孫定所爲。然定爲南宋人，而《墨莊漫錄》載黃庭堅詩『尋詩訪道魚千里』句，已稱用《關尹子》語，則其書未必出於定，或唐五代間方士解文章者所爲也。」余謂此書所言，釋多於老，方士或非所任；然如宋濂所舉「嬰兒蕊女，金相絳宮，青蛟白虎，寶鼎紅爐」之類，則雖非方士，其必爲好仙技者所託無疑矣。

讀黃氏《補證》，則知王世貞、楊升庵、《四庫全書總目》及黃雲眉，於辨證《關尹子》譌僞，皆各抒己見，以考鏡源流，所言甚有裨益於學術。然深究彼等所論，亦不過繼承直齋之說，聊作引申，而幸有所發明耳。由是觀之，直齋此〈跋〉有首倡之功，其對《關尹子》眞僞之探討，勳績固不可沒也。

第五節　〈崇古文訣序〉

《崇古文訣》一書，樓昉所編著者也，直齋爲之〈序〉。〈序〉今見載陸心源《皕宋樓藏書志》卷一百十四〈集部・總集類〉，其書「〈迂齋先生標注崇古文訣二十卷〉」條曰：

> 上缺則又何足以爲文，迂齋樓□文名於時，士之從其游者一□□援，皆有師法。間嘗采集先□□以來迄於今世之文，得一百六十有八篇，爲之標注，以詒學者。凡其用意之精深，立言之警拔，皆深索而表章之。蓋昔人所以爲文之法備矣，振（孫）觀公之去取，至於伊川先生講筵二〈疏〉，與夫致堂、澹齋二胡所上高廟〈書〉，彼皆非蘄以文著者也，而顧有取焉，毋亦道統之傳，接續孔孟，忠義之氣，貫通神明，殆所謂有本者，非耶？然則公之是編，豈徒文而已哉！

昔之論文者，曰文以氣爲主，又曰文者貫道之器也。學者其亦以是
觀之，則得所以爲文之法矣。公名昉，字暘叔，鄞人，迂齋其自謂
也。寶慶丙戌嘉平月既望，永嘉陳振孫序。

案：《解題》卷十五〈總集類〉載：

《迂齋古文標注》五卷，宗正寺簿四明樓昉暘叔撰。大略如呂氏《關
鍵》，而所取自《史》、《漢》，而下至於本朝，篇目增多，發明尤精
當，學者便之。

同卷〈總集類〉又載：

《古文關鍵》二卷，呂祖謙所取韓、柳、歐、蘇、曾諸家文，標抹
注釋，以教初學。

綜上所引，余頗疑《解題》著錄之《迂齋古文標注》，亦即《皕宋樓藏書志》
之《迂齋先生標注崇古文訣》，二者同書而異名，惟前者作五卷，後者作二十
卷爲小異耳。然此書亦有作三十五卷者，《皕宋樓藏書志》同卷〈集部・總集
類〉又載：

《新刊迂齋先生標注崇古文訣》三十五卷，明吳邦楨刊本。宋樓昉編。

姚珤序，寶慶丁亥。陳森跋。寶慶三禩。

是有明吳邦楨刊本固作三十五卷。考樓昉，《宋史》、《宋史新編》均無傳，陸
心源《宋史翼》亦無之。臧勵龢等編之《中國人名大辭典》則有「樓昉」條
目，中云：

樓昉，宋鄞人，字暘叔，號迂齋。少從呂祖謙學，與弟昞俱以文名。
紹熙進士，授從事郎，遷宗正簿，有直諒聲，後以朝奉郎守興化軍
卒。昉爲文汪洋浩博，從學者凡數百人。有《中興小傳》、《宋十朝
綱目》、《東漢詔令》、《崇文古訣》等。

案：迂齋旣師事呂東萊，故其《崇古文訣》乃一本呂氏《古文關鍵》以爲選
文標注之準，俾誨來學。凡文之用意精深，立言警拔者，皆深索而表章之。
茲所流傳之直齋〈序〉，雖〈序〉首有闕文，然評騭允當。如〈序〉謂迂齋所
取「毋亦道統之傳，接續孔孟，忠義之氣，貫通神明，殆所謂有本者，非耶」？
又謂「昔之論文者，曰文以氣爲主，又曰文者貫道之器也。學者其亦以是觀
之，則得所以爲文之法矣」。蓋迂齋所甄選，多爲程伊川、胡致堂、胡澹齋之
文，此等文章皆屬貫道之作，非僅蘄以文著者也。直齋之〈序〉，乃作於宋理
宗寶慶二年丙戌（1226）嘉平（十二）月既望，考其時，直齋已充興化軍通

判。至爲《崇古文訣》作跋者，則有姚珤，珤與直齋同時，嘗任興化軍判官，
固直齋部屬。珤嘗判莆田楊氏婦不孝罪，直齋以爲不合收坐，宥之。此事本
書第三章〈陳振孫之仕履與行誼〉第五節〈充興化軍通判〉言之詳矣。姚氏
所作〈跋〉曰：

> 文者，載道之器。古之君子非有意於爲文，而不能不盡心於明道。
> 故曰：「辭達而已。」夫能達其辭，於道非深切著明，則道不見也。
> 此文之有關鍵，非深於文者，安能發揮其蘊奧，而探古人之用心哉！
> 四明樓公假守莆邦，積其平時苦學之力，紬繹古作，抽其關鍵，以
> 惠後學。廣文陳君鋟諸梓以傳之，使世學者優游而深求，饜飫而自
> 得；豈惟文章之能事可畢，古人之用心於是乎可推也。寶慶丁亥端
> 明既望，延平姚珤敬跋。

案：姚〈跋〉與直齋同其旨趣。〈跋〉謂：「廣文陳君鋟諸梓以傳之。」陳君
者，名森，合沙人。亦有〈跋〉，與姚〈跋〉同載《百宋樓藏書志》中，其〈跋〉
云：

> 迂齋先生深於古文，嘗掇取菁華以惠四明學者。迨分教金華，橫經
> 璧水，傳授浸廣，天下始知所宗師。森曩偕先季弟爲館下生，就
> 得繕本，玩味不釋，恨未鋟梓。適先生守莆，幸備冷官，因閒叩請，
> 盡得所藏。自先秦迄於我宋，上下千餘年間，其穎出者網羅無遺軼。
> 竊謂古今文章浩無津涯，學者窮日之力，不翅河伯之望海若。此編
> 鈎玄而提要，抉幽而洩度，波詭濤譎，星回漢翻，眩晃萬狀，一經
> 指摘，關鍵曉然，其幸後學宏矣。子曰：「人莫不飲食也，鮮能知味
> 也。」先生之於文，其知味也歟！寶慶三禩，合沙陳森謹跋。

案：姚、陳二〈跋〉均作於寶慶三年丁亥（1226），姚則曰：「四明樓公假守
莆邦。」陳則曰：「適先生守莆，幸備冷官。」將二〈跋〉所言，證之《中國
人名大辭典》「樓昉」條「後以朝奉郎守興化軍卒」一語，是迂齋確嘗守莆田，
爲興化軍長官矣。直齋時爲通判，姚珤任判官，陳森充廣文，皆爲迂齋之部
屬。余前於第三章第五節中，嘗據《福建通志》與《興化府莆田縣志》，夷考
直齋任職興化軍時之同僚，惟於迂齋與陳廣文二人皆無所載。今讀直齋〈序〉
及姚、陳二〈跋〉，足可補《福建通志》與《興化府莆田縣志》之闕，是余所
考直齋之同僚又多增二人矣。

　　《崇古文訣》宋刊本，嘉慶間黃丕烈仍見殘本多種。黃氏所藏者，後爲

陸心源所擁有。《皕宋樓藏書志》卷一百十四〈集部・總集類〉「〈迂齋先生標注崇古文訣二十卷宋刊本 周九峰 朱未英舊藏〉」條載黃氏二〈跋〉，首〈跋〉云：

> 《迂齋標注崇古文訣》，非世間不經見之書也，即舊刻亦非罕有。余辛酉遊京師，見殘宋刻而補鈔者，卷有吾郡「西崦朱叔英圖記」，因遂收入〈百宋一廛賦〉中，其所存宋刻卷數，〈注〉載瞭然也。適書友又携一宋刻殘本來，係葉石君舊識，中可配前缺卷，因遂命工重裝，竟成全璧，始歎物之會合有緣。此兩宋刻之殘而復完，實爲難得，矧經吾郡諸名家所藏，而一歸余手，兩美頓合，豈不幸與！嘉慶丁卯夏至日，復翁黃丕烈謹識。

其次〈跋〉云：

> 丁卯冬，余友夏方米之尊人容庵丈，出其舊藏宋本《崇古文訣》屬爲裝潢：檢視之，知亦係諸宋本湊合而成。卷端有〈序〉無目，因從宋本原有序之存者影寫，置余本首。其中更有奇者，多與葉石君舊藏本合，而周九松舊藏本，間有失頁，在余本內，即如卷十六末葉是也。彼所錯出，又係余本之失葉，顛倒錯亂，雖過之，而不能仍正之，是可歎已！夏丈寶愛其書，思裝潢，辛因費不貲，索書去；又遠館洞庭，踪跡不常晤，未及將兩書原委告之。戊辰正月下弦日，復翁又識。

案：據二〈跋〉所言，是復翁之初得《崇古文訣》殘宋刻補鈔本，在嘉慶六年辛酉（1801），乃朱叔英舊藏；後又於嘉慶十二年丁卯（1807），得另一宋刻殘本，乃葉石君舊藏；丁卯之冬，又得見夏容庵舊藏另一宋本。復翁將三本互校，以補訂朱叔英舊藏本闕失，惜夏本有「錯出」，而朱本又「失葉，顛倒錯亂」，「雖遇之，而不能仍正之」！是以直齋〈崇古文訣序〉序首之闕文，以復翁之博贍與富蒐求，猶未能補出之也。

至《崇古文訣》之板本，《解題》作五卷，並將書名題作《迂齋古文標注》，此本應爲迂齋最早之稿本，而爲直齋抄得者。其時迂齋任宗正寺簿，《解題》謂「宗正寺簿四明樓昉暘叔撰」。《中國人名大辭典》載，迂齋任宗正寺主簿在宋光宗紹熙年間（1190～1194），則《解題》所著錄之《迂齋古文標注》五卷本亦必抄就於此時。然則，寶慶三年丁亥（1226）陳森所刊之二十卷本，乃迂齋事後不斷增添補訂者，故兩者之成書，相隔已幾三紀矣。陳森刊本，陸心源《皕宋樓藏書志》中有如下案語：

案：此宋刊宋印本，每葉二十四行，每行二十三字。卷中有「吳郡
西崦朱叔英書畫印」朱文長印、「西崦」朱文長印、「叔英」朱文方
印、「士禮居」朱文方印、「丕烈」、「蕘夫」朱文二方印。

藉悉陳森刊本之行款，及知此本曾爲朱叔英、黃丕烈收藏也。

惟讀阮元《文選樓藏書記》，卷一載：

《崇古文訣》十七卷，宋樓昉輯，刊本。宋板。是書選錄自秦漢迄宋
諸體文，傍列評語，題曰：「迂齋先生標注」，前有寶慶間姚珒序。

案：阮芸臺此〈記〉，載《崇古文訣》有宋刊十七卷本，雖未言及直齋〈序〉、
陳森〈跋〉；而姚珒之名則誤寫作「珒」，姚本作跋而此謂作序，亦微有不同。
惟自明吳邦楨刊本已改稱「姚珒序」矣。至阮〈記〉之稱「十七卷」，未知是
否全書卷數，或原二十卷，缺三卷，而爲十七卷。阮〈記〉之本今未之見，
暫存此疑，容後再考。

莫友芝《宋元舊本書經眼錄》卷二亦著錄：

《迂齋先生崇古文訣》，元明間覆宋板，半葉九行，行十九字，有「沈
瀚」、「世貞」、「允明」諸印，王弇州題籤猶存。

案：此條著錄元明間覆宋板《迂齋先生崇古文訣》，雖經沈瀚、王世貞、祝允
明諸名家所收藏，惟此本所覆者決非陳森刊本，蓋行款與陳森刊本不同。惟
明吳邦楨刊本之行款，則與此本相同。考葉德輝《郎園讀書志》卷十五〈集
部〉「〈崇古文訣三十五卷明吳邦楨邦杰校刊本〉」條云：

《新刊迂齋先生標注崇古文訣》三十五卷，卷一大題後次行〈先秦
文〉下題：「松陵後學吳邦楨、邦杰校正。」白口本，白魚尾下《文
訣》卷幾，每半葉九行，行十九字。《四庫全書總目・集部・總集類》
著錄爲「內府藏本」。考內府所藏見《天祿琳瑯書目續編》者，一載
〈元版類〉，爲麻沙袖珍本；一載〈明版類〉，爲明刻大字本，標題
均與此同。陳振孫《直齋書錄解題》有樓昉《迂齋古文標注》五卷，
元馬端臨《文獻通考・經籍考・集部・文史類》同。《四庫總目提要》
云：「疑傳寫者誤脫『三十』二字。」是也。書有圈句旁批，字下間
有釋音。黃丕烈《士禮居藏書題跋記》有宋刻殘本，〈百宋一廛賦〉
注云：「《迂齋先生標注崇古文訣》大題與宋元明兩本同。」知明本
從元本出，元本從宋本出，標題不改，則一切圈句、旁批、釋音必
仍舊矣。前序下有「聽雨樓查有圻珍賞圖書」十字白文篆書方印，「澹

遠堂圖書」五字白文篆書方印。

余頗疑《宋元舊本書經眼錄》著錄者，即為吳邦槙所刊本，莫子偲未之深考也。至《提要》疑《解題》著錄《迂齋古文標注》五卷，乃傳寫者誤脫「三十」二字，葉郋園從而輕信之，固誤也。蓋直齋所得乃迂齋任宗正寺主簿時編成之《古文標注》五卷，與明人吳邦槙將宋刊原二十卷強分作三十五卷不同，二者不惟卷帙有所不同，且內容分量亦不同也。更有考者，直齋寶慶二年丙戌（1226）為此書作〈序〉時，所見者乃二十卷本，直齋實無由預卜明人將之強分為三十五卷也。由是言之，《提要》與葉郋園所言者均誤。

明刊本《崇古文訣》，近人李盛鐸亦收藏之。《木犀軒藏書書錄》卷四〈集部・總集類〉載：

> 《新刊迂齋先生標注崇古文訣》三十五卷，宋樓昉輯，明刊本。半
> 葉九行，行十九字。卷一標題次行題「松陵後學吳郡槙邦杰校正」。
>
> 有寶慶丁亥（三年・1227）姚珤序，陳森跋。
>
> 有「張氏紅藥書庫藏書」朱白文長印，「鳳清讀過」白文方印。

案：木犀軒者，李盛鐸室號。《木犀軒藏書題記》與《木犀軒藏書書錄》二書，皆張玉範整理點校完成，北京大學出版社出版。惟此條中所言之「吳郡槙」實「吳邦槙」之誤，張玉範偶失慎矣。明刊本有姚珤、陳森〈序〉、〈跋〉，而獨缺直齋之〈序〉。頗疑吳氏昆仲據以刊行之宋板，其卷首直齋一序已散佚，不得已乃改用姚珤之〈跋〉作〈序〉，移之卷前，而仍以陳森之〈跋〉殿後乎？

直齋之〈序〉，已明顯說出《崇古文訣》作者為樓昉。故〈序〉首雖殘存：

> 迂齋樓□文名於時。」〔註3〕

而於〈序〉末又曰：

> 公名昉，字暘叔，鄞人，迂齋其自謂也。

然自明刊本失載此〈序〉，致使今人竟有誤判此書之作者。如王繼祥等編纂《東北師範大學圖書館藏古籍善本書目解題》，其〈集部・總集類・通代〉載：

> 《新刊迂齋先生標注崇古文訣》三十五卷，宋李樗輯。明嘉靖年松
> 陵吳氏刻本。九行，十九字。白口，左右雙邊。卷端題：松陵後學
> 吳邦杰吳邦槙校正。五冊。此書收錄先秦至宋代一些名人序、說、
> 論、書、記、碑、傳等各體文章約二百篇，並加以標注。李樗：宋，
> 楠弟，字迂仲。受業於呂本中，注《毛詩解》，博引諸說，而以己意

〔註3〕 〈序〉首此條「樓」字下之「□」，疑作「公」字為合。

　　斷之。其學以孝弟、忠信、窮經、博古爲主。與楠俱以鄉貢不第，

　　早卒。自號迂齋，學者稱迂齋先生。

案：王繼祥諸人蓋以李樗號迂齋，而此書既稱《新刊迂齋先生標注崇古文訣》，
則連姚〈序〉、陳〈跋〉亦不索觀，即逕認定《崇古文訣》爲李樗作。姚〈序〉
不亦云乎：「四明樓公假守莆邦，積其平時苦學之力，紬繹古作，抽其關鍵，以
惠後學。」是明指此書作者乃「四明樓公」矣。陳〈跋〉亦曰：「迂齋先生深於
古文，嘗掇取菁華以惠四明學者。……適先生守莆，幸備冷官，因閒叩請，盡
得所藏。」是則此「深於古文」又適「守莆」之迂齋先生，決非「其學以孝弟、
忠信、窮經、博古爲主」，及「以鄉貢不第，早卒」之李樗矣。不意王繼祥諸人
治學鹵莽滅裂乃至於此！倘明刊本仍載有直齋〈序〉，則王繼祥等於啓卷之際，
即見樓昉姓氏，其所撰解題應不至舛訛若此。是又直齋所撰〈序〉，不惟可資評
《文訣》；即於稽考此書作者一道，尤爲重要而不能等閒視之。

第六節　〈寶刻叢編序〉

　　《寶刻叢編》者，臨安人陳思所編著書也，直齋曾爲之〈序〉。直齋之〈序〉，
《四庫全書》本竟缺載，本書第三章〈陳振孫之仕履與行誼〉第六節〈除軍
器監簿〉已迻錄之，茲謹論述直齋〈序〉及陳思此書如下。

　　案：直齋此〈序〉，末署「紹定辛卯小至，直齋陳伯玉父」。是〈序〉撰就
於宋理宗紹定四年辛卯（1231）小至日，即冬至前一日，其時直齋正在軍器監
簿任中。此〈序〉之首，直齋歷論歐陽修《集古錄》、趙明誠《金石錄》、鄭樵
《系時錄》及《諸道石刻錄》、《訪碑錄》諸書，皆指責其短，極具卓識。至陳
思以一市人，價書於臨安之市，乃能蒐求好古博雅君子及淪墜不振故家所藏金
石名碑，一旦盡取諸家之所錄，輯爲《叢編》。直齋謂其書以宋之九城、京府、
州縣爲本，而繫其名物於左，至前人辨證審定之語亦著焉，所輯別具理致，確
有補於斯文者矣。《叢篇》凡二十卷。第一卷：京畿、京東東路，第二卷：京東
西路，第三卷：京西南路，第四卷：京西北路上，第五卷：京西北路下，第六
卷：河北東路、河北西路、河北路化外州，第七卷：陝西永興軍路上、京兆府
上，第八卷：京兆府中，第九卷：京兆府下，第十卷：陝西永興軍路下，第十
一卷：陝西秦鳳路、河東路、河東路化外州，第十二卷：淮南東路、淮南西路，
第十三卷：兩浙東路，第十四卷：兩浙西路，第十五卷：江南東路、江南西路，

第十六卷：荊湖南路、荊湖北路，第十七卷：成都府路，第十八卷：梓州路、利州路，第十九卷：夔州路、福建路、廣南東路、廣南西路，第二十卷：諸書所錄刻石而地里未詳者。此二十卷中，所收名碑寶刻全國各路殆遍，搜羅之富贍，用心之勤苦，固可覘之。

陳思《叢編》，同時人魏了翁，喬行簡嘗分別作〈序〉，力加推譽。茲亦迻錄之，俾可與直齋〈序〉相觀比勘焉。魏〈序〉云：

> 余無它嗜，惟書癖殆不可醫。臨安鬻書人陳思，多為余收攬散逸，扣其書顛末，輒對如響。一日，以其所稡《寶刻叢編》見寄，且求一言。蓋屢却而請不已，發而眎之，地世年行，炯然在目。嗚呼！賈人閱書於肆，而善其事若此，可以為士而不如乎？撫卷太息，書而歸之。紹定二年，鶴山翁。

喬之〈序〉則曰：

> 辛卯之秋，余篋中所藏書，厄於鬱攸之焰，因求所闕於肆。有陳思道人者，數持書來售。一日，攜一編遺余曰：「此思所自集前賢勘定碑誌諸書之目也，雖其文不能盡載，姑記其篇目、地里，與夫作者之姓氏，好事者得而觀之，其文亦可因時而訪求。」余受而閱之，蓋昔之《寰宇訪碑錄》之類，而名數加多，郡縣加詳，知其用心之良勤，因為之改目。夫以它人之書，刊而貨之，鬻書者之事也；今道人者，乃能自衷一書，以為好古博雅者之助，其亦異於人之鬻書者矣！故樂為題其篇端。紹定五年六月改朔，孔山居士書。

案：〈序〉末所署「孔山居士」，即喬氏也。《叢編》另有一序，文末殘缺，作者殆無可考。其文曰：

> 金石有刻，示傳遠也。世歷浸久，或淪於水火，或毀於兵革，或駁於風雨之餘，於是乎所以傳遠者，亦有時而窮。獨拓本僅存於好事者之篋笥，是則金石之堅，反不逮幅紙之壽。然幅紙因人而存，聚者必散，又豈足恃哉！此《叢編》之所以作也。陳道人久居京輦，與士大夫接，見聞之廣，閱書之多，旁搜遠討，輯為巨編。余嘉其志，又從臾之；又授之《秦氏碑目》，俾得參討，且助其鋟梓之費。書成，求余跋，再請不已，弗容以吏冗辭也。余嘗謂：自秦漢以來，建碑刻石，莫盛於唐；往往又多萃於中原，羶腥淪汙，無從橅拓，猶幸是書之有考。今皇威遠暢，故疆斯復。好古博雅下缺。

直齋、魏了翁、喬行簡及無名氏諸人所撰〈序〉，於《寶刻叢編》皆無貶辭。余惟此書收攬散逸，所得材料極為贍富，編輯亦具理致，其有功於好古博雅，庶無待言。然是書亦瑕瑜互見，《四庫全書總目》卷八〈史部〉十四〈目錄類·金石之屬〉云：

《寶刻叢編》二十卷，宋陳思撰。思，臨安人。所著《小字錄》，前有結銜，稱「成忠郎緝熙殿國史實錄院秘書省蒐訪」；又有《海棠譜》，〈自序〉題「開慶元年」，則理宗時人也。是書蒐錄古碑，以《元豐九域志》京府州縣為綱，其石刻地里之可考者，按各路編纂；未詳所在者，附於卷末，兼採諸家辨證審定之語，具著於下。今以《元豐九域志》及《宋史·地理志》互相參核。其中改併地名，往往未能畫一。即卷內所載，與目錄所題，亦不盡相合：如目稱「鎮江」，而卷內稱「潤州」；目稱「建康」，而卷內稱「昇州」之類，不一而足。蓋諸家著錄多據古碑之舊額，思所編次又皆仍諸家之舊文，故有是訛異。至於所引諸說不稱某書某集，但稱其字，如蔡君謨、王厚之之類；又有但稱其別號，如碧岫野人、養浩書室之類；茫不知為何人者，尤宋、元坊肆之陋習。然當南北隔絕之日，不得如歐、趙諸家多見拓本；而能紬繹前聞，博考方志，於徵文考獻之中，寓補苴圖經之意，其用力良勤。且宋時因志地而兼志碑刻者，莫詳於王象之《輿地碑目》，而河淮以北，概屬闕如。惟是書於諸道郡邑，綱分目析，沿革犖然，較象之特為賅備。朱彝尊嘗欲取所引《隸續》諸條，以補原書二十一卷之闕。今考所引如曾南豐、《集古錄》、〈施氏大觀帖總釋序〉、《集古後錄》、《諸道石刻錄》、《復齋碑錄》、《京兆金石錄》、《訪碑錄》、《元豐碑目》、《資古紹志錄》諸種，今皆散佚不傳，猶藉是以見崖略。又《汝帖》十二卷、《慈恩雁塔唐人題名》十卷，以及《越州石氏帖目》，則他書所不載，而亦藉是書以覘其大凡，亦可云有資考證者矣。鈔本流傳第四卷京東北路，第九卷京兆府下，十一卷廉鳳路、河東路，十二卷淮南東路、西路，十六卷荊湖南路、北路，十七卷成都路，並已闕佚；十五卷江南東路、饒州以下至江南西路亦佚其半；十八卷梓州、利州路惟有渠、巴、文三州；而錯入京東西路，淮南諸碑，其餘亦多錯簡，如《魏三體石經》「遺」字條下，文義未竟，忽接「石藏高紳家，紳死，其子弟以石

質錢」云云，乃是王羲之書〈樂毅論〉跋語，傳寫者竄置於是。朱
彝尊《經義考》於《刊石門內魏石經》條下引歐陽棐、趙明誠「藏
高紳家」云云，蓋未詳究原書，故沿其誤。今一一釐正，其闕卷則
無考補，姑仍其舊焉。

觀《四庫全書總目》所述，是知《寶刻叢編》，原有訛誤，亟俟釐正；至其闕
卷，亦待考補。是此書容有未盡善之處，直齋諸人之〈序〉，皆未能如實質正，
幸賴《四庫全書總目》指瑕索瘢，糾正其謬。惟館本《寶刻叢編》仍有闕卷，
館臣亦難能一一考補之也。

第七節　〈陳忠肅公祠堂記〉

宋人林表民所編《赤城集》卷八，有〈陳忠肅公祠堂記〉一篇，此篇固
陳振孫所作也。此文載本書第三章〈陳振孫之仕履與行誼〉第八節〈知台州
與任浙東提舉〉，不再贅引。

案：此文所言之陳忠肅公，即陳瓘。瓘，《宋史》卷三百四十五〈列傳〉
第一百四有傳。其〈傳〉曰：

陳瓘，字瑩中，南劍州沙縣人。少好讀書，不喜為進取學。父母勉
以門戶事，乃應舉，一出中甲科。調湖州掌書記，簽書越州判官。
守蔡卞察其賢，每事加禮，而瓘測知其心術，常欲遠之，屢引疾求
歸，章不得上。檄攝通判明州。卞素敬道人張懷素，謂非世間人，
時且來越，卞留瓘小須之，瓘不肯止，曰：「子不語怪力亂神，斯近
怪矣。州牧既信重，民將從風而靡。不識之，未為不幸也。」後二
十年而懷素誅。明州職田之入厚，瓘不取，盡棄於官以歸。

章惇入相，瓘從眾道謁。惇聞其名，獨邀與同載，詢當世之務，瓘
曰：「請以所乘舟為喻：偏重可行乎？移左置右，其偏一也。明此，
則可行矣。天子待公為政，敢問將先？」惇曰：「司馬光姦邪，所當
先辨，勢無急於此。」瓘曰：「公誤矣。此猶欲平舟勢而移左以置右，
果然，將失天下之望。」惇屬色曰：「先不務續述先烈，而大改成緒，
誤國如此，非姦邪而何？」瓘曰：「不察其心而疑其跡，則不為無罪；
若指為姦邪，又復改作，則誤國益甚矣。為今之計，唯消朋黨，持
中道，庶可以救弊。」意雖忤惇，然亦驚異，頗有兼收之語。

至都，用爲太學博士，會卞與惇合志，正論遂絀。卞黨薛昂、林自官學省，議毀《資治通鑑》，瓘因策士題引神宗所製〈序〉文以問，昂、自意沮。

遷秘書省校書郎。紹述之説盛，瓘奏哲宗言：「堯、舜、禹皆以『若稽古』爲訓。『若』者，順而行之；『稽』者，考其當否，必使合於民情，所以成帝王之治。天下之孝，與士大夫之孝不同。」帝反覆究問，意感悦，約瓘再入見。執政聞而憾之，出通判滄州，知衛州。徽宗即位，召爲右正言，遷左司諫。瓘論議持平，務存大體，不以細故藉口，未嘗及人晻昧之過。嘗云：「人主託言者以耳目，誠不當以淺近見聞，惑其聰明。」惟極論蔡卞、章惇、安惇、邢恕之罪。御史龔夬擊蔡京，朝廷將逐夬，瓘言：「紹聖以來，七年五逐言者，常安民、孫諤、董敦逸、陳次升、鄒浩五人者，皆與京異議而去。今又罷夬，將若公道何？」遂草疏論京，未及上，時皇太后已歸政，瓘言外戚向宗良兄弟與侍從希寵之士交通，使物議籍籍，謂皇太后今猶預政。由是罷監揚州糧料院。瓘出都門，繳四章奏之，並明宣仁誣謗事。帝密遣使賜以黃金百兩，後亦命勿遽去，畀僧牒爲行裝，改知無爲軍。

明年，還爲著作郎，遷右司員外郎兼權給事中。宰相曾布使客告以將即眞，瓘語子正彙曰：「吾與丞相議事多不合，今若此，是欲以官爵相餌也。若受其薦進，復有異同，則公議私恩，兩有愧矣。吾有一書論其過，將投之以決去就，汝其書之。但郊祀不遠，彼不相容，則澤不及汝矣，能不介於心乎？」正彙願得書。且持入省，布使數人邀相見，甫就席，遽出書，布大怒。爭辨移時，至箕踞誶語，瓘色不爲動，徐起白曰：「適所論者國事，是非有公議，公未可失待士禮。」布矍然改容。信宿，出知泰州。崇寧中，除名竄袁州、廉州，移郴州，稍復宣德郎。

正彙在杭，告蔡京有動搖東宮跡。杭守蔡嶷執送京師，先飛書告京俾爲計。事下開封府制獄，併逮瓘。尹李孝稱逼使證其妄，瓘曰：「正彙聞京將不利社稷，傳於道路，瓘豈得預知？以所不知，忘父子之恩而指其爲妄，則情有所不忍；挾私情以符合其説，又義所不爲。京之姦邪，必爲國禍。瓘固嘗論之於諫省，亦不待今日語言間也。」

內侍黃經臣蒞鞫，聞其辭，失聲歎息，謂曰：「主上正欲得實，但如言以對可也。」獄具，正彙猶以所告失實流海上，瓘亦安置通州。瓘嘗著《尊堯集》，謂紹聖史官專據王安石《日錄》改修神宗史，變亂是非，不可傳信；深明誣妄，以正君臣之義。張商英為相，取其書，既上，而商英罷，瓘又徙台州。宰相徧令過州出兵甲護送；至台，每十日一徙告；且命兇人石悈知州事，執至庭，大陳獄具，將脅以死。瓘揣知其意，大呼曰：「今日之事，豈被制旨邪！」悈失措，始告之曰：「朝廷令取《尊堯集》爾。」瓘曰：「然則何用許使？君知『尊堯』所以立名乎？蓋以神考為堯，主上為舜，助舜尊堯，何得為罪？時相學術淺短，為人所愚。君所得幾何，乃亦不畏公議，干犯名分乎？」悈慚，揖使退。所以窘辱之百端，終不能害。宰相猶以悈為怯而罷之。

在台五年，乃得自便。繼復承事郎，帝批進目，以為所擬未當，令再敘一官，仍與差遣，執政持不行。卜居江州，復有譖之者，至不許輒出城。旋令居南康，繼至，又移楚。瓘平生論京、卞，皆披摘其處心，發露其情慝，最所忌恨，故得禍最酷，不使一日少安。宣和六年卒，年六十五。

瓘謙和不與物競，閒居矜莊自持，語不苟發。通於《易》，數言國家大事，後多驗。靖康初，詔贈諫議大夫，召官正彙。紹興二十六年，高宗謂輔臣曰：「陳瓘昔為諫官，甚有讜議。近覽所著《尊堯集》，明君臣之大分，合於《易》天尊地卑及《春秋》尊王之法。王安石號通經術，而其言乃謂『道隆德駿者，天子當北面而問焉』，其背經悖理甚矣。瓘宜特賜謚以表之。」謚曰忠肅。

詳觀《宋史》瓘傳，陳忠肅畢生立身行道，出處進退，所記至為完備，足與直齋之〈記〉互為表裏。直齋〈記〉中，推譽忠肅為「明德、明善之君子而兼天下之達德者」，殊非虛說。蓋忠肅平生心存君國，往往不顧一己之安危。常發讜論，抨擊權奸，雖屢遭貶謫，而志不少屈。其為人磊磊落落，卓識危行，令人欽仰不已。忠肅沒後，宋高宗讀《尊堯集》，稱其書「明君臣之大分，合於《易》天尊地卑及《春秋》尊王之法」，所評殊得其實。直齋之〈記〉，乃承趙必願請而作。《宋史》卷四百一十三〈列傳〉第一百七十二有必願傳。其〈傳〉略曰：

> 趙必願字立夫，廣西經略安撫崇憲之子也。未弱冠，丁大母憂，哀
> 毀骨立。服闋，以大父汝愚遺表，補承務郎。

〈傳〉又載其治台州時事：

> 越五日，詔依舊主管官告院兼知台州，一循大父之政，察民疾苦，
> 撫摩凋瘵，修養濟院，建陳瓘祠，政教兼舉。

是必願祖汝愚亦嘗知台州。《宋史》並未明言必願知台州年月，直齋此〈記〉
則謂：「紹定癸巳，趙侯爲州。」考紹定癸巳，乃理宗紹定六年（1233），是
此年必願已在台州，則直齋此〈記〉，足補《宋史》之闕。至此〈記〉作年，
喬衍琯《陳振孫學記》第三章〈著述〉第三節〈詩文〉云：

> 〈陳忠肅公祠堂記〉，紹定癸巳（六年，1233）台州守趙必願建祠，
> 而屬振孫爲之〈記〉。文載《赤城集》卷八。

是喬氏以紹定癸巳爲此〈記〉作年，其實甚誤。蓋〈記〉末二句載必願宦歷
曰：

> 今以直秘閣，知婺州。

是知〈記〉必不寫成於紹定癸巳，而應撰於必願「以直秘閣，知婺州」後。《宋
史》必願本傳載：

> 端平元年，以直秘閣，知婺州。

端平元年，歲次甲午（1234），是年直齋除諸王宮大小學教授；且〈記〉已明
言：

> 明年正月祠成，擇郡士林表民掌之。

明年者，乃指紹定六年癸巳（1233）之翌年，亦即端平元年甲午歲。本書第
三章第八節中已考出振孫端平三年丙申（1236）作成此〈記〉，茲不贅考。

　　至〈記〉所言及之郡士林表民，亦即《赤城集》編者。有關表民學行，
本書第四章〈陳振孫之戚友與交游〉第三節已詳考之矣。

第八節　〈皇祐新樂圖記題識〉

　　《四庫全書》卷第四〈經部〉九〈樂類〉收宋阮逸、胡瑗奉敕撰《皇祐
新樂圖記》，書分上中下三卷，書末有識語，其辭曰：

> 嘉熙己亥良月，借虎邱寺本錄，蓋當時所賜，藏之名山者也。末用
> 蘇州觀察使印，長、貳押字，志頒降歲月。平生每見承平故物，輒

慨然起敬，恨生不於其時，乃錄藏之，一切倣元本，無豪釐差。伯
玉識。

案：此識語即直齋所撰〈皇祐新樂圖記題識〉也。嘉熙己亥良月者，即宋理宗
嘉熙三年己亥（1239）十月，此即〈題識〉作年，其時直齋正調升浙西提舉。
直齋錄藏虎邱寺藏本《皇祐新樂圖記》亦在此時。惟《解題》卷十四〈音樂類〉
著錄：

> 《皇祐新樂圖記》三卷，屯田員外郎阮逸、光祿寺丞胡瑗撰。凡十
> 二篇，首載詔旨，次及律、度、量、衡、鍾磬、鼓鼎、鸞刀，圖其
> 形製，刊板頒之天下。虎丘寺有本，當時所頒，藏之名山者也。其
> 末志頒降歲月，實皇祐五年十二月二十一日，用蘇州觀察使印，長、
> 貳押字。余平生每見承平故物，未嘗不起敬，因錄藏之，一切依元
> 本摹寫，不少異。

考《解題》此條，應成於撰〈題識〉後，故《解題》內容與〈題識〉一致且略
有所增益，如虎丘寺藏本之頒降歲月，乃〈題識〉所闕者。蓋直齋所撰〈題識〉
乃迻寫借錄本上，而借錄本一切倣虎丘寺藏本摹寫，「無豪釐差」，因其上已明
識頒降歲月，故〈題識〉無須贅言，此行文宜然也。今直齋借錄本已散佚，虎
丘寺藏本之頒降歲月反藉《解題》所記，而得獲其蹤跡，斯固非直齋撰《解題》
時所可預卜其價值者矣。

至阮逸與胡瑗奉敕撰作《皇祐新樂圖記》之故，《宋史》卷四百三十二〈列
傳〉第一百九十一〈儒林〉二〈胡瑗〉載：

> 胡瑗字翼之，泰州海陵人。以經術教授吳中，年四十餘。……皇祐
> 中，更鑄太常鍾磬，驛召瑗、逸，與近臣、太常官議於秘閣，遂典
> 作樂事。

案：《宋史·胡瑗傳》所記固不甚詳明。陸心源《宋史翼》卷二十三〈列傳〉
第二十三〈儒林〉一〈阮逸〉則載：

> 阮逸字天隱，福建建陽人。天聖五年進士，調鎮江軍節度推官。……
> 皇祐二年，將祀明堂，言者以爲鑄鍾、特磬，未協音律，復召逸赴
> 大樂所，同太常寺定鍾磬制度。明年十二月鑄成，召兩府及侍臣觀
> 新樂於紫宸殿，賜名大安。然逸視舊樂止下一律，而鍾聲舂鬱震悼，
> 不和滋甚。五年，詔南郊姑用舊樂，其新定大安樂惟用之常祀及朝
> 會。逸以製律成，復勒停，爲戶部屯田員外郎。既而翰林學士胡宿

言：「新樂未施郊廟，先用於朝會，非先王薦上帝、配祖考之意。」
仁宗以爲然，逸樂遂不復用。

《宋史翼・阮逸傳》記述翔實，讀之甚悉逸、瑗奉敕撰作之原委，及新樂不
被復用之緣故。至《皇祐新樂圖記》，《四庫全書總目》評之甚詳。其書卷第
四〈經部〉九〈樂類〉曰：

> 《皇祐新樂圖記》三卷，宋阮逸、胡瑗奉敕撰。仁宗景祐三年二月，
> 以李照樂穿鑿，特詔較定鍾律，依《周禮》及歷代史〈志〉立議范
> 金。至皇祐五年樂成，奏上，此其《圖記》也。舊本從明文淵閣錄
> 出，後有宋陳振孫嘉定己亥〈跋〉云：「借虎邱寺本錄，蓋當時所賜，
> 藏之名山者。」又有元天歷二年吳壽民〈跋〉、明萬曆三十九年趙開
> 美〈跋〉，敍是書源委頗詳。考初置局時，逸、瑗與房庶等皆驛召豫
> 議，詔諸家各作鍾律以獻，而持論互異。司馬光主逸、瑗之說，范
> 鎮主房庶之說，往返爭議，卒不能以相一。其往返書牘，具〈光傳〉、
> 〈家集〉中，而鎮所作《東齋記事》，亦略存其概。大抵逸、瑗以爲
> 黃鍾之管，積八百一十分，容一千二百黍；又以九章圓田算法計之，
> 黃鍾管每長一分，積九分，容十三黍三分，黍之一空徑三分四釐六
> 毫，圍十分三釐八毫，圍徑用徑三圍九，古率而改圍九分爲九方分，
> 則遷就之術也。司馬光曰：「古律已亡，非黍無以見度，非度無以見
> 律；律不生於度與黍，將何從生？非謂太古以來，律必生於度也；
> 特以近世古律不存，故反從度法求之耳。」其論最明。范鎮譏其以
> 度起律，誠爲過當。然鎮以秬黍、律尺、龠、䵝、斛、算數、權、
> 衡、鐘、磬十者，必相合而不相戾，然後爲得；亦不爲無見也。以
> 律起度，與以度起律，源流本無異同，而二家算術不精。逸、瑗等
> 得之於橫黍，而失之於圍徑；又以大黍累尺，小黍實管，自相乖反。
> 房庶以千二百黍實之，管中隨其長短截之，以爲九寸之管，取三分
> 以度空徑，則空徑不生於黍，而別有一物爲度以起分，竟不必實黍
> 於管，未見其爲通論也。是書上卷，具載律呂、黍尺、四量、權衡
> 之法，皆以橫黍起度，故樂聲失之於高。中、下二卷，考定鍾磬、
> 晉鼓及三牲鼎、鸞刀制度，則精核可取云。

案：《四庫全書總目》之評論，右逸、瑗而左房庶，其意向甚明。房庶之論，
備見其子房審權所撰《大樂演義》中，惜書末見。《解題》卷十四〈音樂類〉

則著錄此書，曰：

> 《大樂演義》三卷，成都房審權撰。皇祐中，宋祁、田況薦益州進
> 士房庶曉音律，上其《樂書補亡》三卷。庶自言得古本《漢書》，云：
> 「度起於黃鍾之長，以子穀秬黍中者，一黍之起，積一千二百黍之
> 廣，度之九十分，黃鍾之長，一為一分。」今本脫「之起，積一千
> 二百黍」八字。故前世累黍為尺以制律，是律生於尺，非尺生於律
> 也。且「一為一分」者，蓋九十分之一也，後世誤以一黍為一分，
> 非是。當以秬黍中者一千二百實管中，黍盡得九十分，為黃鍾之長
> 九寸，加一，以為尺，則律定矣。惟范鎮是之。時胡瑗、阮逸制樂，
> 已有定議，遂格不行，詳見《國史・律曆志》。審權，庶之子也，元
> 豐四年為此書，以述父之意。其後元祐初，范蜀公老矣，自為新樂，
> 奏之於朝，蓋用其說云。

讀《解題》此條所記，當略知房庶樂論之梗概。房庶樂論，范鎮雖是之，而
朝廷終格之，斯亦無可如何者也。然逸、瑗新樂，未幾亦因胡宿之言而不復
用。二者遭際，後先一轍，亦可哀也矣！

　　據前引《解題》所記，《皇祐新樂圖記》於皇祐五年曾「刊板頒之天下」，
當時所頒予虎丘寺者即此本。此本清代末季猶有流傳，邵章及見之。《增訂四
庫簡目標注》卷第四〈經部〉九〈樂類〉載：

> 《皇祐新樂圖記》三卷，宋阮逸、胡瑗撰。路有鈔本、《學津討源》
> 本、許氏有舊鈔本。
> 〔附錄〕陸有影寫宋刊本。（紹箕）
> 〔續錄〕宋皇祐五年刊大字本，胡心耘有校本。張金吾藏影寫《新
> 樂圖記》，卷末有「皇祐五年十月初三日奉聖旨開板印造」兩行。

觀是，則《皇祐新樂圖記》宋刊大字本開板印造，乃於皇祐五年十月初三日，
而是年十二月二十一日即頒降虎邱寺矣。據《增訂四庫簡目標注》所著錄，《皇
祐新樂圖記》又有《學津討源》本。《學津討源》為清人張海鵬所編叢書，書
凡二百冊，《皇祐新樂圖記》在第三十二冊。此冊除錄《四庫全書總目》所述
於書首外，冊末另附直齋〈題識〉，及吳壽民、清常道人、張海鵬三〈跋〉。
吳壽民及清常道人二〈跋〉，固《四庫全書總目》道及者也。吳〈跋〉云：

> 安定先生文昭公與阮屯田所定《皇祐新樂圖記》，直齋陳先生於一百
> 九十七年後，見其書，以為承平故物，慨然起敬，至於有生不於其

時之恨，輒錄藏之。又後九十一年，壽民得其書而錄之，而敬藏之，

為幸多矣。大元天歷二年四月旦日，雪城吳壽民書於郭西小舍。閣本

錄之。

案：《皇祐新樂圖記》宋本既刊於皇祐五年（1053）十月，而直齋借虎邱寺藏

本鈔錄則在嘉熙三年（1239）十月，後先相距恰一百九十七年。吳壽民錄藏

是書，在元明宗天歷二年（1329）四月，其時又距直齋借錄虎邱寺藏本，正

九十一年。《學津討源》本此〈跋〉，乃據文淵閣本錄出。而清常道人〈跋〉

則曰：

> 按《通鑑》：仁宗景祐三年二月，詔胡瑗、阮逸較定鍾律，蓋以李照
> 樂穿鑿也。至皇祐二年閏十一月，置詳定大樂局，其鍾弇而直，聲
> 鬱不發。著作佐郎劉羲叟曰：「此謂害金，帝將感心腹之疾。」已而
> 果然。然則羲叟審音，出胡、阮一等矣！何以當時不令羲叟同定樂
> 哉？此書閣抄本，姑錄之以俟倫、曠耳！時萬曆三十九年十月十三
> 日，書於奉常公署，清常道人誌。

案：此〈跋〉之清常道人即趙開美。〈跋〉所記劉羲叟言，與《文獻通考》略

有異同。《通考》卷一百三十〈樂考〉三〈歷代樂制〉載：

> 初，李照斥王朴樂音高，乃作新樂，下其聲。太常歌工病其太濁，
> 歌不成聲，私賂鑄工，使減銅齊，而聲稍清，歌乃協。然照卒莫之
> 辨。又朴所製編鐘皆側垂，照、瑗皆非之。及照將鑄鐘，給銅於鑄
> 鎬務，得古編鐘一，工人不敢毀，乃藏於太常，鐘不知何代所作。
> 其銘云：「粵朕皇祖寶龢鐘，粵斯萬年，子子孫孫永寶用。」叩其聲，
> 與朴鐘夷則清聲合，而形側垂。瑗後改鑄，正其紐，使下垂，叩之
> 弇鬱而不揚，其鑄鐘又長甬而望踔，聲不和。著作郎劉羲叟謂人曰：
> 「此與周景王無射鐘無異，上將有眩惑之疾。」嘉祐元年正月，帝
> 御大慶殿，受朝前一夕，殿庭設仗衛；既具而大雨雪，至壓宮架折。
> 帝於宮中跣而告天，遂暴感風眩。人以羲叟之言為驗。

觀是，則清常道人〈跋〉語乃據《通考》而成，惟所記劉羲叟之言，顯與《通

考》有所異同，然未知孰是。張海鵬之〈跋〉則曰：

> 右《皇祐新樂圖記》三卷，宋阮屯田、胡安定撰述進御之書也。本
> 以李照樂下三律，詔胡、阮改造，止下一律。當時房庶力辟其說，
> 以為照以縱黍累尺，管空徑二分，容黍千七百三十，固失之長；瑗

以橫黍累尺，容黍一千二百，而空徑三分四釐六豪，又失之短。夫截竹嶰溪，元音斯得，實葭緹室，中氣自應。漢制累黍之法，特以較絜度量，執黍求律，本乖古義。然而倫琯、房準樂府失傳，周鬴漢尺，法物滋偽。今欲撤黍求度，釋度審律，辟之策杖索涂，扣槃捫燭已。夫以竹作管，而竹之巨細失均，以黍定分，分定而管之徑圍自得。今按所造，原本《周官》，兼采漢制。尺寸不詭乎度數，形模悉協乎《禮圖》。唯大黍累尺，小黍實籥，未免矛盾，而較之庶說，欲以千二百黍，亂實管中，長短隨之，縱橫莫辨者，孰有當乎！夫范蜀公以律生尺，而大府樂尺，實下舊樂三律矣。魏漢律以指布度，而大晟樂器工人不能成齊量矣。故知師心愈巧，準施彌失。累黍之法，猶爲近古。雖亡晁、咸之精微，尚尋峴、朴之墜緒，未可執義叟害金之論，遽訾大安子穀之制也。沈約云：「《樂經》亡於秦。」〈隋志〉：「《樂經》四卷，蓋新莽時所立，今亦不傳。雖有竇常令、言文收之徒，莫述罕覯。」則是書實爲《樂經》之繼別矣。向無序而刊行之者，余家有舊抄本，僅載陳直齋、吳壽民、趙清常三〈跋〉，因並著之。謹錄《四庫提要》冠於顚，以昭是書之定論云。時在嘉慶甲子首夏，張海鵬若雲序於養眞齋。

案：張〈跋〉謂《皇祐新樂圖記》實爲《樂經》之繼別，對《圖記》可謂推崇備至。誠如張〈跋〉所言，《皇祐新樂圖記》可上繼《樂經》，是則直齋當年「每見承平故物，輒慨然起敬，恨生不於其時」，乃借虎邱寺藏本錄而藏之，心存愛敬，見諸行動，溢於辭表，直齋推重此書之情，亦可悉矣！

第九節　〈易林跋〉

喬衍琯《陳振孫學記》第三章〈著述〉第三節〈詩文〉云：

〈易林跋〉，《經義考》卷六引陳氏又曰，與《解題》卷十二〈卜筮類・易林〉條有出入。末署淳祐辛丑（元年，1241），疑爲振孫之題跋。

案：衍琯之疑是也。茲先迻錄《解題》卷十二〈卜筮類〉云：

《易林》十六卷，漢小黃令梁焦延壽贛撰。又名《大易通變》。唐會昌丙寅越五雲谿王俞〈序〉。凡四千九十六卦，其辭假出於經史，其

意雅通於神祇。蓋一卦可以變六十四也。舊見沙隨程迥所記，南渡
諸人以《易林》筮國事，多奇驗。求之累年，寶慶丁亥始得之莆田，
皆韻語古雅，頗類《左氏》所載繇辭，或時援引古事。間嘗筮之，
亦驗。頗恨多脫誤，嘉熙庚子從湖守王寺丞侑借本兩相校，十得八
九。其中亦多重複，或諸卦數爻共一繇，莫可考也。

至朱彝尊《經義考》卷六「《易林變占》」條則載：

陳振孫曰：「又名《大易通變》。唐會昌景寅越五雲谿王俞〈序〉。凡
四千九十六卦，蓋一卦可以變六十四也。」又曰：「舊見沙隨程氏所
紀：紹興初，諸公以《易林》筮時事，奇驗。求之多年，寶慶丁亥
始得其書於莆田，錄而藏之。皆韻語古雅，頗類《左氏》所繇辭。
間嘗筮之，亦驗。獨恨多脫誤，無他本是正。嘉熙庚子自吳門歸雲
川，偶爲鄉守王寺丞侑道之，因以家藏本見假，雖復多脫誤，而用
兩本參互相校，十頗得八九，於是兩家所藏，皆成全書。其間亦重
複，或數爻共繇，莫可稽究。校畢，歸其書王氏，而誌其校正本末
於此。淳祐辛丑五月。」

案：將《解題》之「《易林》」條與《經義考》之《易林變占》「陳振孫曰」諸
語相較，二者有出入，而後者記載較詳明。從文章撰作體裁觀之，《經義考》
所載，明顯爲校讎後之跋文，故文末有「校畢，歸其書王氏，而誌其校正本
末於此」之語，則其〈跋〉當誌於《易林變占》書上。陳樂素則稱〈跋〉爲
「識語」，樂素所撰〈略論陳振孫直齋書錄解題〉八〈解題的傳本〉，於徵引
《解題》「〈易林〉」條後，亦逐錄《經義考》「〈易林變占〉」條，惟樂素於「獨
恨多脫誤」後，竟抄脫三十七字，亦可謂失愼之至矣。樂素於其後續曰：

這是一篇識語。《經義考》引自《解題》，還是朱彝尊有《易林變占》
這部書，書中有陳振孫這篇識語？不易斷定。但《通考・經籍考》
和現行武英殿本《解題》所載，顯然是一篇節文，不如識語詳明。

樂素疑朱彝尊有《易林變占》一書，上有直齋識語；此與愚見不謀而合。至
其謂《解題》所載爲節文，故不如識語詳明；此說則未盡然。蓋《解題》之
撰作，自有其體例，與題跋顯有不同。如題跋文末可明署寫成年月，《解題》
大可不必，否則即爲蛇足矣。是故《解題》此條，盡符應有體例，內容適當，
殊非節文；樂素所言，未甚愜當。

據〈易林跋〉文末署年，此〈跋〉蓋撰於宋理宗淳祐元年辛丑（1241）

五月，其時直齋剛離浙西提舉任未久，故〈跋〉有「嘉熙庚子自吳門歸霅川」之語。案：嘉熙庚子，即嘉熙四年（1240）；吳門即平江府，乃浙西提舉治所之地。霅川，即吳興，直齋故里也。本書第三章第九節所考，曾疑振孫離浙西提舉任不遲於淳祐元年二月；依此〈跋〉，則知精確之年應爲嘉熙庚子。是則前所疑直齋離任歲月，猶幸與事實相距匪遙。至〈易林跋〉中「嘉熙庚子自吳門歸霅川，偶爲鄉守王寺丞侑道之，因以家藏本見假，雖復多脫誤，而用兩本參互相校，十頗得八九」諸句，《解題》僅作「嘉熙庚子從湖守王寺丞侑借兩本相校，十得八九」，文辭較簡潔；獨惜刪去「自吳門歸霅川」六字，遂使直齋離任後曾返霅川一事隱沒無聞。是又《解題》文字之簡潔，反不若〈跋〉之記述詳明爲愈也。

　　綜《解題》與《經義考》「陳振孫曰」所記，是《易林》又名《大易通變》，乃漢焦延壽撰。《易林》，北京圖書館藏有元刊殘本，稱《焦氏易林》。書首有費直〈焦氏易林序〉，較之《經義考》卷六所載「陳振孫曰」所記爲詳。費直，字長翁，東萊人。其〈序〉曰：

　　　《六十四卦變占》者，〔註4〕王莽時建信天水焦延壽之撰也。夫易，廣矣，大矣。以言乎遠則不禦，以言乎邇則靜而正，以言乎天地之間則備矣。然《易》者，謂六十四卦也；推此言之，則〈繇文〉、〈說卦〉之所未盡也。故《連山》、《歸藏》、《周易》，皆異辭而共卦，雖三家並行，猶舉一隅耳。贛善於陰陽，復造此以致《易》未見者，其射存亡吉凶，遇其事類則多中；至於糜碎小事，非其事類則亦否矣。贛云：「通達隱幾，聖人之一隅也。」延壽獨得隱士之說。《後漢書‧京房傳》云：「房明治《易》，事梁人焦延壽，字贛。□□貧，少以好學，得幸梁王，王供其資，令㩁，意學既成，爲郡吏察舉，補小黃令以伺候。先知奸邪，盜賊不得發。愛養吏民，化行縣中，舉最當遷。三老、官屬上書，願留贛；有詔許增秩留，卒於小黃令。贛嘗曰：『得我道以亡身者，京生也。』其說長於災變，分六十四卦，更直日用事，以風雨寒溫爲候，各有占驗，房用之尤精。」孟康曰：「分卦直日法，一爻主一日，六十卦爲三百六十日，餘四卦震、離、兌、坎爲方伯。監司之官所以用震、離、兌、坎者，是二至二分，用事之日，又是四時，各專主之氣，各卦上一日。其占法，各以其

〔註4〕《六十四卦變占》，乃《易林》之別稱，二者同書而異名耳。

日觀善惡也。」

據費直〈序〉中所言，是《易林》又名《六十四卦變占》矣。《解題》及《經義考》「陳振孫曰」均謂《易林》有王俞〈序〉，今《焦氏易林》費直〈序〉後，即有〈漢焦小黃周易變卦筮叙〉，署名「靈越五雲谿王俞」撰，其〈叙〉曰：

> 大凡在變化象數之中者，莫逃乎《易》。唯人之情僞，最曰難知。〈繫〉稱卜筮尚占，憂患興慮。彼山上有火，明入地中，周、孔之情，〈繇〉是觀變。自三古以降，雜說歧分，趎卜筮多門，亡羊殆盡。雖京、郭中奇，然皆不免其身。夫自知知人，乃曰明哲；則隗炤《易》數於冀使，焦贛發誠於君明；炤既沒不顯其占，贛明且哲乃留其術。俞，嚴耕東鄙，自前因蒙，客有枉駕蓬廬，以焦辭數軸相示。俞嘗讀班史〈列傳〉，及歷代名儒系譜、諸家雜說之文，咸稱自夫子授《易》於商瞿，僅逾十輩；延壽傳〈經〉於孟喜，固是同時。當西漢元、成之間，陵夷厥政，先生乃或出或處，外比苞蒙，輒以《易》道上干梁王，遂爲郡察舉，詔補小黃令；而邑中隱伏之事，皆預知其情，得以尤異當遷，尋亦卒於官。次所著《大易通變》，其卦揔四千九十六題。事本彌綸，同歸簡易。其辭假出於經史，其意雅合於神祇。但率潔精專，事無不中；而言近意遠，易識難詳，不可瀆蒙，以爲辭費。後之好事如君山者，則子雲之書爲不朽矣。以聖唐會昌景寅歲周正五日敘。

案：此〈叙〉蓋作於唐武宗會昌六年（846）丙寅，王俞即其時人也。《解題》及《經義考》「陳振孫曰」亦記及沙隨程氏謂：紹興初，諸公以《易林》筮時事，奇驗。考程氏名迥，字可久，號沙隨，應天寧陵人，避亂徙居餘姚。宋孝宗隆興元年（1163）癸未進士，歷宰泰興、德興、進賢、上饒諸縣，政寬令簡，所至有異績，卒官朝奉郎。《宋史》卷四百三十七〈列傳〉第一百十六〈儒林〉七〈程迥〉謂：

> 迥嘗授經學於崑山王葆、嘉禾聞人茂德、嚴陵喻樗。所著有《古易考》、《古易章句》、《古占法》、《易傳外編》、《春秋傳顯微例目》、《論語傳》、《孟子章句》、《文史評》、《經史說諸論辨》、《太玄補贊》、《戶口田制貢賦書》、《乾道振濟錄》、《醫經正本書》、《條具乾道新書》、《度量權三器圖義》、《四聲韻》、《淳熙雜志》、《南齋小集》。

觀是，則迥固精於《易》，而博極群書者也。〈迥傳〉又曰：

朝奉郎朱熹以書告迥子絢曰：「敬惟先德，博聞至行，追配古人，釋
經訂史，開悟後學，當世之務，又所通該，非獨章句之儒而已。曾
不得一試，而奄棄盛時，此有志之士所爲悼歎咨嗟而不能已者。然
著書滿家，足以傳世，是亦足以不朽。」

是朱文公於沙隨程氏，亦揄揚不絕於口矣。文公於沙隨爲後輩，然二人生前
互爲推重。王柏《魯齋集》卷十一〈題跋〉有〈跋沙隨易雜記贈賈師父〉，曰：

文公朱先生著《易本義》，謂《易》本卜筮書，而當時學者皆疑焉。
惟沙隨程先生好以卜筮說《易》，有《雜編》一冊，蓋親筆也。其門
人得之，以呈文公。公以所疑書於後，俾歸以此說質之沙隨先生，
不審以爲如何也？可以見先生待前輩之禮，其恭如此。沙隨亦稱劉
公曰元城先生，稱喻公曰玉泉先生，稱汪公曰玉山先生，稱文公則
曰南恭公。爲〈序〉於後：「《易》道之淵源，經傳之因革，殆無餘
蘊。念是書考核之精，辨析之詳，疏其羨文缺字之相承，訂其分章
絕句之或異，精神粹密，盡在音訓。不敢以既退而累後人。」越明
年，遂用紫陽書堂本足成之，敬識其歲月云。

是又程、朱二人治《易》，見解一致，志同道合，故文公讀程氏《雜編》雖有
質疑，仍執禮甚恭；沙隨亦盛譽朱子《易本義》考核精而辨析詳。直齋《解
題》卷一〈易類〉載：

《沙隨易章句》十卷、《外編》一卷、《占法》一卷、《古易考》一卷，
沙隨程迥可久撰。其論占法，雜記占事尤詳。迥嘗從玉泉喻樗子才
學，登隆興癸未科，仕至邑宰。及與前輩名公交游，多所見聞，故
其論說頗有源流根據。《古易考》十二篇，闕〈序〉、〈雜卦〉。

案：《解題》此條，固可與《經義考》「陳振孫曰」所記及《宋史・程迥傳》
互爲補足，共相發明矣。

據上引《解題》及《經義考》「陳振孫曰」所記，直齋求得《易林》在宋
理宗寶慶三年（1227）丁亥，時任興化軍通判，而興化軍治所則在莆田也。
直齋既於莆田求得《易林》，「獨恨多脫誤」，故於嘉熙庚子（1240）自吳門歸
雪川，即借王寺丞侑之家藏本相校。考王侑，乃王淮孫，號玩易老人，婺州
金華人，曾知廬陵，《宋史》無傳，王柏《魯齋集》卷五〈記〉有〈靜觀堂記〉，
頗載侑生平事蹟。〈記〉云：

子之宗人，廬陵史君，平生嗜《易》，自號玩易老人，晚於所居之西

偏，敞堂一區，扁曰「靜觀」。于時得從容於其間，而思得其義。蓋《易》之道，陰陽、動靜兩端而已。靜而觀萬物之理，是靜涵乎動；動而順萬物之情，是動主乎靜也。周子曰：「動而無靜，靜而無動，物也。動而無動，靜而無靜，神也。故又曰：非不動不靜也。」朱子曰：「惟聖人全乎天理，其動也，靜之理，未嘗忘其靜也。動之機，未嘗息，此周子所謂神妙萬物者也。」史君學有淵源，講動靜之理熟矣，觀萬物之情精矣。故出而試郡安吉也，當嘉熙庚子歲，以歉告禱雨，盡其瘁，嗇其用，廣其儲，梳別獄訟，動卹民隱，凡可自盡者，皆得於理之所當然。惟此郡，苗額悉隸上供，歲仰和糴，例責牙儈。是時價日昂，用日窘，轉糴於大家，亦理也。豪猾訴於漕臺，使者嚴止之，告於朝廷，都曹不恤也。內有兵食之憂，外有餓莩之責，郡復可為乎？於是再乞祠，三自劾而歸矣。動靜者，進退之機也；進退審，則動靜之見，定可以無媿。淳祐乙巳，再守建昌。未兩月，盜發廣昌之管下，蓋頑民蟠據山谷，家植戈矛；平時擅私販之利，生長於寇略，為患且久矣。一旦因憲司保伍之令太嚴，激其嘯呼，勢漸猖獗。侯亟作運調，為捕招並行之計。糾合諸塞，請兵諸司，款賊，謀散徒黨，結內應，利器械，峙糗糧，應變輣轊，疾如風雨，卒能平盪八千之凶孽，無延蔓之禍，見於諸公之言者，尤可證也。有曰：侯謂彼眾我寡，法當款之，計以取之，使之不敢遠離巢穴，吾事濟矣。此制勝第一機也。有曰：不動聲色，密運籌策，張聲勢，倡隅總，設招誘，解脅黨，郡賴安堵；皆由深沉果斷，應接得宜，不失事機故也。有曰：子不聞比歲漳浦之盜乎？此其徒也。譬之養疽，不潰決不止。侯能款以計，一舉勦之，除數歲醞釀之禍根於旬月間，四境無相煽以動者，功不偉歟！夫平寇之策，不過招與捕二說。招所以捕，捕所以招，應機者神，執方則泥。己丑之失，必於招也；今日之得，招而捕也。且招且捕，不足以相病故也。其後，鄭公逢辰之奏，尤為慷慨，皆未足以得侯之心。蓋其靜觀乎世道久矣，故能以一靜獨立於群動之表，應倉卒而不嬰者，此也。至於盧陵之功，尤為敏捷。始兵鈐挾驕卒，劫制郡將，一日號呶，侯叱之，氣讋而退。鈐乃密申諸司，謂卒為亂。卒知之，不平，碎其車蓋，罵辱之。侯聞於朝，逐去卒。憤平而懼生，慮憲司之追

捕，始謀作亂。闔郡惴惴。一日刻期，縱火，伺者密告，侯止以夜直之卒，出其不意，悉擒之。天風雷雨，以助其威。侯入教場，施行如法，民不知也。歸理簿書、獄訟如平時，人咸復其從容。兵鈐竟媒孽以罪，罷。邦之人士冤之，方建靖亂大碑以紀其實，作爲歌謠以頌焉。寓公歐陽守道爲之〈序〉，至今人德之。凡此三郡之設施，皆以靜制動之效，觀其動而用者不失其當，知其靜觀乎萬物之理，豈不精哉！侯以靜而觀，予獨觀夫靜而有感焉。周子《通書》，以〈蒙〉、〈艮〉二卦終之，何也？山下出泉靜而清，所以養其未發之善；艮其背者靜而止，所以全其已發之善。一敬湛矣，萬想不搖，山光凝而夜月白，野水空而庭草翠，悠然自得，表裏俱融；此不特靜觀也，而深造乎主靜之地。果能如是，有何事業之不可爲？夫子曰：「精義入神，以致用也；利用安身，以崇德也。」其勉之哉！史君名侑，實予之族姪云。

讀王柏此〈記〉，乃知侑之宦歷，蓋以嘉熙庚子（1240）試郡安吉，淳祐乙巳（1245）再守建昌，其後又出知廬陵，所至任皆卓有建樹。嘉熙庚子，侑試郡安吉，正值直齋自吳門歸霅川。侑平生嗜《易》，自號玩易老人，故家藏《易林》，無足異也。直齋借書相校，而「兩家所藏，皆成全書」。

至《易林》此書，費直、王俞皆謂焦延壽撰，直齋亦無異辭。然顧炎武《日知錄》卷之十八〈易林〉條則疑之，曰：

《易林》，疑是東漢以後人撰，而託之焦延壽者。延壽在昭、宣之世，其時《左氏》未立學官。今《易林》引《左氏》語甚多，又往往用《漢書》中事。如曰：「彭離濟東，遷之上庸。」事在武帝元鼎元年。曰：「長城既立，四夷賓服，交和結好，昭君是福。」事在元帝竟寧元年。曰：「火入井口，陽芒生角。犯歷天門，窺見太微，登上玉床。」似用〈李尋傳〉語。曰：「新作初陵，踰陷難登。」似用成帝起昌陵事。又曰：「劉季發怒，命滅子嬰。」又曰：「大蛇當路，使季畏懼。」則又非漢人所宜言也。

案：亭林所舉諸例證，均足說明《易林》一書乃東漢以後人所撰，焦氏既生西漢昭、宣之世，固應無法預知元、成時事；至書中逕呼高祖爲「劉季」，更非事之所宜。是《日知錄》所言可信，而費直、王俞及直齋《解題》謂焦氏撰〈易林〉，所言皆不免失考矣。

第十節　〈吳興張氏十詠圖跋及詩〉

　　直齋所撰〈吳興張氏十詠圖跋及詩〉，載見周密《齊東野語》卷十五〈張氏十詠圖〉條。周公瑾所記此條資料甚為繁富，可資研治直齋此〈跋〉與〈詩〉之參考。〈跋〉與〈詩〉，已見載本書第三章第十一節中，不煩贅引。茲僅論述與〈跋〉及〈詩〉有關人物行事，並吳興諸名勝於後，俾便考覽。

　　案：直齋此〈跋〉及〈詩〉，皆與張氏〈十詠圖〉相涉。張氏，即吳興張維、張先父子。父子二人，《宋史》均無傳。惟《宋史翼》卷三十六〈列傳〉第三十六〈隱逸〉，及《湖州府志》卷八十〈人物傳・隱逸〉均有〈張維傳〉，所記全同。其〈傳〉曰：

> 張維，吳興人。少年學書，貧不能卒業，去而躬耕以為養。善教其子，至於有成。平居好詩，以吟詠自娛；浮游閭里，上下於溪湖山谷之間，遇物發興，率然成章，不事雕琢，而辭意自得。徜徉閒肆，往往與異時處士能詩者為輩。年九十一卒。子先。

厲鶚《宋詩紀事》卷十二及陸心源《吳興詩存》二集卷之一亦有〈張維小傳〉，內容略同，而可互相補充。〈小傳〉曰：

> 張維，烏程人。子野之父。仁宗朝，衛尉寺丞，贈尚書刑部侍郎。子野曾取維平生所自愛詩，寫之縑素，號〈十詠圖〉。

案：上所迻錄之〈傳〉與〈小傳〉，幾全取材於《齊東野語》及孫覺所撰〈序〉，而增補甚少。胡宿《文恭集》卷十三〈外制〉有〈張維可秘書丞制〉曰：

> 敕：某賓興奮藻，膚敏牽絲。服士規而尤修，賦縣條而畢振。治成遠服，課進有司。稽功令以當遷，念弦歌之維慎。用擢丞於本省，仍臨長於舊封。有著在廷，勿懈於邑。

　　又《宋人傳記資料索引》其「張維」條云：

> 張維，烏程人，先父。仁宗時官衛尉寺丞，有《曾樂軒集》。

據《文恭集》及《宋人傳記資料索引》所載，是張維曾任秘書丞，且著有《曾樂軒集》，惜《集》已不之見耳。維子張先，《宋史翼》卷二十六〈列傳〉第二十六〈文苑〉一，有〈傳〉，曰：

> 張先，字子野，烏程人，天聖八年進士。詩格清麗，尤長於樂府。《談志》。客有謂先曰：「人皆謂公張三中，即心中事、眼中淚、意中人也。」先曰：「何不目為張三影？」客不曉。先曰：「雲破月來花弄影，嬌柔懶起、簾櫳捲花影，柳徑無人、墜絮飛無影。此余平生所得意也。

《古今詩話》。李公擇守吳興，招先及楊元素、陳令舉，與蘇子瞻、劉孝叔集於郡圃，號六客。《談志》。先作〈一叢花〉詞云：「沈恨細思，不如桃杏，猶解嫁東風。」一時盛傳。歐陽永叔尤愛之，恨未識其人。先至都，謁永叔。閽者以通，永叔倒屣迎之，曰：「此乃桃杏嫁東西郎中。」子瞻守杭，先尚在，嘗預宴席，有〈南鄉子〉詞，《過庭錄》。卒章云：「也應旁有老人星。」蓋以自謂，是時年八十餘矣。子瞻數與倡酬，聞其買妾，為之賦詩，皆用張姓事。《書錄解題》。東坡詩云：「詩人老去鶯鶯在，公子歸來燕燕忙。」詩人謂張籍，公子謂張祐。見《侯鯖錄》。晚歲優游鄉里，常泛扁舟垂釣為樂。至今號「張公釣魚灣」，仕至都官郎。案：張先曾知虢州、渝州、鹿邑，見《梅宛陵詩集》。卒年八十九，葬卞山多寶寺之右。有《文集》一百卷，唯《樂府》傳於世。《談志》。子文剛，字常勝，好學能文，再舉進士不第。《王臨川集·張常勝墓誌》。

《宋史翼》此〈傳〉記張先生平頗詳。蘇軾《東坡文集》卷九十一〈祭文〉有〈祭張子野文〉，其辭曰：

> 子野郎中張丈之靈曰：「仕而忘歸，人所共蔽。有志不果，日月其逝。惟余子野，歸及強銳。優游故鄉，若復一世。遇人坦率，真古愷悌。厖然老成，又敏且藝。清詩絕俗，甚典而麗。搜研物情，刮發幽翳。微詞宛轉，蓋詩之裔。坐此而窮，鹽米不繼。歡歌自得，有酒輒詣。我官於杭，始復擁篲。觀欣忘年，脫略苛細，送我北歸，屈指默計。死生一訣，流涕挽袂。我來故國，實五周歲。不我少須，一病遽蛻。堂有遺像，室無留嬖。人亡琴廢，帳空鶴唳。酹觴再拜，淚盈兩眥。尚饗。」

讀此祭文，可知張、蘇二人乃忘年交，張先「一病遽蛻」，軾則「淚盈兩眥」，其間固有無限哀痛也。今人夏承燾撰《張子野年譜》，收入《唐宋詞人年譜》中，資料詳備，研治張先事蹟者，可參閱。

張維〈十詠詩〉第一首為〈太守馬太卿會六老於南園〉，直齋〈跋〉於六老及馬太卿會六老之年均有所考，獨於太守馬太卿生平，則付闕如。案：太守馬太卿即馬尋，《宋史》卷三百〈列傳〉第五十九有傳，附〈陳太素傳〉後。〈傳〉曰：

> 同時有馬尋者，須城人。舉《毛詩》學究，累判大理寺，以明習法律稱。歷提點兩浙、陝西刑獄，廣東、淮南、兩浙轉運使，知湖、

撫、汝、襄、洪、宣、鄧、滑八州。襄州饑，人或群入富家掠囷粟，
獄吏鞫以強盜。尋曰：「此脫死爾，其情與強盜異。」奏得減死論，
著爲例。終司農卿。

《吳興備志》卷五〈官師徵〉引《姑蘇志》亦有〈馬尋傳〉，與《宋史》可互
爲補足。〈傳〉云：

馬尋，字子正。祥符初進士，授吳江簿。兄彝戒之曰：「到任半載，
可誦《律書》，爲治民之本。」後彝至縣詰之，答曰：「治在孔道，
疲於賓餞，未暇及也。」彝不悅。尋曰：「少緩期諷之。」至冬，果
精律學。繼登朝籍，久參法寺，有平允之譽，累著治聲，彝之力也。

《姑蘇志》。

觀二〈傳〉所記，則維詩所言「賢侯美化行南國」、「政績已聞同水薤」，固非
虛譽。王珪《華陽集》卷二十一〈詔〉有〈賜司農卿知滑州馬尋賀皇子加恩
進絹詔〉，曰：

敕：比以旌賢上嗣，疏爵近封。檻列土之飛章，充大庭而備用。有
懷欽蓋，良積褒嘉。

同卷另有〈賜外任臣寮馬尋等進賀壽聖節絹詔〉，曰：

敕：卿茂服朝聯，肅祇邦委。屬元春之今序，紀誕日之休符。列上
慶函，旅陳珍貢。載循忠鄉，良集寵嘉。

至宋庠《元憲集》卷二十三〈外制〉又有〈尚書虞部員外郎馬可尚書比
部員外郎太常博士張泌可尚書屯田員外郎制〉，曰：

敕：具官馬尋等，夫臺郎始於墾田，省書總於鉤比，皆一時之俊選也。
以爾尋效智肅給，持法敏詳；而嚮守軍牙，有緣飾之政。以爾泌屬辭
辨麗，秉操廉約；而洊腰懸組，有撫字之勤。並見考歲，成來結官。
最宜階承務之劇，且勸敘才之規。往服寵嘉，毋怠祗飭。可。

觀上引之〈詔〉與〈制〉，是馬尋曾以司農卿知滑州，又曾任虞部及比部員外
郎，則其宦歷，固不止《宋史》及《吳興備志》所記者矣。故此數〈詔〉與
〈制〉，殊足補《史》、《志》之未及。

張先旣將父維所爲詩，以爲〈十詠圖〉，孫覺乃爲之〈序〉。直齋〈跋〉
謂時在宋神宗熙寧五年（1072）壬子也。案：孫覺，字莘老，高郵人，《宋史》
卷三百四十四〈列傳〉第一百三有傳，傳文頗長。而《湖州府志》卷六十二
〈名宦錄〉一有〈孫覺小傳〉，茲僅引〈小傳〉曰：

孫覺，字莘老，高郵人。甫冠，從胡瑗學。瑗弟子千數，別其老成者爲經社，覺年最少，儼然居其間，眾皆推服。登進士第，歷知廣德軍。《宋史》本傳。熙寧四年知湖州，《談志》。松江隄爲民患，覺易以石，高一尋有奇，長百餘里，隄下悉爲良田。《東都事略》。凡守郡者，率以風流嘯詠爲事。覺至，而歲適大水，土田不登，郡人饑，覺大振廩勸分，躬自撫循勞來，出於至誠。富有餘者，爭出粟以佐官，所活不可勝計，民甚德之。又以其餘暇，網羅遺逸，得前人賦詠數百篇，爲《吳興詩集》。其他刻石尚存，而僵仆斷缺於荒陂野草之間者，皆集於墨妙亭。蘇軾〈墨妙亭記〉。六年移知廬州，《談志》。除龍圖閣學士兼侍講。《宋史》。

案：讀〈小傳〉，是莘老熙寧四年（1071）辛亥知湖州，次年撰〈張氏十詠圖序〉，〈序〉記張維生平事蹟至詳，爲《宋史翼》及《湖州府志》撰〈張維傳〉所取資。至六年（1073）癸丑，莘老則移知廬州矣。

至直齋〈跋〉，考證六老事蹟頗詳，然仍須略作補充及糾正〈跋〉之微誤者。如郎簡，〈跋〉謂：

工部侍郎郎簡，年七十九。

又曰：

郎簡，杭人也，或嘗寓於湖。

案：郎簡，《宋史》卷二百九十九〈列傳〉第五十八有傳，〈傳〉曰：

郎簡，字叔廉，杭州臨安人。幼孤貧，借書錄之，多至成誦。進士及第，補試秘書省校書郎，知寧國縣，徙福清令。縣有石塘陂，歲久湮塞，募民浚築，溉廢田百餘頃，邑人爲立生祠。調隨州推官。及引對，眞宗曰：「簡歷官無過，無一人薦，是必恬於進者。」特改秘書省著作佐郎，知分宜縣，徙知竇州。縣吏死，子幼，贅壻僞爲券冒有其貲。及子長，屢訴不得直，乃訟於朝，下簡劾治。簡示以舊牘曰：「此爾翁書耶？」曰：「然。」又取僞券示，弗類也，始伏罪。徙藤州，興學養士，一變其俗，藤自是始有舉進士者。通判海州，提點利州路刑獄。官罷，知泉州。累遷尚書度支員外郎、廣南東路轉運使，擢秘書少監，知廣州，捕斬賊馮佐臣。入判大理寺，出知越州，復歸判尚書刑部，出知江寧府，歷右諫議大夫、給事中，知揚州，徙明州。以尚書工部侍郎致仕。祀明堂，遷刑部。卒，年

八十有九，特贈吏部侍郎。簡性和易，喜賓客，即錢塘城北治園廬，自號武林居士。道引服餌，晚歲顏如丹。尤好醫術，人有疾，多自處方以療之，有集驗方數十，行於世。一日，謂其子絜曰：「吾退居十五年，未嘗不懌，今意倦，豈不逝歟？」就寢而絕。幼從學四明朱頔，長學文於沈天錫，既仕，均奉資之。後二人亡，又訪其孫，為主婚嫁。平居宴語，惟以宣上德、救民患為意。孫沔知杭州，榜其里門曰德壽坊。然在廣州無廉稱，蓋為絜所累。絜，終尚書都官員外郎。

案：《宋史》記郎簡事蹟及宦歷甚詳，然無及居湖事。其卒年為八十有九，若以六老會南園之歲推之，蓋郎簡歿於嘉祐元年（1056）丙申，則生歲應在太祖開寶元年（968）戊辰矣。檢《吳興備志》卷十三〈寓公徵〉亦載：

> 郎簡侍郎，慶曆間能吏，與杜岐公極相厚善，簡長岐公十餘年，以兄事之。既老謝事居里中，築別館徑山下，善服食，得養生之術。即徑山澗旁種菖蒲數畝，歲採以自餌。山中人目之菖蒲田。《蒙齋筆談》。
> 張按：簡與吳興六老之會，《安吉志》亦以為州人，與《宋史》小乖，或由臨安寓苕也。其子淑，馮京榜進士，載〈郡志〉，則簡之老於吳興，信矣。

案：《吳興備志》所載，與《宋史》互為表裏。《吳興備志》撰者董斯張，按語謂郎簡「由臨安寓苕」，「老於吳興」，與直齋〈跋〉中言郎「杭人，或嘗寓於湖」，所記相同。惟《吳興備志》於郎簡子作「子淑」，而《宋史》作「子絜」，其名不同。或簡有二子，絜疑作潔，與淑為伯仲，惜文獻無徵，存疑以俟考。

郎簡亦能詩，《宋詩紀事》卷七載〈訪徐沖晦〉云：

> 湖上訪高士，徑深行綠苔。應聞山犬吠，知是野人來。岸幘出相接，柴門自為開。林間清話久，薄暮榜舟回。《宋文鑑》。

全詩既恬淡，又閒雅，風格頗近淵明，惜郎氏如是之詩已不多覯耳。

於范說，直齋〈跋〉謂：

> 司封員外郎范說，年八十六。

又謂：

> 范說，治平三年進士，同學究出身。

案：〈跋〉中之治平三年，為宋英宗治平丙午（1066），直齋此處記年有誤。

蓋范說此年始中進士，則年齡已一百零六歲，殊不合理。竊疑治平三年應作咸平三年（1000），是年眞宗在位第三年，歲次庚子。如慶曆六年（1046）范氏年八十六，則其生歲應在太祖建隆二年（961）辛酉，而咸平三年庚子，范年恰四十，是范氏年登不惑，方以同學究出身成進士也。

　　宋庠《元憲集》卷二十五〈外制〉有〈太常博士集賢校理知臺州范說可尚書祠部員外郎國子博士通判成德軍陳及可尚書部員外郎右贊善大夫知汝州梁縣呂師簡可殿中丞制〉，其〈制〉曰：

　　敕：具官范說等，尚書知曹，參知承務。鈎盾華省，咸率屬僚。因
　　其寵階，式敘功次。以爾等早勤智效，祇服朝規。或預校中經，正
　　簡編之謬；或往釐外職，成郡縣之勞。並考攸司，莫匪嘉績。疇其
　　歲滿，易乃官聯。增秩以留，勉終來效。可。

讀此〈制〉，固知范說致仕前宦歷，蓋曾任太常博士、集賢校理、臺州知府、尚書祠部員外郎。此皆直齋〈跋〉所未道及，故略事徵引，以作補證。

　　至劉維慶，〈跋〉云：

　　劉維慶，年九十二。

又曰：

　　劉，殿中丞，述之仲父。

惟《吳興備志》卷十八〈選舉徵〉第十四〈以下封廕〉云：

　　劉餘慶，以從子述貴，贈殿中丞。周守中，以子頌貴。吳琰，以子
　　知幾貴；俱贈大理丞。《癸辛雜識》。

案：劉維慶，《吳興備志》據《癸辛雜識》作「劉餘慶」，頗疑作「餘慶」為是。蓋《浙江通志》卷四十二〈古蹟〉四〈湖州府〉所載亦作「劉餘慶」，詳見後。考夏竦《文莊集》卷二〈制〉，有〈屯田員外郎同判池州蕭玠可都官員外郎餘如故虞部員外郎知蔡州張用可比部員外郎餘如故虞部員外郎知慈州劉餘慶可比部員外郎餘如故殿中丞同前鎮戎軍田士亨可國子博士制〉，其辭曰：

　　敕：國家順天制官，敷求民瘼，量能授爵，崇屬時材。具官某等，
　　吏事修明，風跡沉厚。允懷清約之節，不持刻覈之文。及此第勞，
　　所宜差賞。勉圖堪副，無忝朕恩。可。

觀是，則《文莊集》亦以劉維慶作劉餘慶，是直齋〈跋〉及《齊東野語》所記均誤；而《吳興備志》據周密《癸辛雜識》所載則不誤。至劉餘慶宦歷，則曾任虞部員外郎，知慈州，又任比部員外郎，固不止贈殿中丞也。慶曆六

年，餘慶九十二，由是上推，則生年當在周世宗顯德二年乙卯（955）矣。

至餘慶之從子述，字孝叔，湖州歸安人。《宋史》卷二百二十一〈列傳〉第八十有〈傳〉。該〈傳〉記其任官事甚詳，中有言：

> 王安石參知政事，帝下詔專令中丞舉御史，不限官高卑。趙抃爭之，弗得。述言：「舊制，舉御史官，須中行員外郎至太常博士，資任須實歷通判，又必翰林眾學士與本臺丞雜互舉。蓋眾議僉舉，則各務盡心，不容有偏蔽私愛之患。今專委中丞，則愛憎在於一己。若一一得人，猶不至生事；萬一非其人，將受權臣屬託，自立黨援，不附己者得以中傷，媒孽誣陷，其弊不一。夫變更法度，其事不輕，而止是參知政事二人同書箚子。且宰相富弼暫謁告，曾公亮已入朝，臺官今不闕人，何至急疾如此！願收還前旨，俟弼出，與公亮同議，然後行之。」弗聽。

觀此，則述固為謹法飭行之吏矣。《宋人傳記資料索引》「劉述」條載其小傳曰：

> 劉述，字孝叔，一字叔孝，湖州歸安人。景祐元年進士。神宗時為侍御史，王安石參知政事，述兼判刑部，與安石爭謀殺刑名，述執奏不已，復率御史劉琦、錢顗等疏論安石奸詐專權，願早罷逐，以慰天下。皆貶，知江州，踰歲提舉崇禧觀，卒年七十二。紹興初，贈秘閣修撰。

是劉述一生蓋不附新黨者矣。

周守中，直齋〈跋〉謂：

> 周守中，年九十五。

又曰：

> 周，大理丞，頌之父。……周頌，天聖八年進士。

案：六老年齒，以守中居首。守中蓋生於後周太祖廣順二年（952）壬子，其大理丞職，封贈者也。其子頌，《宋史》無傳，依直齋〈跋〉，知頌於仁宗天聖八年（1030）庚午歲，曾登進士第。董史《皇宋書錄》下載：

> 周頌，益公之後，能扁榜大字。嘗倅洪，士友間多得其書，清勁可觀。

是頌亦以書法名家者也，又嘗任洪州通判。益公，即周必大，廬陵人；蓋守中亦廬陵人，必大之後，暮年流寓湖州。

吳琰，直齋〈跋〉謂：

> 吳琰，年七十二，皆有子弟列爵於朝。

又曰：

> 吳，大理丞，知幾之父也。

案：吳琰，《宋史》無傳。惟宋人衛涇《後樂集》卷三〈內制〉有〈保信軍節度使吳琰加食邑實封制〉，〈制〉曰：

> 門下，朕系隆景，命祗遹先。猷布政頒，常倣黃帝合宮之制；配天尊祖，□乘素商肅物之辰。百禮洽而熙事成，六樂諧而淳音暢。克相祸容之舉，實繫左戚之良。舍爵書勞，揚廷敷號。具官某，謙沖而自牧，和裕而不流。誦讀詩書，雅有游居之樂；制節謹度，不爲富貴之移。載念中興之母儀，孰踰憲聖之家法。擁立棄簾幃之訓，計安深社稷之功。肆爾一門，冠於四姓。仲叔季弟，交輝槐棘之聯；累將重侯，鼎列簪紳之盛。自涉齋壇之峻，退安珍館之熙。譽處罙休，典刑靡墜。適講嚴禋之禮，有來助祭之勤。載行爰田，以華茂屬。於戲！賜文武之胙在周人，先異姓之封；褒湊澈之賢在唐室，有同日之拜。益緩吉履，勉迪殊徽。可依前保信軍節度使、提舉佑神觀、廣陵郡開國公，加食邑五百戶食、實封二百戶主者施行。

依是，似吳琰曾任保信軍節度使，且蒙加食邑實封矣。然慶曆六年，琰既七十二歲，則其生年蓋在宋太祖開寶八年（975）乙亥，而〈制〉云：「載念中興之母儀，孰踰憲聖之家法。」則明用宋高宗憲聖慈烈吳皇后事，且此吳琰乃外戚，爲吳皇后之內侄，決非參與南園六老之吳琰也。是則有宋之時，不惟有二張先，且有二吳琰矣。

　　據直齋此〈跋〉，則吳琰未嘗任官，其大理丞乃封贈。然琰子知幾則曾眞除此職。考歐陽修《文忠集》卷八十〈外制集〉二〈前漣水軍判官吳知幾可大理寺丞制〉曰：

> 敕：具官吳知幾，士之飭躬勵行，以勤厥官，未有不知於人者。知而薦之，吾亦無所遺焉。惟爾之能，數有稱道。有司較最，於格當升。勉膺新恩，無廢其業。可。

據是，則知幾確曾任前漣水軍判官及大理丞，且爲一飭躬勵行、勤於厥職之能吏也。知幾有兄，名可幾，《宋人傳記資料索引》「吳可幾」條云：

> 吳可幾，安吉人。景祐元年進士，仕至太常少卿。與弟知幾均好古

博學，著《千姓編》，凡姓氏所出，悉有源委，時號二吳。父死，兄
弟廬墓三年，忽平地泉出，因號孝子泉。

是可幾不惟好古博學，且爲人至孝。可幾亦能詩，陸心源《宋詩紀事補遺》
卷九載其〈和孔司封題蓬萊閣〉一詩，云：

皇唐舊相元才子，曾作蕃宣式燕遨。郭郭上當星紀分，軒薨全壓閣
風高。賓僚會集簪裾盛，衛隊周環鼓吹豪。不出公庭得仙館，豈同
徐福絕雲濤。《會稽掇英集》。

全詩用典熨帖，得義山之遺。是則吳琰不止一子，長子可幾，論仕宦，論學
行均不在乃弟之下，不意直齋〈跋〉亦掛一漏萬矣。

至〈跋〉中提及南園及卞山，亦不妨略考如下：

案：南園，《吳興備志》卷十五〈嚴澤徵〉第十一〈園第〉載：

吳興山水清遠，城據其會。狀其景者曰水晶宮，曰水雲鄉，曰極樂
國。城之內，觸處見山，觸處可以引溪流。故凡爲園圃，必景物幽
雅，雖近市，如在雲岩江村，所以爲貴也。唐開成中，白蘋洲有三
園。錢氏時，清源門內有芳菲園。國朝寶元中，定安門內有南園，
今廢爲庾廩矣，居宅矣。園之亭館，自「白蘋」外，俱不可見。鄉
老、寓公多爲芳圃，亭宇相望，沼沚旁聯，花木翁茂，遊者爭眩，
物固不能兩盛也。《談志》。

又《浙江通志》卷四十二〈古蹟〉四〈湖州府〉載：

南園，《宏治湖州府志》：「定安門內，宋寶元中，知州事滕宗諒於此
立五亭，鑿三沼，復楊漢公蘋州之舊。慶曆九年，知州事馬尋嘗宴
六老於此。六老者：郎簡、范說、張維、劉餘慶、周守中、吳琰也。
胡瑗作〈序〉，刻石園中。」《吳興掌故》：「即漢公所置三園之一。」梅堯臣〈早春
遊南園詩〉：「東國春歸早，南園百卉宜。萱芽開翠穎，杏萼破煙姿。青壟將鳴雉，喬林木轉
鸝。石尤風莫起，芳物待君吹。」

又載：

白蘋洲三園，《宏治湖州府志》：「唐開成中，楊漢公置，爲一郡佳勝
處。光啓中，李師悅改爲倉。」徐仲謀〈白蘋洲三園詩〉：「風流人物兩相逢，白
傅高文紀漢公。三園五亭裝郡景，千花萬卉媚春風。」

觀《吳興備志》及《浙江通志》所載，是南園在湖州府定安門內，本爲唐開
成中楊漢公所置白蘋洲三園之一，乃一郡佳勝處。宋仁宗寶元中，知州滕宗

諒即於此立五亭，鑿三沼以爲南園。讀上引梅、徐二人詩，固知其地風景佳麗，美不勝收也。惟《浙江通志》所記，「慶曆六年」作「九年」，「劉維慶」作「餘慶」，與直齋所跋異，《浙江通志》作「餘慶」則是矣，而作「九年」則未是。南園，直齋〈跋〉謂：「车存叟端平所居。」然车巘《陵陽集》卷十七〈題跋〉中載〈題東皋南園圖後〉，曰：

> 先父存齋翁以淳祐丙午卜居雪川定安門内馬公橋旁，乃慶曆間郡守馬尋宴六老於南園處也。越明年丁未冬，先父以言事忤時宰告歸，始奠居焉。嘗賦五絕，其一曰：「買家喜傍水晶宮，正在南園故址中。我欲築堂名『六老』，換回慶曆太平風。」蓋紀實也。門人馬廷鸞大書「南園」二字揭焉。陳直齋重修《郡志》，始書曰：「南園，今车存齋所居，是其處也。」今年庚戌，施東皋携〈南園圖〉相示，視直齋所書歲適同，豈偶然哉！把玩感慨，不能自已，輒書其末而歸之。庚戌清明日，陵陽车某書，年八十有四。

案：直齋〈跋〉中存叟，即存齋，存齋名子才，车巘乃其子也。讀车巘〈題後〉，則存齋卜居南園在淳祐六年丙午（1246），而其奠居乃在淳祐七年丁未（1247），殊非端平之年（1234 至 1236），直齋殆誤記矣。存齋之獲卜居南園，據《齊東野語》所載，實賴周密之父「爲經營得之」。密父名晉，字明叔，號嘯翁。直齋〈跋〉中謂：「當淳祐己酉，其〈圖〉爲好古博雅君子所得。」〈跋〉中「好古博雅君子」，即指周晉。淳祐九年己酉（1249），是存齋奠居南園約二年，其時明叔即獲得〈張氏十詠圖〉；故《齊東野語》謂：「先世舊藏吳興〈張氏十詠圖〉一卷」，此先世，即指明叔也。周晉，紹定四年辛卯（1231）官富陽令，人稱周佛子。《全宋詞》錄明叔詞三闋，其〈點絳脣訪车存叟南漪釣隱〉云：

> 午夢初回，捲簾盡放春愁去。晝長無侶。自對黃鸝語。　絮影蘋香，春在無人處。移舟去。未成新句。一硯梨花雨。

其〈清平樂〉云：

> 圖書一室。香暖垂簾密。花滿翠壺熏研席，睡覺滿窗晴日。　手寒不了殘棋。篝香細勘唐碑。無酒無詩情緒，欲梅欲雪天時。

其〈柳梢青楊花〉云：

> 似霧中花，似風前雪，似雨餘雲。本自無情，點萍成綠，却又多情。西湖南陌東城。甚管定，年年送春。薄倖東風，薄情遊子，薄命佳人。

案：明叔此三闋詞，其第一闋乃賦南園景色。牟存叟忤時宰告歸後，號南漪釣隱，觀詞〈序〉意甚明，故此闋作年應在淳祐丁未後。第二闋寫家居閒情，明叔真不愧「好古博雅君子」也。末闋詠楊花，有言外意，南宋諸賢詠物詞多如此。周密《癸辛雜識》前集〈吳興園圃〉條云：

> 牟端明園，本《郡志》南園，後歸李寶謨，其後又歸牟存齋。園中有碩果軒、大梨一株。元祐學堂、芳菲二亭、萬鶴亭、荼蘼。雙杏亭、桴舫齋、岷峨一畝宮。宅前枕大溪，曰南漪小隱。

此條末處記南園中宅稱「南漪小隱」，斯乃牟存叟號南漪釣隱所本耶？

至卞山，《浙江通志》卷十二〈山川〉四〈湖州府〉載：

> 卞山，《宏治湖州府志》：「在縣西北十八里，高六千尺。周處《風俗記》曰：『卞山，當作冠弁之弁，以山形似弁也。』唐顏真卿〈石柱記〉、韋明歇〈登卞山詩〉皆作卞字。其山，西北屬長興縣，山有黃龍洞，石壁峭立，巖竇陰沉，莫窮其底。旁有黃龍祠、祥應宮，郡有水旱禱焉。蘇東坡有詩刻，又有三賢祠；其沈家洞、避洞亦在焉。」
> 《太平寰宇記》：「《郡國志》作卞和採玉處，非也。周處《風俗記》云：『當作冠弁之弁。』徐陵〈孝義寺碑〉云：『高弁蒼蒼，遙聞天語。』」《雲林石譜》：「弁山在郡最為崷崒，產石奇巧，羅布山間。葉少蘊蓋堂以就其景，故號石林。」范成大〈與吳興薛士隆使君遊弁山石林先生故居詩〉：「白蘋有嘉招，蒼弁得勝踐。會心不憚遠，乘興恐失便。籃輿犯窮臘，共作忍寒面。溟濛雲釀雪，浩蕩風落雁。松篁漸清幽，猿鶴或悲怨。英英文章公，作舍鎖蔥蒨。嶢峰俯前榮，佳木秀諸院。窮搜發山骨，林立侍談讌。西巖踞龍虎，東巖峙屏案。履綦故彷彿，蓋瓦已零亂。經營三十年，成毀一飛電。摩挲土花碧，小立為三嘆。」趙孟頫〈游弁山詩〉：「我欲到斯境，歲月良已深。今晨為茲游，酬我夙昔心。悠悠岡版長，慘慘風雲陰。微雨迫短日，飄然灑衣襟。屢欲還吾駕，去意復難任。消搖得所止，林竹自蕭森。素琴不須彈，山水有清音。邈在樊籠外，塵想何由侵。況懷冥絕理，出此將焉尋。他山豈不好，聊爾非所欽。」

晉張元之〈吳興山墟名〉亦云：

> 卞山峻極，非清秋爽氣，不見其頂。《紀勝》四、《談志》。夏有積雪，多蝮蛇兔鹿怪獸。羅愫《烏程縣志》。

又云：

> 卞山有項王走馬埒、飲馬池、繫馬木石間。又有項王馬足。《石柱記箋釋》。

《吳興備志》卷十五〈巖澤徵〉第十一載：

烏程弁山，本名土山，有項籍廟，自號弁王，因名。山足有一石櫃，

高數尺。陳郡殷康嘗往開之，風雨晦冥，乃止。《說苑》：「康，吳興太守。」

綜上所引，是卞山本名土山，或名弁山者，蓋以山形似弁，或以山有項籍廟，籍自號弁王，故用此名。卞山峻極，石壁峭立，巖竇陰沉，莫窮其底，非清秋爽氣，不見其頂，夏有積雪。山上多名勝，亦多蝮蛇兔鹿怪獸。《浙江通志》卷二百三十七〈陵墓〉三引〈宏治湖州府志〉謂：

宋都官郎中張先墓，在卞山多寶寺西。

則與直齋〈跋〉中所記相同。

直齋撰此〈跋〉後，繼附以詩。詩乃七律一首。此詩首二句及頷聯均寫張維、張先父子事。張三影指先，乃翁指維，〈十詠詩〉正維所作也。維、先父子，皆生逢北宋盛世；維卒年九十一，先卒年八十九，故乃有頷聯二句。頸聯「名賢」云云，固指胡瑗與孫覺作〈序〉事，惜胡所撰〈序〉已散佚，不可見矣。〈十詠詩〉後繪爲圖三幅，〈跋〉謂：「近周明叔史君得古畫三幅，號〈十詠圖〉者，乃維所作詩。」此即「勝事流傳繪素工」之意。末二句亦感慨系之，直齋生值南宋戎馬倥傯之時，遙想承平，恨生之晚，哀思無窮，不覺將一腔幽恨流諸楮墨間矣。

直齋此〈跋〉與〈詩〉之作年，蓋在淳祐十年庚戌（1250）直齋致仕家居之後，《齊東野語》謂：

會直齋陳振孫貳卿方修《吳興志》，討摭舊事，見之大喜，遂傳其

〈圖〉，且詳考顛末，爲之〈跋〉云。

是直齋致仕後，因修《吳興志》，討摭舊事，得周晉藏〈張氏十詠圖〉，喜而跋之，且附以〈詩〉。淳祐十年，直齋亦年過古稀矣。

第十一節　〈律呂之說定於太史公考〉

直齋此篇，本無篇名，篇名乃余所命定。直齋之有此〈考〉，自宋迄清，以至近人如陳樂素、喬衍琯二氏，皆不之知；而爲余所蒐獲，且爲之命名，亦云幸事矣。此篇載見馬端臨《文獻通考》卷一百三十一〈樂考〉四〈漢文帝令丞相北平侯張蒼始定律曆〉條，馬氏於條末引「永嘉陳氏曰」，繼錄此文。此「永嘉陳氏」，疑即直齋也。茲先將全文迻錄如下：

永嘉陳氏曰：「律呂之法，起於黃帝氏。律呂之說，定於太史公。知

黃帝氏之法，而不知太史公之說，則難於制律。知太史公之說，而
未知黃帝氏之法，則雖未能制律，而不害其爲律矣。何者？黃帝使
伶倫取嶰谷之竹，制十二之宮，吹陽律以候鳳，吹陰律以擬凰；而
十二律之法，由是而定，信乎起於黃帝氏者也。黃帝氏之法雖存，
而太史公之說未出，則天下之人雖知律之不可闕於樂，而不知所以
制律之本；雖知律之不可廢於度量衡，而不達所以制律之意。本不
知而意不達，則雖斷竹鑄銅，定形穴竅，區區用上黨之黍，分其長
短而較其合否，窮日夜之力以爲之，未見其能定也。然則，太史公
之說果安在哉？蓋太史公之爲《律書》也，其始不言律而言兵，不
言兵之用而言兵之偃，及言兵之偃，而於漢之文帝尤加詳焉。既曰：
「陳武請伐朝鮮，而文帝以謂願且堅邊設候，結和通使；由是而天
下富庶，鳴雞吠狗，煙火萬里，可謂和樂者矣。」又曰：「文帝之時，
能不擾亂，由是而百姓遂安，耆老之人不至市廛，游敖嬉戲，如小
兒狀。」嗚呼！若太史公者，可謂知制律之時，而達制律之意者也。
何則？當文帝時，偃兵息民，結和通使，而天下安樂，則民氣歡洽。
陰陽協和，而天地之氣亦隨以正。苟制度以候之，其氣之相應自然，
知吾律之爲是；其氣之不合自然，知吾律之爲非。因天地之正氣，
以定一代之正律，律有不可定者乎？古人所謂天地之氣，合以生風；
天地之風氣正，而十二律定，殆謂是歟！然則，律呂之說，豈非定
於太史公者哉！

案：馬端臨《文獻通考》引用宋人之說，有示作「致堂胡氏曰」、「山齋易氏
曰」、「巽巖李氏曰」、「西山眞氏曰」者，此皆連用字號與姓氏以表人者也。
致堂胡氏者，胡寅也；山齋易氏者，易祓也；巽巖李氏者，李燾也；西山眞
氏者，眞德秀也。亦有示作「東萊呂氏曰」、「山陰陸氏曰」、「江陵項氏曰」、
「永嘉陳氏曰」者，此則連用祖籍與姓氏矣。東萊呂氏者，呂祖謙也；山陰
陸氏者，陸游也；江陵項氏者，項安世也；是則永嘉陳氏者，其必陳振孫無
疑矣。蓋直齋有所撰作，其序跋署名每作「永嘉陳振孫伯玉父」，或「永嘉陳
振孫序」、「永嘉陳振孫伯玉書」，皆冠祖籍，是故馬端臨於《通考》中稱直齋
爲「永嘉陳氏」，殊屬適當，此篇必屬直齋之文矣。又案：直齋此篇，幾全取
材《史記·律書》。考《史記》卷二十五〈律書〉第三有曰：

高祖有天下，三邊外畔，大國之王雖稱蕃輔，臣節未盡。會高祖厭

苦軍事，亦有蕭、張之謀，故偃武一休息，羈縻不備。歷至孝文即
位，將軍陳武等議曰：「南越、朝鮮，自全秦時，內屬爲臣子，後且
擁兵阻阨，選蠕觀望。高祖時，天下新定，人民小安，未可復興兵。
今陛下仁惠撫百姓，恩澤加海內，宜及士民樂用征討逆黨，以一封
疆。」孝文曰：「朕能任衣冠，念不到此。會呂氏之亂，功臣宗室共
不羞恥，誤居正位，常戰戰慄慄，恐事之不終。且兵，凶器，雖克
所願，動亦耗病，謂百姓遠方何？又先帝知勞民不可煩，故不以爲
意。朕豈自謂能？今匈奴內侵，軍吏無功，邊民父子荷兵日久，朕
常爲動心傷痛，無日忘之。今未能銷距，願且堅邊設候，結和通使，
休寧北陲，爲功多矣。且無議軍。」故百姓無內外之繇，得息肩於
田畝，天下殷富，粟至十餘錢，鳴雞吠狗，煙火萬里，可謂和樂者
乎！

太史公曰：「文帝時，會天下新去湯火，人民樂業，因其欲然，能不
擾亂，故百姓遂安。自年六七十翁亦未嘗至市井，游敖嬉戲，如小
兒狀。孔子所稱有德君子者邪！」

案：漢文帝仁惠愛民，偃兵止戰，故太史公借孔子語而稱之。《史記》卷十《孝
文本紀》第十亦載：

太史公曰：「孔子言：『必世然後仁。善人之治國百年，亦可以勝殘
去殺。』誠哉是言！漢興，至孝文四十有餘載，德至盛也。廩廩鄉
改正服封禪矣，謙讓未成於今。嗚呼，豈不仁哉！」

是史公又以「德至盛也」、「豈不仁哉」推譽文帝。竊意直齋此篇，雖名爲論
史公律呂之說，惟史公所欲探求者，乃制律之本與制律之意，而其本旨則在
說明制律以偃兵。蓋偃武修文，「而天下富庶，雞鳴狗吠，煙火萬里，可謂和
樂者矣」。此史公探研律呂之意也。直齋此篇作論，乃不惜辭費詳引《史記‧
律書》之文，其於漢文帝事尤加詳焉，其用意蓋在暗示偃兵息武之重要。考
宋寧宗世，權臣韓侂冑有伐金開邊之舉，《宋史》卷四百七十四〈列傳〉第二
百三十三〈姦臣〉四載：

或勸侂冑立蓋世功名以自固者，於是恢復之議興。以殿前都指揮使
吳曦爲興州都統，識者多言曦不可，主西師必叛，侂冑不省。安豐
守屬仲方言淮北流民願歸附，會辛棄疾入見，言敵國必亂必亡，願
屬元老大臣預爲應變計，鄭挺、鄧友龍等又附和其言。開禧改元，

> 進士毛自知廷對，言當乘機以定中原，侂冑大悅。詔中外諸將密爲
> 行軍之計。先是，楊輔、傅伯成言兵不可動，抵罪；至是，武學生
> 華岳叩閽乞斬侂冑、蘇師旦、周筠以謝天下，諫議大夫李大異亦論
> 止開邊。岳下大理劾罪編置，大異斥去。

竊意直齋之撰此篇，固不止在論律呂，其用心乃反對韓侂冑妄開邊釁而塗炭
生靈，故屢引漢文帝爲喻，以有德之君開導寧宗。惜寧宗非孝文比，故言者
諄諄，而聽者藐藐耳。直齋此篇固足與楊輔、傅伯成言兵不可動，及李大異
論止開邊同功。後楊傅、二人以抵罪聞，大異則遭斥去。開禧改元，歲在乙
丑（1205），其時直齋年方二十七，猶未出仕，故庶免被懲耳。然則直齋偃武
仁民之思，及此篇作年在開禧元年，或可因是而考知矣。

第十二節　〈貢法助法考〉

《文獻通考》卷一〈田賦考〉一〈歷代田賦之制〉條又有引「永嘉陳氏
曰」一段文字，此亦直齋之文也。惜無篇名，茲據其內容而爲命名。此篇亦
前人所未論及，乃余所蒐獲者也。《文獻通考》凡二百卷，引「永嘉陳氏曰」
者，僅此二條，此條曰：

> 永嘉陳氏曰：「鄉遂用貢法，〈遂人〉是也。都人用助法，〈匠人〉是
> 也。按〈遂人〉云：『百夫有洫，十夫有溝。』即不見得包溝洫在內，
> 若是在內，當云百夫、十夫之間矣。〈匠人〉溝洫却在內，故以間言。
> 方十里者，以開方法計之爲九百夫。方百里者，以開方法計之爲萬
> 夫，〈遂人〉、〈匠人〉兩處，各是一法。朱子總其說，謂：『貢法十
> 夫有溝，助法八家同井。』其言簡而盡矣，但不知其必分二法者，
> 何故？竊意鄉遂之地，在近郊、遠郊之間，六軍之所從出，必是平
> 原曠野，可畫爲萬夫之田，有溝有洫，又有途路方圓，可以如圖。
> 蓋萬夫之地所佔不多，以井田一同法約之，止有九分之一，故以徑
> 法攤算，逐一見其子數。若都鄙之地，謂之甸。稍縣都乃公卿、大
> 夫之采地，包山林、陵麓在內，難用溝洫法整齊分畫，故逐處畫爲
> 井田，雖有溝洫，不能如圖，故但言在其間。其地綿亘，一同之地
> 爲萬夫者九，故以徑法紐算，但止言其母數。」

案：直齋此篇論貢法與助法，其撰作目的，固欲補朱子論此等法之所未及。《文

獻通考》此條之前引有朱子《集註》之論曰：

> 周時一夫授田百畝，鄉遂用貢法，十夫有溝；都鄙用助法，八家同
> 井。耕則通力而作，收則計畝而分，故謂之徹，其實皆什一也。貢
> 法固以十分之一爲常數，惟助法乃是九一，而商制不可考。周制則
> 公田百畝中，以二十畝爲廬舍，一夫所耕公田，實計十畝，通私田
> 百畝，爲十一分取其一，蓋又輕於什一矣。竊料商制亦當似此，而
> 以十四畝爲廬舍，一夫實耕公田七畝，是亦什一也。

是朱子此處所論者，不過考證貢法、助法、徹法三種田賦之制，皆同爲十取
一耳。然於何以必須分貢、助二法之因由，則朱子未遑道及，故直齋乃撰此
篇而詳言之。竊疑直齋此篇乃其讀《四書集注》之箚記也。嘗讀《直齋書錄
解題》者，固應知直齋之於朱子，不惟拳拳服膺，且推崇備至。如《解題》
卷三〈孝經類〉云：

> 《孝經刊誤》一卷，朱熹撰。抱遺經於千載之後，而能卓然悟疑辨
> 惑，非豪傑特起獨立之士，何以及此？後學不敢傚倣，而亦不敢擬
> 議也。

又同卷〈語孟類〉云：

> 《論語集注》十卷、《孟子集注》十四卷，朱熹撰。大略本程氏學，
> 通取注疏、古今諸儒之說，間復斷以己見。晦翁生平講解，此爲第
> 一，所謂毫髮無遺憾者矣。

然而朱子之著述，直齋亦非盲從而不敢置喙者。如《解題》卷十六〈別集類〉
上則載：

> 《校定韓昌黎集》四十卷、《外集》十卷，晦庵朱侍講熹以方氏本校
> 定。凡異同定歸於一，多所發明，有益後學。《外集》皆如舊本，獨
> 用方本，益大顛三書。愚案：方氏用力於此《集》勤矣，《外集》刪
> 削甚嚴，而存此書，以見其邀速常語，初無崇信之說，但欲明世間問
> 答之僞，而不悟此書爲僞之尤也，蓋由歐陽公〈跋〉語之故。不知歐
> 陽公自以《易大傳》之名與己意合，從而實之，此自通人之一蔽，東
> 坡固嘗深辨之，然其謬妄，三尺童子所共識，不待坡公也。今朱公決
> 以爲韓筆無疑，方氏未足責，晦翁識高一世，而其所定者迺爾，殆不
> 可解。今案：《外集》第七卷曰「疑誤」者，韓郁注云：「潮州靈山寺
> 所刻。」末云：「吏部侍郎、潮州刺史者，非也。退之自刑部侍郎貶

潮，晚乃由兵部爲吏部，流俗但稱韓吏部爾。」其書蓋國初所刻，故
其謬如此。又潮本《韓集》不見有此書，使靈山舊有此刻，集時何不
編入？可見此書妄也。然其妄甚白，亦不待此而明。

是朱子以韓昌黎《外集》爲「韓筆無疑」，其妄甚白，故直齋辨之，並斥爲「殆
不可解」。至此篇論貢法與助法，亦用以補朱子所未及。然直齋此文仍有欠詳
明者，故馬端臨於此條後下案語曰：

永嘉陳氏謂〈遂人〉十夫有溝，是以直度之；〈匠人〉九夫爲井，是
以方言之。又謂〈遂人〉所言者積數，〈匠人〉所言者方法，想亦有
此意，但其說欠詳明矣。然鄉遂附郭之地，必是平衍沃饒，可以分畫，
宜行助法，而反行貢法。都鄙野分之地，必是有山谷之險峻、溪澗之
阻隔，難以分畫，宜行貢法，而反行助法。何也？蓋助法九取其一，
似重於貢。然地有肥磽，歲有豐凶，民不過任其耕耨之事，而所輸盡
公田之粟，則所取雖多，而民無預。貢法十取其一，似輕於助。然立
爲一定之規，以樂歲之數，而必欲取盈於凶歉之年，至稱貸而益之，
則所取雖寡，而民已病矣。此孟子所以言莫善於助，莫不善於貢也。
鄉遂迫近王城，豐凶易察，故可行貢法。都鄙僻在遐方，情僞難知，
故止行助法。此又先王之微意也。然鄉遂之地少，都鄙之地多，則行
貢法之地必少，而行助法之地必多。至魯宣公始稅畝。杜氏注：「以
爲公無恩信於民，民不肯盡力於公田，故履踐案行，擇其善畝好穀者
稅取之。」蓋是時公田所收，必是不給於用，而爲此橫斂。孟子曰：
「《詩》云：『雨我公田，遂及我私。』惟助爲有公田。由此觀之，雖
周亦助也。」則是孟子之時，助法之廢已久，盡胥而爲貢法矣。孟子
特因《詩》中兩語，而想像成周之助法耳。自助法盡廢，胥而爲貢法，
於是民所耕者私田，所輸者公租。田之豐歉靡常，而賦之額數已定，
限以十一，民猶病之，況過取於十一之外乎！

案：馬氏此段案語，分析貢、助二法於民之利弊，所言鞭辟入裏，又足補直
齋所未及。

第十三節　〈重建碧瀾堂記〉

直齋此〈記〉，今存者乃佚文，僅得八字，見錄於元人韋居安《梅磵詩話》

卷上。《詩話》載：

> 吾鄉地瀕具區，故郡以湖名。葉水心爲趙守希蒼作〈勝賞樓記〉，有
> 「四水會於霅溪，鏡波藍浪」等語；然直齋爲吳守子明記重建碧瀾
> 堂，亦云：「鏡波藍浪，萬頃空闊。」以是觀之，則水晶宮之稱，非
> 浪得也。環城數十里，彌望皆菰蒲茭荷，城中月河、蓮花莊一帶亦
> 然。余賞愛楊廷秀〈過霅川大溪〉詩數語，形容最佳。詩云：「菰蒲
> 際天青無邊，只堪蓮蕩不堪田。中有一溪元不遠，摺作三百六十灣。
> 正如綠錦衣地上，玉龍盤屈於其間。」味此詩，則霅之勝概大略可
> 見。

讀《梅磵詩話》此條，是知直齋之〈記〉僅存者爲「鏡波藍浪，萬頃空闊」
八字耳，而前四字則采自葉適之〈勝賞樓記〉也。

考碧瀾堂，《湖州府志》卷二十五〈輿地略‧古蹟〉一載：

> 碧瀾堂在府治南，館驛河上，唐大中四年刺史杜牧建並書額，宋嘉
> 定四年知州事魏大中重修，明弘治中知府勞鉞再建。《栗志》。《書史會
> 要》：「牧善行書，亦能大字，嘗分書『碧瀾堂』三字在湖州驛，徑
> 二尺許，茂密滿榜，都欲滅縫，世少識之。」《湖錄》：「明嘉靖中，
> 以碧瀾堂址賜宮保蔣瑤爲祠，今僅存坊柱，半爲民佔，堂館俱不可
> 問。」《胡志》。宋梅堯臣詩：「虛雲臨滉瀁，橋勢對隆穹。環珮佳人去，汀洲翠帶空。橋船
> 過砌下，蘭棟起雲中。欲問芳菲地，吳王一廢宮。」陳堯佐詩：「苕溪清淺霅溪斜，碧玉寒光
> 照萬家。誰向月明終夜聽，洞庭漁笛隔蘆花。」元陳時中〈碧瀾堂賦〉：「滴天目之華滋，液
> 蒼弁之雲英。漱金井之春漿，消浮玉之寒冰。泛苕花而東走，濫餘英以北征。倒河道兮翠管，
> 浸苕城兮玉繩。此玉湖之碧瀾所以暎天地而澄清也。若其玉宇無塵，金飆不驚。湛湛兮皺紋
> 機之縠，漪漪兮拖冰繭之繪。躍錦麟兮琉璃之影，點雪鷺兮雲母之屏。蕩流萍以分綠，疏文
> 藻以涵青。挹荷香兮爽氣，橫林靄以輕氛。乍疑太液之雨霽，又疑積翠之春生。妙徐凝之筆，
> 不足以圖其彷彿；琢謝公之句，未足以狀其儀刑。乃有貴介公子、縉紳處士，削清風以爲梁，
> 斫明月以爲柱，架白雲以爲甍，疏輕煙以爲桷。審碧瀾之曲，面滄浪之勢。作堂洲渚之間，
> 兼美山川之會。魚鱗搖碧瓦之參差，鰲首戴蓬壺之矗矗。佳氣晨夕乎軒墀，波光左右乎窗戶。
> 恍若身在乎水晶之宮，又若神遊乎清都之府。是乃心怡目暢，神清氣舒，胸吞雲夢，量吸五
> 湖。躡崑探璧，倒海搜珠，談霏雨露，筆吐虹霓。蘸碧瀾而灑墨，漱芳潤而研辭。晨寫珠璣
> 之萬斛，夕哦瓊瑰之八廚。使清聲流碧，潤而無盡，直欲浸淫乎八區。」明張羽詩：「藹藹層
> 城陰，瀰瀰溪流漫。問誰所構堂，軒窗傍高岸。答云唐刺史，文采當時冠。華筵勢獨高，賓

佐俱才彥。吹簫橫落日，畫鷁如雲散。健兒簸旌旗，水戰逞奇玩。臨流賦新詩，意氣共稱歡。烽火幾荒殘，城郭多遷換。歌聲久矣滅，郵亭鎖溪畔。臺傾鳥雀下，闌壞梟鸞亂。惟餘南山青，依然眼中見。」僧宏道詩：「碧瀾堂下湖水深，大樓俯瞰湖中心。畫船每載使者至，落日更送千山陰。林間何處訪白鹿，沙上向人啼翠禽。城居六月厭偪仄，安得好風吹我襟。」國朝吳綺〈畫堂春詞並序〉：「碧瀾堂在府治東南，杜牧所建，故蹟已湮，不復可考。然一灣綠水，故壘青山，尚可想見才人憑闌長嘯時也。『作畫堂，春溔波微漾。畫簾旌，縠紋欲動還平。雕梁亂燕忒多情，掠水輕盈。　杏蕊爭開別苑，柳絲斜帶重城。仙郎一去事難憑，無限凄清。』」
按：明張睿卿〈碧瀾堂考〉云：「霅溪館，中堂名也。牧之佐宣城時，來游吳興，爲書堂扁，作〈霅溪館詩〉。劉長卿南謫時，亦寓其中，有作。吳興自郡齋外，凡治中別駕之廳，俱名爲館。惟霅溪以待過從之客，歷千百年來，館名雖泯，而碧瀾名獨存，蓋重牧之也。張廉有〈重修碧瀾堂記〉，竟不知其爲霅溪館。」

觀是，則碧瀾堂，原爲霅溪館中堂名，云杜牧所建並書額，又云牧之佐宣城時，來遊吳興，乃爲書堂扁。自是文人雅士，過從賞覽，每多吟詠，以寄一時之感慨。堂凡重建者再矣，宋嘉定三年知州事魏大中又重修之；其後吳子明爲湖州守又重建之，故直齋有〈記〉；明弘治中，知府勞鉞又再建之，張廉又有〈記〉，張睿卿且有〈考〉；嘉靖中，堂址賜宮保蔣瑤爲祠；迄清，則故蹟已湮，館堂俱不可聞問矣。

與直齋同時之湖州守吳子明，《宋史》、《宋史新編》、《宋史翼》均無傳，故生平事蹟不詳。惟其出任湖州守則屬事實，《浙江通志》卷一百十五〈職官〉五〈宋〉下〈知湖州軍・知安吉州〉條下所載官員凡二百一十四名，吳子明在第二百零一名上，約爲南宋後期。《浙江通志》同卷亦載有魏大中、王侑姓名。魏在第一百六十一名，時爲嘉定三年（1210）；王在第一百八十八名，時爲嘉熙四年（1240）；直齋自吳門歸，曾向侑借《易林》以參互相校。吳任湖州守，固在魏、王之後，應爲直齋致仕家居時（1250）。魏、吳爲湖守，兩人相隔已四十年，碧瀾堂或再圮，故子明重建之。然則，直齋之〈記〉當撰於淳祐十年庚戌（1250）後不久也。

子明晚年事蹟，周密《癸辛雜識・續集》下〈吳氏鳥卵〉條記曰：

吳子明居杭之橫塘，晚年閒步水濱，忽見泥中一物蠕動，疑爲蚰類，細視之，乃一鳥卵，大可如拳，心異之，遂取歸，寘之聖堂淨水盂中，旋即漲大，忽發大聲，穿屋而出，或以爲龍卵云。然吳竟以此驚悸，成疾而殂。

是則吳子明離湖州守任，晚年居杭之橫塘，以驚悸死。公謹時亦居杭癸辛街，故於子明暮年事注意及之，《癸辛雜識》所記甚審，應爲實錄。

第十四節　直齋之佚書與佚文

　　直齋佚書，今可考者，徧及經、史、集三部，尤以經、史爲多。周密《志雅堂雜鈔》卷下〈書史〉十云：

　　直齋所著書，有言《書解》一冊、《易解》、《繫辭錄》、《史鈔》。

是周密所見直齋所著書有上述四種，惜已全部散佚矣。

　　直齋頗精於《書》，元人袁桷嘗論及之。《清容居士集》卷二十一〈龔氏四書朱陸會同序〉曰：

　　五經專門之説不一，既定於石渠鴻都，嗣後，學者靡知有異同矣。《易》學以辭象變占爲主，得失可稽也。王輔嗣出，一切理喻，漢學幾於絕熄。宋邵子、朱子震始申言之，後八百餘年而始興者也。《春秋》家，劉歆尊《左氏》，杜預説行，《公》、《穀》廢不講。啖趙出，聖人之旨微見；劉敞氏、葉夢得氏、呂大圭氏，其最有功者也。尊王褒貶，則幾於贅，是千餘年而始著者也。〈書〉別於今文、古文，魯世相傳馴致後，宋時則有若吳棫氏、趙汝談氏、陳振孫氏疑焉，有考過千百年而能獨明者也。《詩》本於大小序，諸家《詩》已廢，毛公説獨尊，蘇轍氏始刪，鄭樵氏悉去之。朱子祖之，此又幾二千年而置議焉者。《三禮》守鄭玄氏，《正義》皆旁正曲附。唐趙匡氏始知其非，宋諸儒駁鄭，幾不能以立，甚者疑《周官》非聖人書，卓識獨見，雖逾千百世、亘萬古而不泯，是則寧能以一時定論爲是哉！……至治二年八月辛未袁桷序。

　　又同書卷二十八〈劉隱君墓誌銘〉曰：

　　五經之學，繇宋諸儒先緝續統緒，《詩》首蘇轍，成鄭樵；《易》首王洙，東萊呂祖謙氏後始定十二篇；胡宏氏辨《周官》，余廷椿迺漸次第。《書》有古文、今文，陳振孫掇拾援據，確然明白。言傳心者，猶依違不敢置論。至天台劉君正仲，諱莊孫，始憤然曰：「吾不能接響相附和，尊聞紹言，各爲論著，不沒其實，而先儒之傳益顯。」所爲書，曰：《易志》一十卷、《詩傳音旨補》二十卷、《書傳》上下篇

二十卷、《周官集傳》二十卷、《春秋本義》二十卷。其論《春秋》爲
魯史之舊，是則發揚先儒之遺旨。喜著書，能以詞藻達幽隱，復爲《論
語章旨》、《老子發微》、《楚辭補注音釋》、《深衣考》，而其所爲詩文
曰《芳潤藁》，凡五十卷，《和陶詩》一卷。噫！多矣哉！

觀《清容居士集》所載，則直齋頗疑《尚書》古文之僞，而其所著之《書解》，則「掇拾援據，確然明白」，「有考過千百年而能獨明者也」。直齋《書解》一書，周密、袁桷類能得而讀之。劉隱君莊孫之《書傳》上下篇二十卷中，想必亦有徵引直齋《書解》材料，惜已無法質正矣。所幸《解題》卷二〈書類〉猶保存直齋論《書》之意見，其文曰：

《尚書》十二卷、《尚書注》十三卷，漢諫議大夫魯國孔安國傳。初，
伏生以《書》教授，財二十九篇，以〈舜典〉合於〈堯典〉，〈益稷〉
合於〈皋陶謨〉，〈盤庚〉三篇合爲一，〈康王之誥〉合於〈顧命〉，
實三十四篇。及安國考論魯壁所藏，始出〈舜典〉諸篇，又定其可
知者，增多二十五篇，引〈序〉以冠諸篇之首，定爲五十八篇。雖
作〈傳〉既成，會巫蠱事作，不復以聞，故未嘗列於學官，世亦莫
之見也。考之〈儒林傳〉，安國以《古文》授都尉朝，弟子相承，以
及塗惲、桑欽；至東都，則賈逵作《訓》，馬融、鄭康成作《傳》、《注
解》，而逵父徽實受《書》於塗惲，逵傳父業，雖曰遠有源流，然而
兩漢名儒皆未嘗實見孔氏《古文》也。豈惟兩漢、魏、晉猶然，凡
杜征南以前所注經傳，有援〈大禹謨〉、〈五子之歌〉、〈胤征〉諸篇，
皆云《逸書》；其援〈泰誓〉者則云：今〈泰誓〉者無此文。蓋伏生
《書》亡〈泰誓〉，〈泰誓〉後出，或云武帝末，民有獻者；或云宣
帝時，河內女子得之，所載「白魚火烏之祥」，實僞書也。然則馬、
鄭所解，豈真《古文》哉！故孔穎達謂：「賈、馬輩惟傳孔學三十三
篇，即伏生《書》也，亦未得爲孔學矣。」穎達又云：「王肅注《書》，
始似竊見孔《傳》，故於亂其紀綱，以爲太康時。皇甫謐得《古文尚
書》於外弟梁柳，作《帝王世紀》往往載之。蓋自太保鄭沖授蘇愉，
愉授梁柳，柳授臧曹，曹授梅頤，頤爲豫章內史，奏上其《書》，時
已亡〈舜典〉一篇。至齊明帝時，有姚方興者，得於大航頭而獻之。
隋開皇中，搜索遺典，始得其篇。夫以孔注歷漢末無傳，晉初猶得
存者，雖不列學官，而散在民間故耶？」然終有可疑者，余嘗辨之。

此處直齋於《解題》自謂:《古文尚書》「然終有可疑者,余嘗辨之。」其所
謂「余嘗辨之」者,或指自撰《書解》一書,以辨古文之偽耶?

《解題》同卷同類又云:

> 《晦庵書說》七卷,朱熹門人黃士毅集其師說之遺,以爲此書。晦
> 庵於《書》一經獨無訓傳,每以錯簡脫文處多,不可彊通。呂伯恭
> 《書解》,不可彊通者彊欲通之。嘗以語伯恭,而未能改也。又嘗疑
> 孔安國《傳》恐是假,《書小序》決非孔門之舊,安國〈序〉決非西
> 漢文章;至謂與《孔叢子》、《文中子》相似,則豈以其書出於東晉
> 之世故耶?非有絕識獨見,不能及此。至言今文多艱澀,古文多平
> 易,伏生倍文暗誦,乃偏得其所難,而安國考定於科斗古書錯亂磨
> 滅之餘,反專得其所易,此誠有不可曉者。今惟〈二典〉、〈禹謨〉、
> 〈召誥〉、〈洛誥〉、〈金縢〉有解,及「九江」、「彭蠡」、「皇極」有
> 辨,其他皆《文集》、《語錄》中摘出。

讀《解題》此二條,猶可略見直齋論述《尚書》今、古文之一斑。陳樂素撰
〈直齋書錄解題作者陳振孫〉二〈述作〉謂:

> 《志雅堂雜鈔》卷一謂直齋有《書解》、《書傳》,朱彝尊《經義考》
> 卷八三引作《書說》,未詳是否一書。今、古文之辨,當在其中;而
> 袁清容獲睹是書,所謂「掇拾援據,確然明白」者也。

案:樂素此處微有錯誤,《志雅堂雜鈔》「卷一」應作「卷下」,且其下又無「《書
傳》」二字也。

至《經義考》卷八十三載:

> 《陳氏振孫尚書說》,佚。袁桷曰:「《書》有今文、古文,陳振孫掇
> 拾援據,確然明白。」周密曰:「直齋有《書說》二冊行世。」

案:《志雅堂雜鈔》卷下作《書解》一冊;《經義考》卷八十三則作《陳氏振
孫尚書說》,又引「周密曰」,謂直齋有《書說》二冊行世,惜彝尊並未明言
其依據。陳樂素則謂未詳二者是否一書。然近人宋慈抱《兩浙著述考·經術
考·尚書類》則云:

> 《尚書解》二卷,宋安吉陳振孫撰。振孫有《易解》、《繫辭錄》,已
> 著錄。袁桷謂:「《書》有今文、古文,振孫掇拾援據,確然明白。」
> 《經義考》云書佚。

是慈抱固以《書解》、《書說》二書爲一書。竊意直齋治《易》既有《易解》,

則其治〈書〉，宜有《書解》。此書應依《志雅堂雜鈔》作一冊，而又依《兩浙著述考》分二卷。《經義考》引周密曰作《書說》二冊，既無所據，疑有誤也。

直齋治《易》，有其家學淵源。《解題》卷十八〈別集類〉下云：

> 《濟溪老人遺藁》一卷，通判明州濟源李迎彥將撰。永嘉周浮沚先生之壻，與先大父爲襟袂。《集》中有送先君子赴戊子秋試詩，首句「籍甚人言《易》已東」，蓋先君治《易》故。《集》序，周益公作。

是直齋尊翁亦以治《易》成家者。陳樂素〈直齋書錄解題作者陳振孫〉二〈述作〉云：

> 直齋父治《易》，見卷十八《濟溪老人遺稿》條；而《志雅堂雜鈔》卷一謂直齋著書有《易解》、《繫辭錄》，惜後來目錄家罕見著錄。

案：此條所記《志雅堂雜鈔》「卷一」，應作「卷下」。考《兩浙著述考・經術考・易類》又云：

> 《易解》、《繫辭錄》，宋安吉陳振孫撰。振孫，字伯玉，號直齋。博通古今。歷知台州、嘉興，後除國子司業、寶章閣待制致仕。《湖州志》有傳。此書佚。

是直齋《易解》、《繫辭錄》二書，亦非後來目錄家罕見著錄者，樂素偶失檢矣。今《易解》、《繫辭錄》二書既不可見，然《解題》卷一〈易類〉仍著錄直齋論《易》之語，云：

> 《周易注》六卷、《略例》一卷、《繫辭注》三卷，魏尚書郎山陽王弼輔嗣注上、下《經》，撰《略例》。晉太常潁川韓康伯注〈繫辭〉、〈說〉、〈序〉、〈雜卦〉。自漢以來，言《易》者多溺於象占之學，至弼始一切掃去，暢以義理。於是天下後世宗之，餘家盡廢。然王弼好老氏，魏、晉談玄，自弼輩倡之。《易》有聖人之道四焉，去三存一，於道闕矣。況其所謂辭者，又雜以異端之說乎！范甯謂其罪深於桀、紂，誠有以也。

同書同卷同類又云：

> 《古周易》十二卷，國子錄吳郡吳仁傑斗南所錄。以爻爲〈繫辭〉，今之〈繫辭〉爲〈說卦〉，其言〈十翼〉，謂〈象傳〉、〈象傳〉、〈繫辭傳〉上、下、〈說卦〉上、中、下、〈文言〉、〈序卦〉、〈雜卦〉，並上、下《經》爲十二篇。案漢世傳《易》者，施、孟、梁邱、京、費。費

最晚出，不得立於學官。其學亡章句，惟以〈彖〉、〈象〉、〈文言〉等解上、下《經》。自劉向校中古文《易經》，諸家或脫「無咎悔亡」，惟費氏與古文同，東京名儒馬、鄭皆傳之。其後，諸家皆廢，而費學孤行，以至於今。其合〈彖〉、〈象〉、〈文言〉於《經》，蓋自康成、輔嗣以來，展轉相傳，學者遂不識古文本經。甚至今世考官命題，或連〈彖〉、〈象〉、〈爻辭〉爲一，對大義者，志得而已，往往穿鑿傅會，而《經》旨破碎極矣。凡此諸家所錄，雖頗有同異，大較《經》自爲《經》，《傳》自爲《傳》，而於《傳》之中，〈彖〉、〈象〉、〈文言〉，亦各不相混，稍復古文之舊，均有補於學者，宜並存之。

又同書同卷同類云：

《周易玩辭》十六卷，太府卿松陽項安世平甫撰。當慶元中得罪時謫居江陵，杜門潛心，起居不出一室，送迎賓友未嘗踰閾。諸書皆有論說，而《易》爲全書。其〈自序〉以爲「讀程《易》三十年，此書無一字與之合，合則無用乎此書矣。世之君子以《易傳》之理觀吾書，則本末條貫無一不本於程氏者；以《易傳》之文觀吾書，則恐有『西河疑女』之誚」。大抵程氏一於言理，盡略象數，而此書未嘗偏廢；程氏於小象頗欠發明，而此書爻象尤貫通。蓋亦徧考諸家，斷以己意，精而博矣。

讀《解題》此三條所述，則直齋解《易》、論《易》之湛深，略可知矣。〔註5〕

《史鈔》一書，亦直齋所編撰者也。直齋好鈔史，此事自其少時已然。《解題》卷五〈詔令類〉載：

《東漢詔令》十一卷，宗正寺主簿鄞樓昉暘叔編。大抵用林氏舊體，自爲之〈序〉。帝王之制，具在百篇，後世不可及矣，兩漢猶爲近古。愚未冠時，無書可觀，雖二史亦從人借。嘗於班《書》志、傳錄出諸詔，與紀中相附，以便覽閱。既仕於越，乃得見林氏書，而樓氏書近出，其爲好古博雅，斯以勤矣。惟平、獻二朝，莽、操用事，如錫莽及廢伏后之類，皆當削去，莽時尤多也。

是直齋於未冠之時，已曾抄錄《漢書》諸詔，以便覽閱；其好古博雅與樓暘叔同。《史鈔》一書，當爲鈔錄諸史材料而成。陳樂素〈直齋書錄解題作者陳

〔註5〕可參考拙著〈陳振孫《易》學之研究〉，收入《碩堂文存六編》，臺灣花木蘭文化出版社，2007年，第171～190頁。

振孫〉二〈述作〉云：

> 又《志雅堂雜鈔》卷一所載尚有《史鈔》，未言卷數，而乾隆《安吉
> 州志》卷十五作一百卷，不知何據；光緒《安吉縣志》因之。

案：直齋《史鈔》是否如《安吉州志》所載多達百卷，固不可確悉，然其卷
帙必甚繁富，則可無疑。惜此書今已全佚，無所蹤跡矣。

直齋佚書，乙部著作尚有《吳興氏族志》與《吳興人物志》。韋居安《梅
磵詩話》卷上曰：

> 沈作喆字明遠，吳興人，守約丞相之姪，自號寓山。登紹興進士第，
> 嘗爲江右漕屬，作〈哀扇工〉詩，掋怒洪帥魏道弼，捃深文劾之，
> 坐奪三官。其後從人使虜，南澗韓無咎遺之詩曰：「但如王粲賦〈從
> 軍〉，莫爲班姬詠〈團扇〉。」有旨哉！洪有士子與寓山往來相款洽，
> 一日清晨來訪，寓山猶在寢，遂逕造書室，翻篋中紙，詩稿在焉，
> 由是達魏之聽。陳直齋《吳興氏族志》云：「〈哀扇工〉詩，罵而非
> 諷，非言之者罪也。」其詩不傳。

是直齋《吳興氏族志》一書，韋氏曾見之，故載之於《梅磵詩話》。然《梅磵
詩話》所記頗有誤。《解題》卷二十〈詩集類〉下云：

> 《寓山集》三卷，吳興沈仲喆明遠撰。丞相該之姪。紹興五年進士，
> 改官爲江西運管。嘗爲〈悲扇工〉詩，忤魏良臣，陷以深文，奪三
> 官，不得志以卒。

案：沈作喆之名，《解題》作仲喆，誤。《宋元學案補遺・附錄》卷二「沈先
生作喆」載：「沈作喆，□□人。壯歲嘗作〈坐右書〉云：『侈心生當念敗德，
淫心生當念速死。』此未能戒定者，攝心以其所畏也。《寓簡》。」則作「作喆」
爲是。而《宋元學案補遺》之「□□」，乃「吳興」也。〈哀扇工〉，《解題》
作〈悲扇工〉。此詩《梅磵詩話》以爲不傳，未確。《宋詩紀事》卷四十四「沈
作喆」條載〈哀扇工歌〉云：

> 黃州竹扇名字著，織扇供官困追捕。史君開府未浹旬，欲戴綸巾揮
> 白羽。新模巧製旋剪裁，百中無一中程度。犀革鑴柄出蟲魚，麝煤
> 熏紙生煙霧。戴山老姥羞翰墨，漢宮佳人掩紈素。衙內白取知何名，
> 帳下雄拏不知數。供輸不辦箠楚頻，一朝赴水將誰訴？史君崇重了
> 不聞，嗚呼何以慰黎庶！聞道園家賣菜翁，又說江南打魚戶。號令
> 亟下須所無，官不與錢期限遽。歸來痛哭辭妻兒，宿昔投繯挂枯樹。

一雙婉婉良家子，吏兵奪取名爲顧。弟兄號叫鄰里驚，兩家吞聲喪
其嫗。死者已矣可奈何，冤魂成群空號呼。去聲。殺人縱欲勢位尊，
貪殘無道天所怒。邦人蓄憤不敢言，君其捫馬章臺路。《清波別志》。

是此詩《清波別志》猶載之，韋氏或偶失檢矣。至《梅磵詩話》所引直齋《吳
興氏族志》云云諸語，即爲《吳興氏族志》僅存之佚句耶？

至《吳興人物志》一書，直齋〈吳興張氏十詠圖跋〉有曰：

自慶曆丙戌後十八年，子野爲〈十詠圖〉，當治平甲辰；又後八年，
孫莘老爲太守，爲之作〈序〉，當熙寧壬子；又復一百七十七年，當
淳祐己酉，其〈圖〉爲好古博雅君子所得。會余方緝《吳興人物志》，
見之如獲拱璧，因細考而詳錄之，庶幾不朽於世。

是直齋編撰《吳興人物志》，約在淳祐九年（己酉），時正致仕家居也。直齋
編輯《人物志》，曾細考〈十詠圖〉，惜其《志》亦不之見矣。然直齋《解題》
中，於吳興人物事蹟特致其詳焉。除前引《解題》卷十七〈別集類〉中「《丁
永州集》三卷」、卷二十〈詩集類〉下「《寓山集》三卷」二條外，另如《解
題》卷八〈地理類〉載：

《吳興志》二十卷，樞密院編修郡人談鑰元時撰。嘉泰元年也。其
爲書草率，未得爲盡善。

又《解題》卷十九〈詩集類〉上載：

《吳興集》一卷，唐僧吳興謝皎然清晝撰。康樂十世孫。顏魯公爲
刺史，與之唱酬，其後刺史于頔爲作《集》序。所居龍興寺之西院，
今天寧寺是也。又嘗居杼山寺。

《解題》中如是記述吳興人物之材料實甚富贍，倘能彙而錄之，亦可作《吳
興人物志》觀也。

直齋佚書，亦有屬集部之作，如《玄眞子漁歌碑傳集錄》是也。此書僅
一卷，《解題》卷十五〈總集類〉載：

《玄眞子漁歌碑傳集錄》一卷，玄眞子〈漁歌〉，世止傳誦其「西塞
山前」一章而已。嘗得其一時倡和諸賢之辭各五章，及南卓、柳宗
元所賦，通爲若干章。因以顏魯公〈碑述〉、《唐書》本傳，以至近
世用其詞入樂府者，集爲一編，以備吳興故事。

案：此書乃直齋所編撰，其內容大抵包括玄眞子〈漁歌〉「西塞山前」一章，
倡和諸賢之辭各五章，南卓、柳宗元所賦共若干章，另顏眞卿〈碑述〉及《唐

書》玄真子本傳，以至宋代用〈漁歌〉入樂府者；所錄亦至富也。

考玄真子即張志和，《解題》卷九〈道家類〉載：

> 《玄真子外篇》三卷，唐隱士金華張志和撰。〈唐志・玄真子〉十二
> 卷，今纔三卷，非全書也。即曰《外篇》，則必有《內篇》矣。志和
> 事跡，詳見余所集〈碑傳〉。

此條文末所言〈碑傳〉，即指直齋所編《碑傳集錄》也。張志和，《新唐書》
卷一百九十六〈列傳〉第一百二十一〈隱逸〉有傳，其〈傳〉曰：

> 張志和，字子同，婺州金華人。始名龜齡。父游朝，通莊、列二子
> 書，爲〈象罔〉、〈白馬證〉諸篇佐其說。母夢楓生腹上而產志和。
> 十六擢明經，以策干肅宗，特見賞重，命待詔翰林，授左金吾衛錄
> 事參軍，因賜名。後坐事貶南浦尉，會赦還，以親既喪，不復仕，
> 居江湖，自稱煙波釣徒。著《玄真子》，亦以自號，有韋詣者，爲撰
> 《內解》。志和又著《太易》十五篇，其卦三百六十五。……善圖山
> 水，酒酣，或擊鼓吹笛，舐筆輒成。嘗撰〈漁歌〉，憲宗圖真求其歌，
> 不能致。李德裕稱志和「隱而有名，顯而無事，不窮不達，嚴光之
> 比」云。

是志和又著《太易》十五篇，而其所著之《玄真子》則爲十二卷。倘《玄真
子》真如《解題》所言，全書分《內》、《外》篇，則《內篇》必爲九卷，《外
篇》必爲三卷矣。至《玄真子漁歌碑傳集錄》，喬衍琯《陳振孫學記》第三章
〈著述〉第四節〈亡佚各書〉云：

> 按：今書雖佚，志和〈漁歌〉及《柳宗元集》等尚存，可輯出若干
> 篇，以入《陳振孫全集》。

案：喬氏真能輯出《玄真子漁歌碑傳集錄》，以復原書之舊，則亦直齋功臣也。

《解題》中所載書籍，不乏直齋編理成集者，從廣義而觀之，此類書籍
亦振孫著述也。如《解題》卷五〈典故類〉云：

> 《長樂財賦志》十六卷，知漳州長樂何萬一之撰。往在鄞學，訪同
> 官薛師雍子然，几案間有書一編，大略述三山一郡財計，而累朝詔
> 令中明沿革甚詳。其書雖爲一郡設，於天下實相通。問所從得，薛
> 曰：「外舅陳止齋修《圖經》，欲以爲〈財賦〉一門，後緣卷帙多，
> 不果入。」因借錄之，書無標目，以意命之曰《三山財計本末》。及
> 來莆田，爲鄭寅子敬道之，鄭曰：「家有何一之《長樂財賦志》，豈

此耶？」復借觀之，良是。其間亦微有增損，末又有〈安撫司〉一卷。併鈔錄附益爲全書。

直齋於此處合二書爲一書，對鄭寅家藏《長樂財賦志》有所增損，並附〈安撫司〉一卷於後。是則此書乃經整治編理，庶可視爲直齋著述矣。

又《解題》卷十九〈詩集類〉上載：

> 《秦隱君集》一卷，唐處士秦系公緒撰。系自天寶間有詩名。藩鎮奏辟，皆不就。嘗隱越之剡、泉之南安，至貞元中，年八十餘，不知所終。此本南安所刻，余文嘗於宋次道《寶刻叢章》得其逸詩二首，書冊末。

是《秦隱君集》一卷，亦經直齋增補逸詩二首以成書者也。

又同書同卷同類云：

> 《柳宗元詩》一卷，唐柳宗元撰。子厚詩，有唐與王摩詰、韋應物相上下，頗有陶、謝風氣。古律、絕句總一百四十五篇，在全集中不便於觀覽，因鈔出別行。

是直齋曾精選柳詩一卷，鈔出別行，以便觀覽。則此書之成，直齋亦頗費選采苦心也。

又同書同卷同類載：

> 《武元衡集》一卷，唐宰相武元衡伯蒼撰。初用莆田李氏本傳錄，後以石林葉氏本校，益以六首，及李吉甫唱酬六首。川本作二卷。

是《武元衡集》一卷，直齋初以莆田李氏本爲底本，而校以石林葉氏本，後且有所增益。綜上言之，即就《解題》所載，可知直齋整理之書籍頗多，或不止上述四種。惜書皆散佚，無所蹤跡矣。

至直齋任國子司業時，因徐元杰暴亡，曾上疏論其事，周密《癸辛雜識》別集下「〈嵩之起復〉」條載此事始末甚詳，本書第三章第十節已迻錄之。所惜直齋所上〈疏〉，今亦不可得而見矣。〔註6〕

〔註6〕 張守衛〈陳振孫著述考略〉謂直齋有〈追昔游編跋〉，其文曰：「《直齋書錄解題》卷一九〈詩集類〉上《追昔游編》三卷，解題云：『唐宰相李紳公垂撰。皆平常歷官及遷謫所至，述懷紀游之作也。』其後跋云：『余嘗書其後云：「讀此《編》，見其飾智矜能，誇榮殉勢，益知子陵、元亮爲千古高人。」』」張氏以簡短數語，視作一跋，固無可無不可也。張文載安徽大學出版社，2007·卷上，（總第 51 期）。

附：陳振孫著述年表

中　曆	西元	著　述　年　月	年齡
寧宗　開禧元年，乙丑	1205	〈律呂之說定於太史公考〉撰就於此年。	27
嘉定四年，辛未	1211	〈華勝寺碑記〉撰就於此年 12 月。	33
嘉定八年，乙亥	1215	校理《玉臺新詠》，〈玉臺新詠集後序〉撰就於此年 10 月旦日。	37
嘉定十年，丁丑	1217	〈關尹子跋〉撰就於此年夏日。	39
理宗　寶慶二年，丙戌	1226	〈崇古文訣序〉撰就於此年嘉平月既望。	48
寶慶三年，丁亥	1227	《長樂財賦志》編就於此年或稍後。	49
紹定三年，庚寅	1230	《白文公年譜》撰就於此年孟夏十有二日。	52
紹定四年，辛卯	1231	〈寶刻叢編序〉撰就於此年小至日。	53
端平三年，丙申	1236	〈陳忠肅公祠堂記〉撰就於此年。	58
嘉熙三年，己亥	1239	〈皇祐新樂圖記題識〉撰就於此年良月。	61
淳祐元年，辛丑	1241	〈易林跋〉撰就於此年 5 月。	63
淳祐五年，乙巳	1245	〈論徐元杰暴亡疏〉撰就於此年 6 月。	67
淳祐十年，庚戌	1250	〈吳興張氏十詠圖跋及詩〉、〈重建碧瀾堂記〉、〈吳興氏族志〉、〈吳興人物志〉撰就於此年或稍後。	72
寶祐六年，戊午	1258	《直齋書錄解題》約撰就於此年。	80

案：除上表所列著述外，直齋尚撰有《書解》、《易解》、《繫辭錄》、《史鈔》諸書，
　　及編有《玄真子漁歌碑傳集錄》、《秦隱君集》、《柳宗元詩》、《武元衡集》各
　　一卷，書均散佚，無法考得其編撰確年。另有〈貢法助法考〉一篇，其文雖
　　在，亦無法探悉作年矣。

第七章　結　論

第一節　本書撰寫之經過及蒐求資料之苦樂

　　韶光流逝，轉瞬三載。於此三歲之中，偶有工作餘暇，皆用於此書撰作；古人所謂「夙興夜寐」、「晨鈔暝寫」，庶幾近之，其間苦辛，殊不足為外人道也。蓋撰作此書，非但揣摩成篇之難，即蒐求資料亦戔戔其難矣。計余所得資料，香港以外方面，有借自臺灣中央圖書館、故宮圖書館、中央研究院傅斯年圖書館者；有借自北京圖書館，北京大學圖書館、北京師範大學圖書館者；有借自日本京都大學圖書館者；亦有多方設法，到處請托而仍無所得者。於本港方面，除借用新亞研究所圖書館書籍外，更常利用市政局參考圖書館，而最多者乃經常使用香港大學馮平山圖書館。馮平山圖書館所藏中文古籍甚富，且獲故宮圖書館贈與臺灣商務印書館影印之文淵閣本《四庫全書》，全套開架擺放館中。余每俟暇日，即奔赴該館，書城在擁，隨意取覽，心謀目驗，左右逢源，斯時之樂，雖南面王不之易也。

　　資料蒐求有得，則歸家燈下研讀，細意爬梳。偶有所悟，則依章節大綱撰寫，倚馬千言，片刻而就。其時內心之愉悅，故非筆墨所可形容。惟有時亦神思鬱結，百竅不通，當此之時，繞室徬徨，腐筆含毫，而難成錦章。靈感既捨我而去，是亦無可如何者矣。

　　所幸者，撰作此書期間，每獲王懷冰夫子關懷與鼓勵，且常啟我困蒙，解我艱厄。師恩如海，誠令人沒齒而難忘者也。至於良師益友，助我亦多。臺北王叔岷教授、蘇瑩輝教授，北京劉桂生教授、徐汝梅教授、榮新江教授，

上海周啓付教授，及本港饒宗頤教授、陳耀南教授、何沛雄教授，皆先後給予啓發與鼎助，甚或賜寄難得資料。上述諸位教授之恩德，亦令人永矢弗諼者也。

第二節　本書之成績及其突破之處

余以三載有餘之時光撰就此書，全編凡七章，除第一章爲〈序論〉及末章爲〈結論〉發明較少外，其餘五章均多所建樹，其間所述，每發前人所未發，突破之處匪鮮。茲謹總結各章，略就余所考論突破前人之處，分段闡述如下。

有關直齋先世，前人撰著僅考及直齋之父、祖，其餘似無所聞。余因直齋既隸籍吳興，乃據《陳書‧高祖本紀》以作蠡測，考出東漢陳寔爲直齋遠祖，陳霸先乃其近祖，並詳徵史籍，作出〈直齋先世及吳興陳氏世系表〉。該表上起陳寔，下迄直齋之子陳造。倘所考論不遠於事實，此乃突破前人者一也。〔註1〕

直齋之祖貫稱永嘉，後改籍吳興、湖州及安吉州。有關直齋籍貫之建置疆域、戶口、山川、教育、人物種種，前人均無詳細考及之者。余則據元人趙孟頫〈吳興山水圖記〉及《古今圖書集成》、《浙江通志》、《湖州府志》等書一一細考上述各項之具體情狀。蓋直齋籍貫，影響及其治學與繼後之任事，細考之殊非繁瑣之事，且確有其必要。此又余所考論突破前人者二也。〔註2〕

直齋仕履與行誼，前人固有研治之者矣，惟皆差強人意，疏漏舛訛之處不少，且又往往缺乏叙述之條貫。余所考論，始考直齋之出生，及其初仕溧水教授，繼而考及其任紹興府教授、鄞學教官、南城宰、興化軍通判、軍器監簿、諸王宮大小學教授、朝散大夫知台州兼除浙東提舉常平茶鹽事，其後又考其知嘉興府，升浙西提舉，任職郎省，除國子司業，終又考及其以某部侍郎、通奉大夫、寶章閣待制致仕，卒贈光祿大夫。上述仕履與行誼，均依年代先後、極具條貫而詳考推尋之，是亦爲本書所能突破前人者三也。〔註3〕

直齋戚友，前人著述雖偶有道及之，然均缺乏系統之研究，更無設專章

〔註1〕 參見第二章第一節。
〔註2〕 參見第二章第二節。
〔註3〕 參見第三章。

專節以考論之者。人之在世，與戚友日夕交往，耳濡目染，甚且受其提攜協助之處殊多，直齋自未能免，故於直齋之戚友實須詳求考究之。余博據群書，考出直齋親戚有周行己等二十九人、同僚有湯說等六十一人、學術上之友朋有薛師雍等二十三人、方外之士確知其名姓者一人，亦云富且贍矣。噫！能考出直齋戚友人數如是眾多，庶幾可稱為突破前人者四也。〔註4〕

　　直齋《解題》，自清代《四庫全書》館臣重輯之後，研治者層出疊見，成績較著。以迄近世，則以陳樂素、喬衍琯為巨擘，二君所考論，均較深入而全面，惟亦不免有所漏誤。余研治直齋及其《解題》，既繼陳、喬之後，故本書撰著，竊意須略二氏之所詳，以避雷同；而詳其所略，以補其闕失。故所考論《解題》之體例、分類、稱謂、卷數、成書、流傳與板本，發明亦多；其中尤以考求板本一項，下細分底本、傳鈔本、批注本、舊鈔本、刊本、輯本、鉛印本、影印本、校本、重輯本、彙校本、點校本等凡十二類以徧考《解題》諸類板本，自信成績頗著，即此一端，已非陳、喬所能及也。余又嘗設法影印得李盛鐸木犀軒傳鈔繆荃孫藏宋蘭揮舊藏殘鈔本及王懿榮手稿本《解題》，且考出嘉慶間閩縣陳徵芝亦藏有鈔本，斯三者亦非陳、喬所及知。就此而論，此書突破前人之處固多，此其五也。〔註5〕

　　直齋除《解題》外，尚有其他著作，惟蒐求輯佚工作，仍須俟諸後人。陳、喬於輯佚一事，頗有貢獻，然亦有所未盡，且於輯佚所得著作，多未予以考釋。余繼陳、喬之後，於直齋其他著述，皆詳加闡釋，無微不屆。其中如《白文公年譜》一書，不惟考及其內容之當否，且考及其板刻之情狀，殊為翔實。〈華勝寺碑記〉一文，陳樂素雖提及其篇名，惟此文能再次被揭示，表彰於世，並為研究直齋著述者所可得而閱讀，則不得不謂鄙人之功。余又應用此〈碑記〉，考出直齋出仕溧水縣教授歲月，及藉知直齋頗擅內典。至於〈玉臺新詠集後序〉、〈關尹子跋〉、〈寶刻叢編序〉、〈陳忠肅公祠堂記〉、〈皇祐新樂圖記題識〉、〈易林跋〉、〈吳興張氏十詠圖跋及詩〉諸篇，余亦多所研考，闡發固多，糾正陳、喬謬誤處亦復不少。〈律呂之說定於太史公考〉、〈貢法助法考〉二文，更為本人輯佚之成績，博通如清儒盧文弨、繆荃孫，及當世陳、喬二子，亦未知直齋有此二文者也。於此二文，余亦考釋至詳。〈重建碧瀾堂記〉乃直齋佚文，今僅存者惟「鏡波藍浪，萬頃空闊」八字，余徧引

〔註4〕參見第四章。
〔註5〕參見第五章。

周密《癸辛雜識》、韋居安《梅磵詩話》、《浙江通志》、《湖州府志》諸書相關
資料，考以二千餘言，以揭其文底蘊，並兼考及其時湖州守吳子明生平事略。
至於直齋之佚書，如《書解》、《易解》、《繫辭錄》、《史鈔》、《吳興氏族志》、
《吳興人物志》、《玄真子漁歌碑傳集錄》諸書，陳、喬類能考之，而余則發
其餘蘊，補正良多。檢讀《解題》，又悉直齋整治而成之書至少四種，此即《長
樂財賦志》十五卷、《秦隱君集》一卷、《柳宗元詩》一卷及《武元衡集》一
卷也。惜此類書籍，今已無所蹤跡矣。綜上所述，余於直齋其他著作之考釋
及輯佚，爲功亦偉，此則余撰作此書突破前人者六也。〔註6〕

　　以上所述，僅就其犖犖大者而言之，若連其小者微者而論之，則本書突
破之處固不下百數十者也。

第三節　本書懸而待決之問題

　　本書成績及突破前人之處既已言之如前，然本書亦有懸而待決之問題。
茲不妨縷述如下：

　　於本書第二章第一節中，余嘗據《陳書・高祖本紀》以作蠡測，初步考
出直齋遠祖乃東漢陳寔，而其近祖爲陳霸先。惟此一新說究屬「大膽假設」，
證據未見充分。又此節之後所附〈直齋先世及吳興陳氏世系表〉，隋代以迄南
宋初葉，世系未盡翔實，殊有待於拾遺補闕。〔註7〕本書懸而待決之問題，此
其一也。

　　《解題》是否有宋槧本？對此問題，陳樂素與喬衍琯頗有爭議。陳氏據
《湖錄》所載「常熟毛氏藏有半部宋槧本」一語，認爲「《解題》有宋槧本，
不是不可能」；而喬氏則以爲《湖錄》所記殊「不可信」，否定有宋槧本存在。
〔註8〕又《解題》是否有明萬曆間武林陳氏刊本？余檢邵懿辰《四庫簡明目
錄標注》及莫友芝《邵亭知見傳本書目》，均著錄有此書，然喬氏則曰：「明
末以來三百餘年間，公私收藏書目，未見有著錄此本者，未審邵、莫二家何
所據而云有萬曆間武林陳氏刊本。」〔註9〕余頗致憾喬氏輕易坐實宋槧本與
明萬曆間武林陳氏刊本之必無。惟宋槧本與明萬曆間武林陳氏刊本倘不再

〔註6〕　參見第六章。
〔註7〕　同註1。
〔註8〕　參見第五章第四節。
〔註9〕　同註8。

出，則亦無由確辨其間之是非。是以本書確有懸而待決之問題，此其二也。

　　《解題》有陳鱣校本，此本初藏國立清華大學圖書館，後則不知所蹤。惟昭和五十四年（1979）京都大學人文科學研究所編就之《漢籍目錄》，其〈史部〉第十四〈書目類〉二〈家藏知見之屬〉著錄有此書，是知此書已乘艫東渡，爲京都大學所擁有。〔註10〕陳鱣此校本，其校讎《解題》具體情況若何？今不可確曉，容俟他日向京都大學申請影印或錄副，以求明白。《解題》又有潘祖蔭批校本，此本原由北京人文科學研究所收藏，後歸國立中央研究院。去年夏間，余嘗親往中研院傅斯年圖書館查訪此書，終無所得。〔註11〕故潘祖蔭批校本具體情況亦不可曉。本書懸而待決之問題，此其三也。

　　徐小蠻、顧美華點校《解題》，其〈點校說明〉謂青海師範學院藏有繆荃孫批校本《解題》。余頗懷疑所謂繆氏批校本者，實爲宋蘭揮所藏《解題》舊鈔殘本。前曾請託北京大學歷史系榮新江副教授代向青海師範學院申請影印，後以榮氏出國，不果行。此書是否眞爲繆氏批校之本，今仍無法曉悉也。〔註12〕又梁子涵《中國歷代書目總錄》五〈藏書目錄〉著錄有王國維手批清光緒九年江蘇書局刻本《解題》，此本前藏國立北平圖書館，今則改由北京圖書館收藏。華東師範大學周啓付教授曾託友人代查此書，惟北京圖書館善本部所藏據言原爲王國維手批《解題》，其上並無手批文字。〔註13〕是則，繆批校本與王手批本其書眞象若何，迄今無從確曉。本書懸而待決之問題，此其四也。

　　《白文公年譜》有劉師培所編《歷代名人年譜集成》本，現藏國立中央圖書館。喬衍琯謂此本有〈補錄〉，摘錄陳振孫、汪立名兩《譜》異同二十八事，「多係時事，而涉及白居易生平者甚少」。余嘗倩蘇瑩輝教授影印此本，獨缺〈補錄〉，故無法知悉此「異同二十八事」究竟若何？〔註14〕是則本書懸而待決之問題，此其五也。

　　以上所述，均爲本書懸而未決之問題，誠有待於今後仍力鑽研探討，以期一一解決之。

〔註10〕同註8。
〔註11〕同註8。
〔註12〕同註8。
〔註13〕同註8。
〔註14〕參見第六章第一節。

後　記

　　余素好文獻目錄之學，於南宋陳振孫《直齋書錄解題》尤所究心。攻讀博士學位時，乃以〈陳振孫之生平及其著述研究〉撰就論文。自揣所得，除對《解題》一書探究多有創獲外，即對直齋生平及其其餘著述之鑽研，亦每有突破前人之處，較時輩陳樂素、喬衍琯之成績，恐不遑多讓。

　　民國八十二年（1993）八月，余從香港赴臺灣授學，博士論文於是年十月，即由臺北文史哲出版社印行面世。近十數年來，余仍辛勤研治陳直齋及《解題》，先後出版問世之書，計爲《陳振孫之經學及其〈直齋書錄解題〉經錄考證》、《陳振孫之史學及其〈直齋書錄解題〉史錄考證》、《陳振孫之子學及其〈直齋書錄解題〉子錄考證》，近又將由臺北花木蘭文化出版社出版《陳振孫之文學及其〈直齋書錄解題〉集錄考證》，連同上述三書均收入《古典文獻研究輯刊》中。余另擬整治《陳振孫綜考》，收集前已發表相關論文及若干新撰，都成一集。書若編就，仍希由花木蘭文化出版社付印行世。是則余對斯項研究工作，或可告一段落。

　　《陳振孫之生平及其著述研究》自面世以還，頗受海峽兩岸學林及國際漢學界重視與延譽。二〇〇六年八月，南京大學出版社出版武秀成教授《陳振孫評傳》，其書徵引本人研究成果及書中資料多達三十餘處，尤以第一章〈陳振孫之歷程〉爲最多。該章由節目安排至內容陳述，均深受拙著之影響；其餘各章亦頗有類似情況。武教授於書中對拙著頗表推崇與肯定；而余得讀其書勝處，則每興「道之不孤」與惺惺相惜之情。

　　再者，安徽大學歷史系張守衛教授亦撰有〈陳振孫著作考略〉一文，發表於安徽大學出版社刊行《古籍研究》2007・卷上、總第 51 期。其文多取資本書第五章〈陳振孫之主要著作——《直齋書錄解題》〉與第六章〈陳振

孫之其他著作〉，尤以第六章爲然。足證本書面世後，對當代學人研究陳振孫及其著作實深具影響。

去年暑假，花木蘭文化出版社杜潔祥主編提議將拙著收入《古典文獻研究輯刊》八編中，余接受其美意，乃藉此機會，將全書詳加增訂，刪駢除贅，下至文辭之潤色，句讀之更替，均認眞作一番整治與審究之功夫。再版前，且奉函文史哲出版社發行人彭正雄先生徵求同意。全書增修既竣，爰撰〈後記〉，略陳顚末，並虔向彭、杜二位敬表謝忱。

民國九十七年十月三十一日，何廣棪撰於華梵大學東方人文思想研究所。

主要參考書籍及論文

一、經　類

1. 《十三經注疏》，清光緒十三年點石齋遵阮元重校石印本。
2. 《經義考》，〔清〕朱彝尊撰，《四部備要》本。
3. 《皇清經解》，〔清〕阮元編纂，清光緒九年刊本。

二、史　類

1. 《史記》，〔漢〕司馬遷撰，〔南朝宋〕裴駰集解，〔唐〕司馬貞索隱，〔唐〕張守節正義，北京中華書局，1962年據金陵書局本分段標點排印。
2. 《後漢書》，〔南朝宋〕范曄撰，〔唐〕李賢等注，北京中華書局，1973年據宋紹興本、汲古閣及武英殿本校訂標點排印。
3. 《三國志》，〔晉〕陳壽撰，〔南朝宋〕裴松之注，陳乃乾校點，北京中華書局，1959年12月第一版。
4. 《三國志集解》，盧弼集解，北京古籍出版社，1957年據商務印書館排校舊紙型新印。
5. 《晉書》，〔唐〕房玄齡撰，北京中華書局，1974年據金陵書局本校訂排印。
6. 《魏書》，〔北齊〕魏收撰，北京中華書局，1974年據武英殿本校訂標點排印。
7. 《陳書》，〔唐〕姚思廉撰，北京中華書局，1972年據百衲本校訂標點排印。
8. 《新唐書》，〔宋〕歐陽修、宋祁撰，北京中華書局，1975年據百衲本校訂標點排印。
9. 《宋史》，〔元〕脫脫撰，北京中華書局，1977年據百衲本校訂標點排印。

10. 《宋史新編》，〔明〕柯維騏撰，香港龍門書店，1972 年據民國 25 年上海大光書局本影印。

11. 《宋史翼》，〔清〕陸心源撰，臺北文海出版社，民國 56 年據清光緒刊本影印。

12. 《明書》，〔清〕傅維麟撰，《叢書集成》，初編本。

13. 《清史稿》，趙爾巽等撰，柯劭忞總纂，北京中華書局，1977 年據關外二次本點校增刪。

14. 《清史列傳》，王鍾翰點校，北京中華書局，1987 年 11 月第一版。

15. 《續資治通鑑長編》，〔宋〕李燾撰，〔清〕黃以周等輯補，上海古籍出版社，1986 年據清光緒七年浙江書局本影印。

16. 《文獻通考》，〔元〕馬端臨撰，臺北商務印書館，民國 75 年景印文淵閣《四庫全書》本（以下簡稱「臺北商務景印文淵閣本」）。

17. 《宋大詔令集》，司義祖點校，北京中華書局，1962 年。

18. 《宋會要輯稿》，〔清〕徐松輯，北平國立北平圖書館，民國 25 年據清嘉慶十四年刊大興徐氏原稿本影印。

19. 《南宋館閣錄》，〔宋〕陳騤撰，臺北商務景印文淵閣本。

20. 《南宋館閣錄續錄》，不著撰人，臺北商務景印文淵閣本。

21. 《宋歷科狀元錄》，〔明〕朱希召撰，臺北文海出版社，民國 71 年據明刊本影印。

22. 《南宋制撫年表》，〔清〕吳廷燮撰，張石點校，北京中華書局，1984 年據《二十五史補編》校訂標點。

23. 《東都事略》，〔宋〕王偁撰，掃葉山房校刊本。

24. 《吳興山墟名》，〔晉〕張元之撰，《雲自在龕叢書》本。

25. 《洛陽名園記》，〔宋〕李格非撰，《學津討源》本。

26. 《寶刻叢編》，〔宋〕陳思編，臺北商務景印文淵閣本。

27. 《圖繪寶鑑補遺》，〔明〕苗增撰，《叢書集成》，初編本。

28. 《十七史商榷》，〔清〕王鳴盛撰，《廣雅叢書》本。

29. 《伊洛淵源錄》，〔宋〕朱熹撰，《叢書集成》，初編本。

30. 《閩中理學淵源考》，〔清〕李清馥撰，臺北商務景印文淵閣本。

31. 《宋元學案》，〔清〕黃宗羲輯、全祖望修定，清光緒五年上海文瑞樓石印本。

32. 《宋元學案補遺》，〔清〕王梓材、馮雲濠撰、張壽鏞校補，臺北世界書局，民國 51 年。

33. 《中國人名大辭典》，臧勵龢主編、許師慎增補，臺北商務印書館，民國

66 年本。

34. 《宋人傳記資料索引》，昌彼得等撰，臺北鼎文書局，民國 63 年 4 月初版。

35. 《南宋文範作者考》，〔清〕莊仲方撰，清光緒戊子年刊本。

36. 《中國藏書家考略》，楊立誠、金步瀛編，臺北文海版社，民國 60 年 10 月初版。

37. 《中國著名藏書家傳略》，鄭偉章、李萬健著，書目文獻出版社，1986 年 9 月北京第一版。

38. 《宋代藏書家考》，潘美月撰，臺北學海出版社，民國 69 年 4 月初版。

39. 《浙江藏書家藏書樓》，顧志興撰，浙江人民出版社，1987 年 11 月第一版。

40. 《明清藏書家印鑑》，林申清撰，上海書店，1989 年 10 月第一版。

41. 《清代藏書家考》，洪有豐、袁同禮等編著，香港中山圖書公司，1972 年 12 月初版。

三、子　類

1. 《齊東野語》，〔宋〕周密撰，臺北商務景印文淵閣本。

2. 《癸辛雜識》，〔宋〕周密撰，臺北商務景印文淵閣本。

3. 《志雅堂雜鈔》，〔宋〕周密撰，《學海類編》本。

4. 《石林燕語》，〔宋〕葉夢得撰，《叢書集成》，初編本。

5. 《石林燕語辨》，〔宋〕汪應辰撰，《叢書集成》，初編本。

6. 《石林燕語考異》，〔清〕紀容舒撰，中華圖書館，據清光緒三十三年九思齋藏版石印本重印。

7. 《少室山房叢談》，〔明〕胡應麟撰，臺北商務景印文淵閣本。

8. 《說郛》，〔明〕陶宗儀編，明鈔本。

9. 《古夫于亭雜錄》，〔清〕王士禎著、趙伯陶點校，北京中華書局，1988 年《清代史料筆記叢刊》本。

10. 《午風堂叢談》，〔清〕周炳泰撰，嘉慶二年刻本，北京師範大學圖書館藏，余藏有過錄本。

11. 《橋西雜記》，〔清〕葉名澧撰，《湆喜齋叢書》本。

12. 《曝書雜記》，〔清〕錢泰吉撰，清同治十一年刊本。

13. 《日知錄》，〔清〕顧炎武撰，《皇清經解》本。

14. 《日知錄集釋》，〔清〕顧炎武撰、黃汝成集釋、欒保群、呂宗力校點，花山文藝出版社，1990 年 8 月第一版。

15. 《十駕齋養新錄》，〔清〕錢大昕撰，《皇清經解》本。

16. 《群書拾補》，〔清〕盧文弨撰，《抱經堂叢書》本。

17. 《盧抱經手校本拾遺》，趙吉士輯，中華叢書編審會，1958 年。

18. 《鄭堂讀書記》，〔清〕周中孚撰，臺北世界書局，民國 49 年 11 月據吳興劉氏嘉業堂刊本影印。

19. 《越縵堂讀書記》，〔清〕李慈銘撰、由雲龍輯，北京中華書局，1963 年據商務印書館舊紙型重印。

20. 《札迻》，〔清〕孫詒讓撰，清光緒二十年籀廎自刊本。

21. 《郋園讀書志》，〔清〕葉德輝撰，民國 17 年排印本。

22. 《四部正譌》，〔明〕胡應麟著、顧頡剛校點，香港太平書局，1963 年 11 月。

23. 《古今僞書考》，〔清〕姚際恆著、顧頡剛校點，香港太平書局，1962 年。

24. 《古今僞書考補證》，黃雲眉撰，齊魯書社，1980 年新一版。

25. 《僞書通考》，張心澂撰，上海商務印書館，民國 28 年 2 月初版，1957 年 11 月修訂本。

26. 《瀚海》，秋季拍賣會特刊，1995 年。

四、集　類

1. 《玉臺新詠》，〔陳〕徐陵編，趙均小宛堂覆宋本。

2. 《玉臺新詠箋注》，〔清〕吳兆宜注、程琰刪補、穆克宏點校，北京中華書局，1985 年《中國古典文學基本叢書》本。

3. 《玉臺新詠考異》，〔清〕紀容舒撰，《叢書集成》，初編本。

4. 《玉臺新詠校正》，〔清〕紀昀撰，手稿本，北京圖書館藏。

5. 《崇古文訣》，〔宋〕樓昉編，臺北商務景印文淵閣本。

6. 《赤城集》，〔宋〕林表民編，臺北商務景印文淵閣本。

7. 《吳都文粹續集》，〔明〕錢穀編，臺北商務景印文淵閣本。

8. 《吳興詩存》，〔清〕陸心源編，清刊本。

9. 《全宋詞》，唐圭璋編，北京中華書局，1965 年 6 月第一版 1986 年 5 月北京第三次印刷。

10. 《白氏長慶集》，〔唐〕白居易撰，明萬曆三十四年刻本。

11. 《白香山詩集》，〔清〕汪立名編訂，一隅草堂本。

12. 《白居易集箋校》，朱金城箋校，上海古籍出版社，1988 年 12 月第一版。

13. 《文忠集》，〔宋〕歐陽修撰，臺北商務景印文淵閣本。

14. 《東坡文集》，〔宋〕蘇軾撰，臺北商務景印文淵閣本。

15. 《元憲集》，〔宋〕宋庠撰，臺北商務景印文淵閣本。

16. 《止齋文集》，〔宋〕陳傅良撰，臺北商務景印文淵閣本。

17. 《文忠集》，〔宋〕周必大撰，臺北商務景印文淵閣本。

18. 《平園續稿》，〔宋〕周必大撰，臺北商務景印文淵閣本。

19. 《魯齋集》，〔宋〕王柏撰，臺北商務景印文淵閣本。

20. 《文恭集》，〔宋〕胡宿撰，臺北商務景印文淵閣本。

21. 《漫塘集》，〔宋〕劉宰撰，臺北商務景印文淵閣本。

22. 《攻媿集》，〔宋〕樓鑰撰，臺北商務景印文淵閣本。

23. 《平齋文集》，〔宋〕洪咨夔撰，臺北商務景印文淵閣本。

24. 《楳埜集》，〔宋〕徐元杰撰，臺北商務景印文淵閣本。

25. 《後村先生大全集》，〔宋〕劉克莊撰，《四部叢刊》本。

26. 《文莊集》，〔宋〕夏竦撰，臺北商務景印文淵閣本。

27. 《尊白堂集》，〔宋〕虞儔撰，臺北商務景印文淵閣本。

28. 《水心集》，〔宋〕葉適撰，臺北商務景印文淵閣本。

29. 《東澗集》，〔宋〕許應龍撰，臺北商務景印文淵閣本。

30. 《蒙齋集》，〔宋〕袁甫撰，臺北商務景印文淵閣本。

31. 《鶴林集》，〔宋〕吳泳撰，臺北商務景印文淵閣本。

32. 《昌谷集》，〔宋〕曹彥約撰，臺北商務景印文淵閣本。

33. 《華陽集》，〔宋〕王珪撰，臺北商務景印文淵閣本。

34. 《海陵集》，〔宋〕周麟之撰，臺北商務景印文淵閣本。

35. 《後樂集》，〔宋〕衛涇撰，臺北商務景印文淵閣本。

36. 《絜齋集》，〔宋〕袁燮撰，臺北商務景印文淵閣本。

37. 《竹溪鬳齋十一鬳續集》，〔宋〕林希逸撰，臺北商務景印文淵閣本。

38. 《碧梧玩芳集》，〔宋〕馬廷鸞撰，臺北商務景印文淵閣本。

39. 《陵陽集》，〔元〕牟巘撰，臺北商務景印文淵閣本。

40. 《清容居士集》，〔元〕袁桷撰，臺北商務景印文淵閣本。

41. 《通志堂集》，〔清〕納蘭成德撰，上海古籍出版社，1979 年據上海圖書館藏康熙刻本影印。

42. 《道古堂文集》，〔清〕杭世駿撰，清乾隆五十五年刻本。

43. 《頤綵堂文集》，〔清〕沈叔埏撰，清光緒九年刻本。

44. 《抱經堂文集》，〔清〕盧文弨撰、王文錦點校，北京中華書局，1990 年 6 月第一版。

45. 《魯巖所學集》，〔清〕張宗泰撰，臺北大華印書館，1968 年據民國 20 年模憲堂重刊本影印。

46. 《甘泉鄉人稿》，〔清〕錢泰吉撰，清同治十一年刊本。

47. 《簡莊綴文》，〔清〕陳鱣撰，杭州抱經堂書局補刻本。

48. 《虛受堂書札》，〔清〕王先謙撰，臺北文海出版社，民國 60 年據清光緒丁未刊本影印。

49. 《苕溪漁隱叢話》，〔宋〕胡仔撰、〔清〕楊佑校刊，清乾隆五年刊本。

50. 《梅磵詩話》，〔元〕韋居安撰，《讀畫齋叢書》本。

51. 《吳禮部詩話》，〔元〕吳師道撰、〔清〕丁福保訂，《歷代詩話》，續編本。

52. 《宋詩紀事》，〔清〕厲鶚編，上海古籍出版社，1983 年 6 月第一版

53. 《宋詩紀事補遺》，〔清〕陸心源編，臺北中華書局，民國 60 年據中央研究院歷史語言研究所藏本影本。

五、叢書類

1. 《知不足齋叢書》，〔清〕鮑廷博輯、鮑志祖續輯，清乾隆、道光間長塘鮑氏刊本。

2. 《抱經堂叢書》，〔清〕盧文弨輯，北京直隸書局，民國 12 年影印清抱經堂本。

3. 《滂喜齋叢書》，〔清〕潘祖蔭輯，清同治、光緒間吳縣潘氏刻本。

4. 《學海類編》，〔清〕曹溶輯，臺北文海出版社，民國 53 年影印。

5. 《讀畫齋叢書》，〔清〕顧修輯，清嘉慶四年刊本。

6. 《學津討源》，〔清〕張海鵬輯，清嘉慶十一年刊本。

7. 《廣雅叢書》，〔清〕徐紹棨輯，清光緒十九年刊本。

8. 《雲自在龕叢書》，〔清〕繆荃孫輯，清光緒十七年雲自在龕刊本。

9. 《四部叢刊》，上海商務印書館，民國 11 年影印本。

10. 《四部備要》，上海中華書局，民國 23 年聚珍傲宋版重印本。

11. 《叢書集成》，上海商務印書館，民國 24 年至 26 年排印本。

12. 《四庫全書珍本別輯》，臺北商務印書館，1934 至 35 年據故宮博物院所藏文淵閣本影印。

六、類書類

1. 《元和姓纂》，〔唐〕林寶編，臺北商務景印文淵閣本。

2. 《玉海》，〔宋〕王應麟編，臺北商務景印文淵閣本。

3. 《永樂大典》，臺北世界書局，民國 51 年 2 月影印。

4. 《古今圖書集成》，〔清〕蔣廷錫等編，臺北文星書店，民國 53 年影印。

5. 《四庫全書》（文淵閣本），臺北商務印書館，民國 75 年影印。

七、方志類

1. 《赤城志》，〔宋〕陳耆卿撰，臺北商務景印文淵閣本。

2. 《嚴州府志》，〔宋〕方仁榮、鄭瑎合撰，臺北商務景印文淵閣本。

3. 《乾道臨安志》，〔宋〕周綜撰，臺北商務景印文淵閣本。

4. 《寶慶四明志》，〔宋〕羅濬撰，臺北商務景印文淵閣本。

5. 《會稽志》，〔宋〕施宿撰，臺北商務景印文淵閣本。

6. 《會稽續志》，〔宋〕張淏撰，臺北商務景印文淵閣本。

7. 《延祐四明志》，〔元〕袁桷撰，臺北大化書局，民國 69 年影印。

8. 《咸淳臨安志》，〔元〕潛說友撰，臺北商務景印文淵閣本。

9. 《吳興備志》，〔明〕董斯張撰，臺北商務景印文淵閣本。

10. 《姑蘇志》，〔明〕王鏊撰，臺北商務景印文淵閣本。

11. 《漳州府志》，〔明〕謝彬撰，臺北學生書局，民國 54 年影印。

12. 《寧波府志》，〔清〕曹秉仁撰，臺北中華叢書委員會，民國 46 年據清道光二十六年沈氏重刊本影印。

13. 《福建通志》，〔清〕陳壽祺撰，臺北華文書局，1968 年據清同治十年重刊影本。

14. 《湖州府志》，〔清〕宗源瀚等修、周學濬等纂，臺北成文出版社，民國 59 年據清同治十三年刊本影印。

15. 《莆田縣志》，〔清〕廖必琦等修、宋若霖等纂、潘文鳳補刊，臺北成文出版社，民國 57 年據清光緒五年補刊本、民國 15 年重印本影印。

16. 《溧水縣志》，〔清〕傅觀光主纂、丁維誠纂輯，臺北成文出版社，民國 59 年據清光緒九年刊本影印。

17. 《江西通志》，〔清〕趙之謙撰，臺北京華書局，民國 56 年據清光緒十年刊本影印。

18. 《浙江通志》，〔清〕嵇曾筠總裁、沈翼機等總修，上海商務印書館，民國 23 年據清光緒二十五年浙江書局重刊本影印。

19. 《合州府志》，〔清〕喻長霖總纂、柯華威等協纂，臺北成文出版社，民國 59 年據民國 25 年鉛印本影印。

八、目錄類

1. 《宋槧袁本昭德先生郡齋讀書志》，〔宋〕晁公武撰，上海商務印書館，民國 22 年 4 月初版《續古逸叢書》之三十五。

2. 《郡齋讀書志》，〔宋〕晁公武撰，江蘇廣陵古籍刻印社，1987 年 3 月據清光緒十年王先謙校刊本影印。

3. 《皇宋書錄》，〔宋〕董史撰，《知不足齋叢書》本。

4. 《宋史藝文志、補、附編》，上海商務印書館，1957 年 12 月初版。

5. 《宋史藝文志補》、〔清〕，黃虞稷、倪燦撰，《叢書集成》，初編本。

6. 《宋代書錄》（Bibliographie des Sung）Par Yves Hervouet 臺北南天書局有限公司，民國 69 年 1 月景印。

7. 《宋代書目考》，喬衍琯著，臺北文史哲出版社，民國 76 年 4 月初版。

8. 《文淵閣書目》，〔明〕楊士奇等編，臺北廣文書局，《書目三編》本。

9. 《菉竹堂書目》，〔明〕葉盛編，臺北藝文印書館，《百部叢書集成》本。

10. 《吳興藏書錄》，〔清〕鄭元慶撰，范鍇輯，《晉石厂叢書》本。

11. 《湖錄經籍考》，〔清〕鄭元慶輯，北京文物出版社，1986 年 12 月據吳興劉氏嘉業堂刊本木板刷印。

12. 《四庫全書總目》，〔清〕永瑢等撰，北京中華書局，1965 年 6 月第一版。

13. 《增訂四庫簡明目錄標注》，〔清〕邵懿辰撰、邵章續錄，北京中華書局，1989 年 12 月第一版。

14. 《四庫採進書目》，吳慰祖校訂，北京中華書局，1960 年。

15. 《四庫提要辨證》，余嘉錫撰，香港中華書局，1974 年。

16. 《景印文淵閣四庫全書目錄》，臺灣商務印書館，民國 75 年第一版。

17. 《景印文淵閣四庫全書書名及著者姓名索引》，臺灣商務印書館，民國 75 年第一版。

18. 《讀書敏求記》，〔清〕錢曾撰，丁瑜點校，書目文獻出版社，1984 年據清乾隆十年沈尚傑雙桂堂刻本點校《文史哲研究資料叢書》本。

19. 《千頃堂書目》，〔清〕黃虞稷撰、瞿鳳起、潘景鄭整理，上海古籍出版社，1990 年 5 月第一版。

20. 《文選樓藏書記》，〔清〕阮元撰，李慈銘校訂，臺北廣文書局，民國 58 年據國立中央圖書館藏會稽李氏越縵堂烏絲欄抄本影印。

21. 《傳是樓宋元板書目》，〔清〕吳丙湘撰，臺北文史哲出版社，民國 60 年據屏守山莊刊《傳硯齋叢書》本影印。

22. 《愛日精廬藏書志》，〔清〕張金吾撰，清道光丙戌活字刊本。

23. 〈拜經樓藏書題跋記〉，〔清〕吳壽暘編，《拜經樓叢書》本。

24. 《鐵琴銅劍樓書目》，〔清〕瞿鏞撰，清光緒丁酉年誦芬堂刊本。

25. 《鐵琴銅劍樓藏書題跋集錄》，瞿良士輯，上海古籍出版社，1985 年 4 月第一版。

26. 《菉圃藏書題識》，〔清〕黃丕烈撰、繆荃孫等輯，臺北廣文書局，《書目叢編》本。

27. 《帶經堂書目》，〔清〕陳徵芝撰，《風雨樓叢書》本。

28. 《宋元舊本書經眼錄》，〔清〕莫友芝撰，清同治十二年刊本。

29. 《邵亭知見傳本書目》，〔清〕莫友芝撰，民國 12 年掃葉山房石印本。

30. 《皕宋樓藏書志》，〔清〕陸心源撰，清光緒八年歸安陸氏十萬卷樓本。

31. 《儀顧堂題跋》，〔清〕陸心源撰，清刊本。

32. 《善本書室藏書志》，〔清〕丁丙撰，清光緒辛丑錢塘丁氏刊本。

33. 《武林藏書錄》，〔清〕丁申撰，清光緒二十九年嘉惠堂刊本。

34. 《藏書紀事詩等五種》，〔清〕葉昌熾著，臺北世界書局，民國 50 年 3 月初版。

35. 《藏書紀事詩附補正》，〔清〕葉昌熾著、王欣夫補正，上海古籍出版社，1989 年 9 月第一版。

36. 《溫州經籍志》，〔清〕孫詒讓撰，浙江公立圖書館，民國 10 年據清光緒仁和譚氏家刻本校刊重印本。

37. 《藝風堂藏書記》，〔清〕繆荃孫撰，自刊本（庚子九月刻，辛丑九月訖工）。

38. 《書林清話》，〔清〕葉德輝撰，北京中華書局，1989 年 6 月第一版。

39. 《藏園群書題記》，〔清〕傅增湘撰，上海古籍出版社，1989 年 6 月第一版。

40. 《木樨軒藏書題記及書錄》，〔清〕李盛鐸著，張玉範整理，北京大學出版社，1989 年 12 月第一版。

41. 《剛伐邑齋藏書志》，袁榮法撰，國立中央圖書館，民國 77 年 5 月。

42. 《兩浙著述考》，宋慈抱撰，項士元審訂，浙江人民出版社，1985 年。

43. 《宋金元本書影》，〔清〕瞿鏞輯，民國 11 年，影印本。

44. 《中國歷史研究工具書敘錄》，曾影靖編纂，1968 年油印謄抄本。

45. 《杭州葉氏卷盦藏書目錄》，顧廷龍編，上海合眾圖書館，1953 年。

46. 《書目答問補正》，范希曾編，瞿鳳起校點，上海古籍出版社，1983 年 4 月第一版。

47. 《中國歷代書目叢刊（第一輯）》，許逸民、常振國編，現代出版社，1987 年 11 月第一版。

48. 《目錄學研究》，汪國垣撰，上海商務印書館，1955 年據 1934 年初版重印。

49. 《目錄學論文選》，李萬健、賴茂生編，書目文獻出版社，1984 年 12 月北京第一版。

50. 《中國目錄學史論叢》，王重民撰，北京中華書局，1984 年 12 月第一版。

51. 《中國目錄學史》，許世瑛撰，臺北中華文化出版事業委員會，民國 43 年

10 月再版。

52. 《中國目錄學》，李曰剛撰，明文書局，民國 72 年 8 月初版。

53. 《臺灣公藏普通線裝書目書名索引》，國立中央圖書館，民國 71 年 1 月初版。

54. 《臺灣公藏普通線裝書目人名索引》，國立中央圖書館，民國 71 年 8 月初版。

55. 《中國歷代書目總錄》，梁子涵編，中華文化出版事業委員會，《現代國民基本知識叢書》第一輯。

56. 《東北師範大學圖書館藏古籍善本書目解題》，王繼祥等編，東北師範大學圖書館，1984 年 3 月長春排印本。

57. 《國立故宮博物院善本舊籍總目》，臺灣國立故宮博物院，民國 72 年 4 月初版。

58. 《國立北平圖書館善本書目》，國立中央圖書館，民國 58 年 12 月初版。

59. 《中央研究院歷史語言研究所善本書目》，中央研究院歷史語言研究所，民國 57 年 6 月初版。

60. 《國立中央圖書館善本書目》，國立中央圖書館，民國 75 年 12 月增訂二版。

61. 《北京師範大學圖書館中文古籍書目》，北京師範大學圖書館，1983 年 9 月 1 日第一版。

62. 《北京人文科學研究所藏書目錄》，臺北進學書局，民國 59 年 8 月據北京人文科學研究所民國 27 年 5 月編印本影印。

63. 《國立臺灣大學普通本線裝書目》，國立臺灣大學圖書館，民國 60 年 12 月。

64. 《國立故宮博物院普通舊籍目錄》，臺灣國立故宮博物院，民國 59 年 5 月初版。

65. 《江蘇省立國學圖書館現存書目目錄》，江蘇省立國學圖書館，臺北廣文書局，民國 59 年 6 月初版，收入《書目四編》。

66. 《香港學海書樓藏書目錄》，鄧又同編，1988 年 4 月。

67. 《中國版本目錄學書籍解題》，〔日本〕長澤規矩也編，梅憲華、郭寶林譯，書目文獻出版社，1990 年 6 月第一版。

68. 《鈴木文庫目錄續編》，京都大學文學部圖書室，昭和 43 年 5 月。

69. 《奎章閣圖書中國本綜合目錄》，李榮基編，1982 年 11 月 15 日。

70. 《東京大學東洋文化研究所漢籍分類目錄》，東京大學東洋文化研究所，昭和 48 年 2 月 15 日。

71. 《普林斯頓大學葛思德東方圖書館中文舊籍書目》，葛思德東方圖書館，

民國 79 年 9 月初版。

72. 《尊經閣文庫漢籍分類目錄》，尊經閣文庫，昭和 9 年 3 月 25 日。

73. 《誠庵文庫典籍目錄》，誠庵古書博物館，1975 年 9 月。

74. 《靜嘉堂文庫漢籍分類目錄》，靜嘉堂文庫，昭和 5 年 12 月 20 日。

75. 《內閣文庫漢籍分類目錄》，內閣文庫，昭和 31 年 3 月。

76. 《東洋文庫所藏漢籍分類目錄（史部）》，東洋文庫，昭和 61 年 12 月 25 日。

77. 《愛媛大學附屬圖書館漢籍目錄》，大野盛雄編，昭和 59 年 3 月 30 日。

78. 《京都大學文學部漢籍分類目錄（第一）》，京都大學文學部，昭和 34 年 3 月 31 日。

79. 《京都大學人文科學研究所漢籍目錄（上冊）》，京都大學人文科學研究所，昭和 54 年 3 月 31 日。

80. 《京都大學人文科學研究所漢籍目錄（下冊）》，京都大學人文科學研究所，昭和 55 年 3 月 31 日。

81. 《天理圖書館圖書分類目錄》，天理圖書館，昭和 49 年 10 月 18 日。

82. 《大阪府立圖書館藏漢籍目錄》，大阪府立圖書館，昭和 41 年 3 月 30 日。

83. 《神田喜一盦博士寄贈圖書目錄》，大谷大學圖書館，昭和 63 年 9 月 30 日。

九、陳振孫著作

1. 《直齋書錄解題》，二十二卷，《武英殿聚珍版叢書》本。

2. 《直齋書錄解題》，二十二卷，《四庫全書珍本別輯》本。

3. 《直齋書錄解題》，二十二卷，臺北商務景印文淵閣本。

4. 《直齋書錄解題》，二十二卷，上海商務印書館，民國 26 年據《聚珍版叢書》鉛印《叢書集成》初編本。

5. 《直齋書錄解題》，二十二卷，上海商務印書館，民國 28 年《國學基本叢書》本。

6. 《直齋書錄解題》，二十二卷，徐小蠻、顧美華點校，上海古籍出版社，1987 年 12 月一版。

7. 《直齋書錄解題》，二十卷，清李盛鐸木犀軒傳鈔繆荃孫藏宋蘭揮舊藏本，北京大學圖書館藏。

8. 《直齋書錄解題》，一卷，清王懿榮手稿本，國立中央圖書館藏。

9. 《白文公年譜》，一隅草堂本。

10. 《白文公年譜》，臺北商務景印文淵閣本。

11. 《白文公年譜》，清稿本《歷史名人年譜大成》之一，國立中央圖書館藏。

十、近人研究陳振孫及相關論著

1. 〈宋目錄家晁公武陳振孫傳〉，〔清〕陳壽祺撰，《國粹學報》第 68 期。

2. 〈直齋書錄解題校記〉，〔清〕傅增湘撰，北平圖書館編《圖書季刊》新第三卷第一期、新第三卷第四期，民國 30 年。

3. 〈直齋書錄解題作者陳振孫〉，陳樂素撰，《大公報‧文史周刊》，民國 35 年 11 月 20 日。

4. 〈略論陳振孫直齋書錄解題〉，陳樂素撰，《中國史研究》1984 年第二期。

5. 〈陳振孫及其直齋書錄解題〉，謝素行撰，臺灣中國文化學院中國文學研究碩士論文，民國 58 年 5 月。

6. 〈直齋書錄解題序〉，喬衍琯撰，臺北廣文書局，《書目續編》，民國 57 年 2 月。

7. 〈直齋書錄解題札記〉，喬衍琯撰，《國立中央圖書館館刊》新第四卷第三期，民國 59 年 9 月。

8. 〈陳振孫對圖書分類的見解〉，喬衍琯撰，《國立中央圖書館館刊》新第五卷第三、四期合訂本，民國 61 年 12 月。

9. 〈書錄解題之板刻資料〉，喬衍琯撰，《國立中央圖書館館刊》新第七卷第一、二期連載，民國 63 年 3 月、9 月。

10. 〈書錄解題的辨偽資料〉，喬衍琯撰，《國立中央圖書館館刊》新第十卷第二期，民國 66 年 12 月。

11. 〈陳振孫的學術思想〉，喬衍琯撰，《國立政治大學學報》第四十期，民國 68 年 12 月。

12. 〈書錄解題佚文 —— 論輯佚與目錄學之關係〉，喬衍琯撰，《國立中央圖書館館刊》新第十二卷第二期，民國 69 年 2 月。

13. 〈陳振孫傳略〉，喬衍琯撰，《國立政治大學學報》第四十一期，民國 69 年 5 月。

14. 《陳振孫學記》，喬衍琯撰，臺北文史哲出版社，民國 69 年 6 月。

15. 〈試論直齋書錄解題在目錄學史上的影響〉，丁瑜撰，《寧夏圖書館通訊》，1980 年第一期。

16. 〈直齋書錄解題點校商榷〉，曹濟平撰，《古籍整理出版與情況簡報》，1988 年 10 月 20 日第一九九期。

17. 《白香山年譜》，〔清〕汪立名撰，一隅草堂本。

18. 《元白詩箋證稿》，陳寅恪撰，上海古籍出版社，1978 年。

19. 〈白居易父母非舅甥婚配考辨及有關墓志試正〉，陳之卓撰，《蘭州大學學報》（社會科學版），1983 年第三期。

20. 〈甌海訪書小記〉，張鋆撰，《浙江省立圖書館館刊》第三卷第四期。

21. 〈兩宋簿錄考略〉，梁子涵撰，東海大學《圖書館學報》第九期，1968 年。

22. 〈宋代私家藏書考〉，潘銘燊撰，香港中文大學崇基學院，《華國》第六期。

23. 〈宋代家藏書目考佚〉，阮廷焯撰，《國立編譯館館刊》第十二卷第二期。

24. 《晁公武‧陳振孫評傳》，郝潤華‧武秀成著，南京大學出版社，2006 年 8 月。

25. 〈陳振孫著作考略〉，張守衛撰，安徽大學出版社，《古籍研究》2007 年卷上，總第 51 期。